Jacqui Lee Schiff / Beth Day

Alle meine Kinder

Heilung der Schizophrenie durch Wiederholen der Kindheit

Deutsche Bearbeitung von
Helmut Harsch

W0189697

Chr. Kaiser

Titel der Originalausgabe: All my children
M. Evans and Company, Inc., 1970
© by Jacqui Lee Schiff with Beth Day
Aus dem amerikanischen Englisch von Paul Abele

CIP-Titelaufnahme der Deutschen Bibliothek

Schiff, Jacqui Lee:
Alle meine Kinder : Heilung der Schizophrenie durch
Wiederholen der Kindheit / Jacqui Lee Schiff ; Beth Day. [Aus
d. Amerikan. von Paul Abele]. – 2., um ein Vorw. erw. Aufl. –
München : Kaiser, 1990
(Kaiser-Taschenbücher ; 81)
Einheitssacht.: All my children <dt.>
ISBN 3-459-01852-6
NE: Day, Beth:; GT

© 1990 Chr. Kaiser Verlag München.
Printed in Germany.
Alle Rechte vorbehalten. Abdruck, auch auszugsweise, nur mit
Genehmigung des Verlages. Fotokopieren nicht gestattet.
Umschlag und Foto: Ingeborg Geith, München
ISSN 0931-7732

Satz: Buch- und Offsetdruckerei Wagner, Nördlingen
Druck u. Bindung: Clausen & Bosse, Leck

Inhalt

Zur Einführung

In diesem Buch berichtet Jacqui Lee Schiff davon, wie sie zusammen mit ihrem Mann Moe Schiff entdeckte, daß schizophrene Jugendliche durch eine neue Erfahrung von elterlicher Zuwendung und Wiederholen ihrer Kindheit geheilt werden können. Sollte dies tatsächlich zutreffen, wiederhol- und lehrbar sein, dann wäre dies eine aufregende Sache, wert, beachtet und aufgenommen zu werden. Das Buch läßt den Leser teilhaben an dieser Entdeckung, so daß er sich selbst ein Urteil darüber bilden kann.

Ich stelle dieses Buch gerne der deutsch-sprachigen Öffentlichkeit vor, da ich zum einen Jacqui Schiff und das aus ihrer Arbeit hervorgegangene Cathexis-Institut in Oakland nicht nur literarisch, sondern aus eigener Anschauung kenne und schätze, zum anderen weiß, daß »Schiophrenie« in unserem Lande immer noch eine von Hoffnungslosigkeit überschattete Diagnose ist. Im schlimmsten Fall bedeutet sie lebenslange Internierung in einem Landeskrankenhaus, im Normalfall in kürzeren oder längeren Abständen notwendig werdende Aufenthalte in einer psychiatrischen Klinik. Die Möglichkeiten moderner medikamentöser Therapie haben zwar das Erscheinungsbild der Schizophrenie wesentlich verändert, da viel mehr Patienten außerhalb der Klinik leben können und die psychotischen Episoden kontrollierbarer und kürzer wurden; eine Heilung durch die Medikamente erfolgt jedoch nicht. Wenn sie abgesetzt werden, treten die alten Erscheinungen meist wieder auf.

Es hat in den vergangenen Jahren auch nicht an Versuchen gefehlt, schizophrene Erkrankungen psychotherapeutisch anzugehen. Die ersten Ansätze dazu gehen auf Sigmund Freud zurück, der die Psychosen jedoch im Unterschied zu den Neurosen mit seinen damaligen Mitteln für untherapierbar hielt. Spätere Psychotherapeuten wie Federn, Klein, Binswanger, Benedetti, Sèchehaye u. a. versuchten, diese Grenzen zu überschreiten; ihre Berichte zeugen jedoch von den immensen Schwierigkeiten eines solchen Unterfangens. Der psychoanalytischen Arbeit ist es zwar gelungen, einige der so fremdartig anmutenden Symbole Schizophrener zu entschlüsseln und damit verstehbar und der Einfühlung zugänglich zu machen; die mörderische Aggressivität mancher Schizophrener, ihre übergroße Bedürftigkeit und ihre regressiven Tendenzen veranlaßten diese Forscher jedoch zu der Empfehlung, Distanz zum Kranken zu wahren und nicht zu viele Erwartungen in Gang zu setzen. Es gab einige Ausnahmen von dieser Regel, wenn z. B. Federn eine schizophrene Patientin in sein Haus aufnahm, und Sèchehaye einer ihrer Patientinnen eine »symbolische Realisation« ihrer Zuwendungswünsche in Form eines von der Therapeutin stammenden Gegenstandes gewährte. Dies blieben jedoch Ausnahmen und es kam zu keiner methodisch-erlernbaren Psychotherapie der Schizophrenie in größerem Umfang.

Anders ist es mit diesem Neuansatz zur Therapie der Schizophrenie, dessen Anfänge in diesem Buch vorgestellt werden. Es war im Jahre 1966, als Jacqui Lee und Moe Schiff in Virginia/USA angefangen haben, schizophrene Jugendliche in ihre natürliche Familie aufzunehmen und sie damit zu einer therapeutischen zu erweitern. Beide waren zu dieser Zeit als psychiatrisch ausgebildete Sozialarbeiter mit der Betreuung und der Therapie von Schizophrenen befaßt. Mit den Möglichkeiten, die ihnen zur Verfügung standen, waren sie jedoch immer weniger zufrieden. Sie merkten, diese Kranken benötigen mehr, um gesund zu werden, als die zwei oder vier Beratungsstunden in der Woche. Sie brauchen eine vierundzwanzigstündige Zuwendung an allen Tagen der Woche! So fingen sie an, Patienten in ihr Haus aufzunehmen. Als die ersten Erfolge sichtbar wurden, verfaßte Jacqui Schiff zusammen mit der Schriftstellerin Beth Day 1970 dieses Buch mit dem Titel »All my children«. Es sollte ein Bericht über die Anfänge der therapeutischen Familie sein, um zu zeigen, wie sie zusammen mit ihren Patienten die Grundzüge ihrer Therapie entdeckt haben. Dieses Buch wurde in Amerika sofort zu einem Bestseller, da sich viele Menschen, gesunde und kranke, unmittelbar davon angesprochen fühlten.

Daß dieser therapeutische Neuansatz zustande kam, ist m. E. das Ergebnis verschiedener glücklicher Umstände.

– Zwei Menschen, Jacqui Lee und Moe Schiff, hatten sich als Ehepaar gefunden, die Lebenserfahrung und berufliche Qualifikation besaßen, und außerdem begeisterte Eltern sind, fähig und bereit, zu ihren eigenen Kindern noch weitere hinzuzunehmen und die Verpflichtung ihnen gegenüber einzugehen, in jeder Hinsicht Eltern für sie zu sein.
– Bevor Jacqui Schiff nach Virginia ging, hatte sie in San Francisco Eric Berne und die von ihm entwickelte Transaktionsanalyse (TA) kennen-

gelernt. In ihrer Einfachheit und Differenziertheit gab sie den Schiffs und ihren Patienten das Instrumentarium, die komplizierten Sachverhalte und Strukturen dieser Krankheit durchschaubarer zu machen und damit der theoretischen Reflexion und gegenseitigen Verständigung zu öffnen. Die Schiff-Familie hat die TA-Konzepte kreativ weiterentwickelt und viele bedeutsame Beiträge dazu geleistet, was durch die Verleihung des Eric-Berne-Gedächtnispreises 1974 an Jacqui und Aaron Wolfe Schiff anerkannt wurde.

– Es ist sicher auch kein Zufall, daß diese Therapieform von einer Frau und Mutter entwickelt wurde, die die nötige eigene Erfahrung im Umgang mit kleinen Kindern hatte und deshalb die frühen Bedürfnisse ihrer regredierten Patienten wahrnehmen und entsprechend beantworten konnte und wollte. Entgegen der überkommenen wissenschaftlichen Meinung war sie bereit, sich den Schizophrenen intensiv zuzuwenden. Sie nahm Körperkontakt mit ihnen auf, streichelte, tröstete, fütterte und wickelte sie. Sie tat eben alles, was man als Mutter mit kleinen Kindern tut, um ihnen in der »Sprache«, die sie alleine verstehen, mitzuteilen, daß sie o. k. sind, auch in ihren regressiven Bedürfnissen, die sie bis dahin aufgrund der Reaktionen ihrer Umwelt als nicht o. k. erlebt hatten.

– Beide Schiffs waren getragen von der Grundüberzeugung, daß ihre kranken Kinder, obwohl von mörderischer Wut erfüllt, grundsätzlich o. k. sind. Sie betrachteten sie als die eigentlichen Fachleute für Schizophrenie, denn nur sie haben durch ihr Erleben einen direkten Zugang zu dieser rätselhaften Erkrankung. Sie nahmen sie deshalb ernst als Partner in der gemeinsamen Arbeit des Heilungsprozesses und gingen davon aus, daß sie am besten wissen, was sie brauchen, um gesund zu werden. In ihrem ersten Adoptivsohn Aaron hatten sie auch einen außerordentlich begabten »Patienten«, der sich nicht selten gegen seine in alten Theorien befangenen Eltern durchsetzte und ihnen zu neuen Erkenntnissen verhalf. Es gelang so, in der Familie ein therapeutisches Klima herzustellen, daß alle von dem Wunsch beseelt waren, gesund zu werden. Davon ist auch die gegenseitige Verantwortung bestimmt, die sich darin auswirkt, einander anzunehmen und in den destruktiven Verhaltensweisen zu konfrontieren.

– Die Entscheidung für eine therapeutische Gemeinschaft stellte auch die ausreichende Zahl von Menschen bereit, die nötig sind, um solche destruktiven Verhaltensweisen wie psychotische Wut, Davonlaufen und Suizidhandlungen unter Kontrolle zu halten, ohne daß ständige Medikation oder Isolierung erfolgen muß. Die psychotischen Episoden können deshalb gemeinsam erlebt, angesehen, verstanden und durchgearbeitet werden.

Der Leser des Buches wird sich natürlich fragen, wie es nach Erscheinen dieses Berichtes mit der Schiff-Familie weitergegangen ist. Jacqui Schiff kehrte 1971 nach Californien zurück, was auch die Trennung von Moe Schiff bedeutete, der in Virginia bleiben wollte. Der größere Teil der Familie ging mit Jacqui Schiff nach Oakland, in die Nähe von San Francisco. Dort baute sie neben der Familie das Cathexis Institut auf, das zwei Abteilungen umfaßt: Einmal dient es der Ausbildung von Therapeuten in der Schiffschen Therapie. (Inzwischen gibt es in den USA schon zahlreiche andere selbständige Einrichtungen, die mit diesem Konzept arbeiten). Zum anderen besteht es aus einer »Schule«, in der ca. 25 schizophrene Jugendliche jeden Nachmittag zusammen kommen, um an ihrer Heilung zu arbeiten. Das therapeutische Setting ist hier ein sehr viel offeneres als in der therapeutischen Familie: Die Jugendlichen leben selbständig in eigenen Wohnungen oder Pensionen. Sie haben eine Vielfalt von Gruppenangeboten über die ganze Woche verteilt, wo sie auch eine Menge Information z. B. über Ernährung, sexuelle Identität und über ihre Krankheit bekommen, neben der eigentlichen therapeutischen Arbeit. Man ist in diesem Zusammenhang auch sehr viel zurückhaltender, regressive Prozesse zuzulassen. Mit jedem »Studenten«, wie die Patienten dort heißen, wird zunächst ca. zwei Jahre lang an der »Enttrübung« des Erwachsenen-Ichs gearbeitet, um sein Denken zu klären, bevor man bereit ist, in die frühe Kindheit zurückzugehen. Der Gesamtprozeß der Neuorientierung dauert ca. 5 Jahre. Die Studenten, die ich dort kennenlernte, waren bevor sie ins Cathexis Institut kamen, meist viele Jahre in psychiatrischen Kliniken interniert. Wenn sie im Cathexis Institut sind, leben sie dagegen frei, in der Regel ohne Medikation und in ihren alltäglichen Verrichtungen voll funktionsfähig.
Dieses therapeutische Schul-Modell finde ich insofern interessant, als es eine Alternative zur therapeutischen Familie darstellt. Man braucht also nicht solange zu warten, bis ein fachlich qualifiziertes Paar dazu bereit ist, ein solch großes Engagement einzugehen. Ansätze der Schiffschen Therapie ließen sich deshalb auch bei uns bereits mit vorhandenen Mitteln verwirklichen.

Dieses Therapiemodell läßt auch erkennen, was die Schiffs inzwischen dazugelernt haben. Ihre heutige Zurückhaltung gegenüber einer raschen Regression am Anfang der Therapie warnt auch vor dem allzu naiven Mißverständnis, als genüge es, Schizophrenen die Flasche zu geben, um sie von ihrer Krankheit zu heilen. Es gehört sicher mehr dazu.

Dieses Mehr ist vor allem ein theoretischer Bezugsrahmen, in dem sie ihre diagnostischen und therapeutischen Verfahrensweisen sehen. Es kann nicht Aufgabe dieser Einführung sein, die Schiffsche Theorie der Schizophrenietherapie dazustellen. Leser, die sich intensiver dafür interessieren finden Literaturhinweise dazu am Schluß. Hier kann es genügen, einige Grundlinien und -überzeugungen aufzuzeigen:

– Voraussetzung für die Menschwerdung des Menschen ist der Aufbau einer gesunden Symbiose zwischen Mutter (und/oder anderen Bezugspersonen) und Kind im ersten Lebensjahr.
– Der Erziehungsprozeß ist ein allmähliches Auflösen dieser Symbiose, bis der Heranwachsende dann selbst volle Verantwortung für sich übernimmt.
– Störungen der Symbiose führen dazu, daß diese Menschen keine Ablösung aus der Symbiose vollziehen und die Tendenz in sich tragen, ständig neue symbiotische Beziehungen herzustellen.
– Je nachdem in welcher Entwicklungsphase die Störung erfolgte, zeigen sich auch unterschiedliche Formen der Erkrankung. Schizophrenie ist Folge der frühesten Störungen in den ersten Lebensmonaten, die in allen folgenden Phasen weiter verstärkt worden sind. Anlage- und Umweltfaktoren spielen dabei eine Rolle, ebenso chemische Prozesse, die im Fortschreiten der Therapie eine deutliche Veränderung erkennen lassen.
– Die verschiedenen Krankheitssymptome wie Passivität (in ihren verschiedenen Ausdrucksformen als Nichtstun, Überanpassung, agitiertes Verhalten und Sich-unfähig-machen), psychologische Spiele, Redefinierung, Denkstörungen und Wahnvorstellungen dienen dazu, die Symbiose aufrecht zu erhalten.
– Die Therapie besteht darin, symbiotische Tendenz aufzunehmen, die elterliche Verantwortung eine Zeitlang zu übernehmen, bis ein neues Eltern-Ich installiert ist, um dann die Symbiose wie im normalen Wachstum schrittweise aufzulösen.

Für manche geht dieses Verfahren zu weit. Sie stoßen sich daran, daß der

Therapeut, wenn auch nur für eine Zeitlang, so viel Verantwortung übernimmt und »elterliche Gewalt« ausübt. Es sei nicht verschwiegen, daß darüber auch in der »Internationalen Gesellschaft für Transaktionsanalyse« die Meinungen auseinander gehen. Das Argument der Schiffs, daß diese ernste und in den frühesten Entwicklungsphasen begründete Erkrankung der Schizophrenie auch drastische Mittel zu ihrer Heilung erfordere, ist bedenkenswert. Entscheidend ist, daß das letzte Ziel der Therapie die Autonomie und Selbstverantwortung des Patienten ist. Im Cathexis-Institute war mir dieses Ziel ständig spürbar.

Mein Wunsch ist deshalb, daß diese Veröffentlichung nicht zu einer gegenseitigen Paralysierung in absoluten »Pros« oder »Contras« führt, sondern daß die hier vorliegende Herausforderung dazu dient, neue Wege der Therapie in unserer europäischen Situation zu entwickeln.

Friedberg (Hessen)   Prof. Dr. Helmut Harsch
Ostern 1980

Vorwort zur zweiten Auflage (Taschenbuchausgabe)

Das Vorwort zur ersten deutschen Auflage 1980 schrieb Dr. med. Rüdiger Rogoll, der damalige 1. Vorsitzende der »Deutschen Gesellschaft für Transaktionsanalyse«, noch voller Enthusiasmus: »Faszinierend! Dieses Buch! Diese eigenwillige Jacqui Schiff! Dieser neue Therapieansatz!« Nach einem Jahrzehnt voller Veränderungen, möchte er dieses Vorwort so nicht mehr stehen lassen. Ich habe es deshalb übernommen, das Vorwort zur zweiten Auflage neu zu schreiben im Blick auf die Bedeutung dieses Buches in der veränderten Situation heute und welche Berechtigung für eine Neuauflage sich daraus ergibt.

Was Jacqui Schiff und Beth Day in diesem Buch beschreiben, liegt nun mehr als zwei Jahrzehnte zurück und spiegelt noch ganz die Begeisterung und den therapeutischen Optimismus der sechziger Jahre wider, einen neuen und effektiven Ansatz für Verständnis und Therapie früher und schwerer emotionaler Störungen gefunden zu haben. Schon beim Erscheinen der ersten deutschen Ausgabe, zehn Jahre nach der englischen, war es wie bereits in der Einführung zur ersten Auflage angedeutet zu tiefgreifenden Veränderungen gekommen:

Der Konflikt innerhalb der Internationalen Gesellschaft für TA endete Ende der siebziger Jahre mit dem Austritt bzw. Ausschluß von Jacqui Schiff aus dieser Gesellschaft. Mit ihr hat ein großer Teil ihrer Anhängerschaft die Gesellschaft verlassen.

Aaron (der älteste ihrer Adoptivsöhne und ein Hauptbeiträger zu ihren Theorien) machte sich selbständig und wandte sich einem nichttherapeutischen Beruf zu; nur selten beteiligt er sich noch an therapeutischen Unternehmungen der Schiff-Familie. Eric, von dem hauptsächlich in diesem Buch berichtet wird, hat sich zusammen mit seinem Sohn der Adoptivmutter entzogen und seinen ursprünglichen Familiennamen wieder angenommen. Der jüngste Adoptivsohn, Shea Schiff, hat bis vor kurzem das Werk seiner Mutter weitergeführt. Im letzten Jahr faßte auch er den Entschluß, die therapeutische Tätigkeit zu verlassen, und etwas ganz anderes zu tun. Das Cathexis Institut in Oakland, dessen Leitung er innehatte, ist nach San Diego im Süden Kaliforniens umgezogen. Jacqui hat inzwischen auch Indien wieder verlassen, nachdem die dortige Gruppe sich von ihr abgelöst hat. Die letzte Information ist, daß Jacqui Schiff mit einigen ihrer Adoptivkinder in England ein neues

Therapie-Zentrum aufbaut. Ihren Wohnsitz hat sie deshalb, wenn sie nicht auf Reisen ist, in Birmingham.

Wenn die Kritiker ihres Ansatzes dies lesen, werden sie triumphieren und sagen: »Das war ja vorauszusehen, daß ein solches Engagement nicht durchzuhalten ist, da muß es ja zu solchen ›burn out‹-Phänomenen kommen! Und sind bei den Helfern selbst nicht so viele unbewußte Faktoren (wie z.B. Machtwünsche) mit beteiligt, ohne die man so etwas gar nicht tun würde und die dann zu destruktiven Verwicklungen führen?« Sicher lassen sich solche und ähnliche Fragen an das Buch stellen, und sie müssen auch gestellt werden. Damit ist aber, was in diesem Buch beschrieben wird, nicht »erledigt«. Es gibt Bedeutsames, das bleibt und der weiteren Beachtung wert ist:
- da ist vor allem die Bereitschaft und Fähigkeit einer Frau, sich menschlich direkt auf die frühen Bedürfnisse dieser schwer gestörten Jugendlichen einzulassen, sie wahrzunehmen und verstehend, konfrontierend und annehmend (d.h. nicht naiv und kurzschlüssig) darauf zu antworten;
- dazu gehört auch ihre Bereitschaft und therapeutische Demut, die Patienten als gleichberechtigte Partner in dem Geschäft der Therapie ernstzunehmen in der theoretischen Verarbeitung der auftretenden Phänomene und im Konzipieren therapeutischer Strategien, weil sie die Tatsache ernstnimmt, daß die Patienten selbst am besten wissen, was in ihnen vorgeht;
- unabhängig von der Einschätzung ihrer Person haben sich die von ihr und ihrer Gruppe entwickelten Theoriemodelle für Verständnis und Therapie dieser schweren emotionalen Störungen bewährt und zu weiterem kreativen Denken angeregt; das Symbiose- und Passivitätsmodell gehören heute zum festen Bestand der TA in der ganzen Welt;
- in diesem Sinne lesen wir heute dieses Buch als ein historisches Dokument, das uns Einblick in die Werkstatt gibt, in der diese Theorien und Verfahrensweisen entstanden sind: dies hilft uns einerseits zu einem tieferen Verständnis der Zusammenhänge, andererseits wird uns durch die historische Perspektive aber auch die Freiheit eröffnet, eigne Weiterentwicklungen und Adaptionen vorzunehmen, die uns heute möglich und machbar erscheinen.
In dieser Richtung hat bereits im letzten Jahrzehnt ein Prozeß der Verarbeitung und des »Verdauens«, eine Zerlegung in· kleinere und

machbarere therapeutische Vorgehensweisen stattgefunden, die heute für viele Kolleginnen und Kollegen bereits zum alltäglichen Repertoir gehören, wie zum Beispiel:

- sie achten in jeder Art von Therapie auf symbiotische Angebote und Einladungen und auf passive Verhaltensweisen bei sich und den Patienten;
- sie erlauben und fördern unter Vertrag begrenzte Formen und Phasen regressiven Verhaltens auch innerhalb ambulanter Verfahren, in denen sie z.B. die Patienten halten, ihnen die Flasche geben usw.;
- einige Kolleginnen und Kollegen nahmen sogar Patienten für eine Zeitlang in ihre Familien auf.

In unserem Land hat die Klinik für psychosomatische Medizin Grönenbach im Allgäu unter Leitung von Dr. Konrad Stauss mit Hilfe des Schiffschen Materials ein Therapieprogramm für die stationäre transaktionsanalytische Behandlung des Borderline-Syndroms (nach Kernberg) entwickelt, das sich schon einige Zeit erfolgreich in der Praxis bewährt hat. In den Niederlanden arbeitet seit zehn Jahren Maarten Kouwenhoven, ein Schüler Shea Schiffs, in der klinischen Anwendung des Schiffschen Ansatzes auf der »Streichelstation« (Station De Strook) des Psychiatrischen Krankenhauses in Ermelo. Leider können dort nur Patienten behandelt werden, die des Holländischen mächtig sind.

Dem Buch selbst wünsche ich auch in der zweiten Auflage eine weite Verbreitung. Es kann für manche Betroffene hilfreich sein, eigene unverständliche Impulse und Vorstellungen in ihrer Bedeutung besser zu verstehen und in die eigene Verantwortung zu übernehmen. Es kann manchen Angehörigen helfen, in dem Wirrwar der Ereignisse und ihrer eigenen Gefühle in Reaktion darauf Orientierung zu gewinnen. Für alle helfenden Berufe, die sich mit emotional schwergestörten Menschen befassen, ist es eine Fundgrube für Verstehen der Zusammenhänge und für die Entwicklung entsprechender Strategien. Im Literaturverzeichnis finden sich weitere Hinweise auf die zugrunde liegenden theoretischen Konzepte.

Friedberg, Weihnachten 1989   Prof. Dr. Helmut Harsch

I.

Es ist 4.00 Uhr morgens. Gestern war die Hochzeit unserer Tochter Elisabeth. Ich bin immer noch aufgeregt und glaube nicht, daß ich schlafen kann. Elisabeth ist nocht nicht ganz geheilt, aber sie ist glücklich und voller Zuversicht. Als ich gestern ihr strahlendes Gesicht beobachte- te, dachte ich daran, in welcher Verfassung sie vor kurz zwei Jahren noch gewesen war – zusammengerollt wie eine Kugel lag sie im Fernseh- zimmer, wie ein Vorhang verbarg ihr lang herunterhängendes braunes Haar ihr Gesicht. Sie erklärte mir, sie sei ein Stein. Als ich sie berührte und darauf bestand, daß sie meine Anwesenheit wahrnahm, sprang sie mich an. Die meisten Schizophrenen zeigen vorher an, daß sie tätlich werden. Elisabeth jedoch nicht. Ihre Wut brach wie ein Frühlingssturm aus, ohne Warnung. Mörderisch. Eine ungünstige Prognose . . .

Moe und ich nahmen sie in unser Haus auf, wie wir andere kranke Kinder aufgenommen hatten, da wir glauben, daß dies ein Weg zur Gesundung für sie ist. Wir beide sind psychiatrisch ausgebildete und tätige Sozialarbeiter. Nachdem wir einige Jahre lang mit Schizophrenen ambulant und in Kliniken gearbeitet hatten, kamen wir zu der Überzeu- gung, daß wir sie nur heilen können, wenn wir uns den ganzen Tag, 24 Stunden lang, auf sie einlassen. Unsere Methode des »Neu-Beelterns« von Kindern, durch die sie eine zweite Chance bekommen, erwachsen zu werden, wird von einigen unserer Kollegen als »radikal« betrachtet. Was daran wirklich so radikal sein soll – so meine Vermutung –, besteht darin, daß wir gegenüber den Kindern eine totale Verpflichtung einge- hen: Wenn sie in unser Haus kommen, hören sie auf, »Patienten« zu sein. Sie werden geliebt und gehütet wie unsere eigenen drei Söhne. Wir erfahren vielleicht sogar mehr Freude und Stolz, wenn sie etwas errei- chen, als andere stolze Eltern, denn wir wissen, welch viel weiteren Weg diese Kinder zu gehen hatten.

Wenn Sie am späten Nachmittag oder am frühen Abend in unser großes Wohnzimmer hereinkommen, während die meisten unserer Kinder zu Hause sind, dann sieht das Zimmer auf den ersten Blick ähnlich aus wie irgendein anderes gut eingerichtetes Wohnzimmer der Mittelschicht

– nur mit der Ausnahme, daß die Familie größer ist. Zur Zeit haben wir 20 Kinder. Es gibt keine abgeschlossenen Türen, keine Helfer in weißen Kitteln. Wir sind eine Familie. Eine sorgfältig strukturierte Familie. Wenn Sie für einige Minuten hinschauen und zuhören, wird Ihnen die Struktur deutlich werden.

Wenn ein Kind sich schlecht benimmt, wird es niemals auf sein Zimmer geschickt oder auf irgendeine andere Weise isoliert; denn Isolation ist wirklich das Letzte, was ein in sich zurückgezogener Schizophrener verträgt. Es kann sein, daß er geschlagen wird oder in einer Ecke des Wohnzimmers, in dem wir alle sind, stehen muß. Der schwere hölzerne Zwangsstuhl, den wir mit Sicherheitsgurten aus dem Auto versehen haben, wird nicht als Strafe benutzt, sondern dafür, daß wir in der Lage sind, Ausbrüche pathologischer Gewalttätigkeit aufzufangen, ohne die erregten Jugendlichen von dem Ablauf des Familienlebens zu trennen.

In unserem Haus wird viel gelacht. Aber es gibt keine persönlichen Anspielungen zwischen den Kindern oder den Eltern. Selbst bevor Moe und ich eine neckende Bemerkung machen, sagen wir, daß es sich um Necken handelt. Denn wir haben gelernt, daß unsere Kinder jedes Wort, das wir sagen, wörtlich nehmen und sich einprägen. Alles was wir sagen oder tun, hat für sie eine übertriebene Bedeutung, denn sie sind wirklich von uns abhängig, daß wir sie die Dinge lehren, die in ihnen eine gesunde funktionelle Einstellung dem Leben gegenüber erzeugen – Dinge, die sie in ihrer ersten Kindheit nicht bekommen haben.

Die meisten unserer Kinder kommen mit der Diagnose »schizophren« zu uns. Sie sind in sich zurückgezogen, ohne Kontakt mit ihren eigenen Gefühlen und mit der Welt um sie herum. Manchmal dauert es sehr lange, bis wir mit einem von ihnen Kontakt aufnehmen können. Wir mußten z. B. 18 Monate warten, bis Michael Beziehung zu einem von uns aufnahm. Michael war jedoch fast zehn Jahre in einer Klinik gewesen, und Kliniken haben nur wenig für Schizophrene anzubieten, außer ruhigstellenden Medikamenten oder Unterbringung in einer geschlossenen Abteilung, wenn sie gefährlich erscheinen.

Einige unserer Kinder *sind* gefährlich. Aber auch dann, wenn ein Kind verzweifelt darum kämpft, seine psychotische Wut zu bezähmen, drängen wir es dazu, seine kranken Gefühle zu zeigen, die Überbleibsel einer kranken Baby-Zeit und Kindheit, weil es uns vertrauen kann, daß wir auch dann Sorge für es tragen werden. So können wir seine Probleme identifizieren. Und dies ist der erste Schritt in Richtung ihrer Heilung.

Lernen, daß Probleme gelöst werden können, ist ein wichtiger Bestandteil des Gesundungsprozesses.

Da die kindliche Wut sich oft gegen mich als Mutter richtet, versuche ich, immer jemanden bei mir in der Nähe zu haben, der mich beschützen kann. Manchmal jedoch kommt ein solcher Überfall ganz plötzlich. Vor zwei Wochen geschah dies mit unserer Tochter Irene. Ihre Gewalttätigkeit – Ausdruck eines paranoiden Zustandes – war bisher niemals weiter gegangen als zu einem heulenden Schreien. Plötzlich schleuderte sie jedoch den Kaffeetisch nach mir, als ich ihr sagte, daß ich es satt hätte, mir ihr Heulen anzuhören. Ich wich zur Seite aus und schrie. Einer der großen Jungen kam von hinten und hielt sie fest. Irgendwie hatte ich mir jedoch in dem Gerangel einen Fußknochen gebrochen.

Einige unserer Kinder neigen zum Selbstmord. Wir haben keine Riegel an den Türen unserer Badezimmer, denn Badezimmer werden sehr oft als Ort für die Selbstvernichtung gewählt. Wir haben auch gelernt, alle scharfen Dinge, sogar z. B. frisch geöffnete Konservendosen aus der Reichweite von solchen Kindern zu halten.

Es ist schwer für mich, mich nachts zu entspannen. Denn es gibt so viele Dinge, über die ich wachen, auf die ich hören muß und für die ich mich verantwortlich fühle. Und gerade heute nacht haben wir einen neuen Sohn. Er heißt Eric. Er schläft eben im Fernsehraum. Ein herrliches Kind, mit weichen, engelhaften Lippen und langem blonden Haar.

Wir hatten eigentlich nicht daran gedacht, ihn heute hierher zu bringen, aber es ergab sich so: es gab keine andere Möglichkeit. Moe und ich behandeln immer noch ambulant Patienten in unserer Privatpraxis, um unsere Familie zu ernähren; ich war in der Praxis, als Moe mich fragte, ob ich mir nicht einmal diesen Jungen anschauen wolle. Es ist überraschend, was kranke Kinder in einem Ort alles voneinander wissen, und wie sie sich umeinander sorgen. Zwei von ihnen hatten einige Tage vorher Eric zu Moe gebracht, damit er ihn einmal anschaue: »Er ist seltsam. Sie müssen etwas für ihn tun, bevor er für immer eingesperrt wird.«

Unser Haus war voll, und Moe wollte keinen Schizophrenen als ambulanten Patienten annehmen. Er hatte sich nur bereitgefunden, den Jungen zu untersuchen, mit der Absicht, ihn zu einem anderen Therapeuten zu empfehlen. Er zeigte mir die Testergebnisse. Der Junge sah sehr, sehr krank aus: schizophren am Übergang zur Regression.

Als ich in den Raum kam, in dem Eric wartete, saß er da mit dem Rücken zur Tür. Sobald er meine Schritte hörte, stand er auf und schaute mich halb lächelnd an: fragend, hoffnungsvoll, unendlich werbend.

»Du hast keine Angst vor mir?«, fragte ich ihn überrascht.

»Du bist Moes Frau«, sagte er einfach, »ich muß dir trauen.«

Ich streckte meine Hand aus: »Darf ich dich anfassen?« Er nickte, sein Gesichtsausdruck war aufmerksam. Ich studierte ihn sorgfältig. Es war irgend etwas sehr Seltsames an diesem Jungen. Er verhielt sich nicht wie ein Schizophrener. Er fürchtete sich nicht vor Fremden. Er machte sich nichts daraus, berührt zu werden.

Ich fürchte mich nicht vor ihr. Sie könnte meine Mutter sein. Ich wünschte, sie wäre meine Mutter. Ich habe nach meiner Mutter gesucht, seitdem ich dreizehn Jahre alt war. Aber wenn sie wüßte, wie schlecht ich bin, würde sie mich nicht wollen!

Sein Gesicht hatte nicht diesen ausdruckslosen, zurückgezogenen Ausdruck, der typisch ist für einen Schizophrenen. Seine Erscheinung war ausdrucksvoll und lebendig. Seine blauen Augen waren voller Hoffnung. Er gestikulierte frei, wenn er sprach. Seine Stimme war leise und drängend, und er schien sehr darauf aus, mir zu beschreiben, was für ein wirklich schlechter Junge er sei und wie sehr er Angst davor habe, daß er jemanden töten würde. Auch wollte er, daß ich wüßte, wie ernsthaft und verzweifelt er Hilfe suche. »Sagen Sie mir doch nur, was ich tun soll«, bat er drängend. »Ich werde es tun. Sagen Sie mir nur irgend etwas, und ich werde es tun!«

Ich will niemanden verletzen. Ich will niemanden töten. Aber ich fürchte so sehr, daß ich es tun werde. Ich versuchte dem Psychiater zu sagen, wie krank ich bin. Aber er saß einfach nur da, rauchte seine Pfeife und stellte Fragen. Er sagte mir nicht, was ich tun soll. Er sagte mir nicht, wie ich mich davor bewahren kann, jemanden zu töten. Vielleicht könnt ihr es mir sagen. Du und Moe. Ihr müßt mir helfen!

Offensichtlich fühlte Eric, daß Moe und ich diese eine Chance waren. Er war zweimal in einer Klinik gewesen, war von der Polizei aufgelesen worden, war während einer Party aus dem zweiten Stock gesprungen; in der vorigen Woche war er mehrmals nach Anwandlungen, seine Freundin und ihre Kinder zu töten, bewußtlos gewesen. Wie wahnsinnig suchte er nach Hilfe; doch er stieß nur auf Therapeuten, die nicht bereit waren, mit ihm zu arbeiten. Er nahm an, daß sie ihn deshalb zurückwiesen, weil sie seine innere Schlechtigkeit erkannt hatten und, weil sie wußten, daß er unrettbar böse war.

Da er so beweglich und offen schien und ohne das so bekannte In-sich-Zurückgezogen-Sein und die Apathie des typischen Schizophrenen, fragte ich mich, ob seine Krankheit nicht primär körperlich bedingt sei. Vielleicht ein Hirntumor? Ich entschuldigte mich und ging, um mich mit Moe abzustimmen. »Dieses Kind ist wirklich seltsam«, sagte ich ihm, »ich meine, du solltest eine neurologische Untersuchung einholen.« »Ich hab' es bereits getan«, sagte Moe, »es gibt kein organisches Problem.«

Ich war nicht sicher, was wir tun sollten; aber ich wußte, daß der Junge nicht frei in der Stadt herumlaufen durfte. Moe wurde zu Hause gebraucht und mußte gehen. Ich bat den Jungen, auf mich zu warten, während ich mich zwei anderen Patienten widmete – ein junges Paar –, die Freunde von ihm waren. Das junge Paar stritt miteinander und mir wurde klar, daß Eric ihre Stimmen von dem Raum aus, in dem er wartete, hören konnte, und befürchtete, daß er vielleicht erschreckt würde. Meine Patienten, die auch besorgt waren, schlugen vor, daß er dazukommen sollte.

Als ich zu ihm ging, um ihn zu holen, hatte er sich verändert. Vorher war sein Gesicht das eines Kindes gewesen: offen, mit sanften und flehenden blauen Augen. Nun war er erregt. Die sanften Züge hatten sich zu einer bleichen Maske zusammengezogen, die Augen waren schmal. Ein Bein hatte er über das andere geschlagen und pendelte mit ihm hin und her. Beunruhigt schaute ich in Moes Büro, aber er war bereits nach Hause gegangen. Als ich Eric aufforderte, zu uns zu kommen, folgte er mir schweigend und saß steif in dem Stuhl, den ich ihm anbot. Als seine zwei Freunde ihr Streitgespräch wieder aufnahmen, begann er wieder hin und her zu pendeln. Jetzt waren beide Beine am Zittern. Dann plötzlich schoß er hoch und raste zur Tür hinaus.

Ich folgte ihm. Er war auf der hölzernen Veranda stehen geblieben, die vor unserer Praxis zur Straße hin liegt. Ich stand ein wenig entfernt von ihm. Er stand bewegungslos da, aber auf Flucht eingestellt. Ich zögerte, mich ihm zu nähern, denn ich fürchtete, damit einen Ausbruch von Gewalttätigkeit auszulösen. Mein Gott, dachte ich, wird es damit enden, daß er durch die Straßen rast mit der Polizei hinter ihm her?

Dann hielt ein Auto genau vor unserer Praxis. John Christy, einer meiner Schwiegersöhne, saß am Steuer. Niemals war mir sein Anblick derart willkommen! Ich holte ihn herein und erklärte ihm das Problem.

»Schau zu, ob du das Kind von der Veranda wegbekommen kannst.« Ich zog mich zurück, um John das Reden zu überlassen.

Er ging ruhig zu Eric. »Du mußt hereinkommen«, sagte er mit ruhiger aber fester Stimme. Eric hörte zu, offensichtlich beeindruckt von der Autorität in Johns Stimme, und folgte ihm gehorsam zurück in Moes Büro. Ich ging und beruhigte meine Patienten, dann kehrte ich zu Eric zurück. Er machte weiterhin einen erregten Eindruck, und ich vermutete, daß es jetzt John war, der ihn aufregte. Ich bat John, unseren ältesten Sohn Aaron anzurufen, daß er käme und helfe. Aaron ist groß, stark und klug genug, um beinahe mit jedem umzugehen. Außerdem kannte ihn Eric bereits von der Schule. Aaron war unser erstes schizophrenes Kind, das, mit dem wir lernten. Er weiß mehr von der Krankheit als die meisten ausgebildeten Psychiater. Ich hoffte, seine Gegenwart würde Eric weniger aufregen als die eines völlig Fremden wie John.

Aber als John uns verlassen hatte, merkte ich plötzlich, wie töricht ich gehandelt hatte. Jetzt war ich allein mit diesem verrückten Jungen. Ich fürchtete mich. Ich wußte nicht, wie – oder wo, oder wann – die Gewalttätigkeit ausbrechen würde, aber ich wußte: sie kommt. Irgendwie mußte ich ihn unter Kontrolle halten.

»Du kannst hier nicht loslegen«, sagte ich. Ich habe eine sehr dünne, quäkende Kinderstimme, und eines meiner ständigen Probleme ist, sie so klingen zu lassen, daß sie genug Autorität ausstrahlt, um wirksam zu sein.

Er schien mich nicht gehört zu haben. »In einigen Minuten wird Aaron kommen«, sagte ich ihm. »Aaron wird sich um dich kümmern.«

Ich beobachtete ihn und hoffte, daß die Worte in ihn eindringen und eine Blockade errichten würden, um das aufzuhalten, was sich in ihm gerade auflud.

Er antwortete nicht. Er saß schweigend da, brodelnd wie ein Vulkan vor dem Ausbruch. Dabei gab er keinen Ton von sich, der darauf hinwies; aber es gab etwas, das ich spürte, etwas, was ich schon seit langem gelernt hatte, wahrzunehmen: eine starke Anspannung der Muskeln, ein Zucken des Körpers, etwas, das ich fühle und rieche. Aber es gab keine Möglichkeit festzustellen, wieviel Zeit ich noch zur Verfügung hatte. Ich wußte auch nicht, was dieser Junge tun würde. Vielleicht ein Ausbruch mörderischer Wut, ähnlich wie bei Elisabeth? Oder ein innerer Stau mit vielen Signalen an die Umgebung um Hilfe wie bei manch anderen? Wenn meine Ahnung von diesem Jugendlichen stimmte, würde er ähnlich wie Elisabeth sein. Ich versuchte, wenigstens Augenkontakt zu bekommen. Aber es war aussichtslos. Seine blauen Augen waren unscharf verschwommen.

Ich wartete. Es waren beinahe fünfzehn Minuten auf der Bürouhr verstrichen, als Aarons beruhigender Schatten im Gang auftauchte. Als er voll Zuversicht in den Raum hereinkam, fühlte ich, wie mich Erleichterung überflutete.

Aaron war absolut großartig mit dem Jungen. Er begriff, was vorging, ohne irgendeine Erklärung von mir; er durchquerte gemächlich das Zimmer und legte seine Hand freundlich auf Erics Schulter. Er sprach wie einer, der das erste Mal ein sehr furchtsames kleines Kind anspricht. »Komm, Baby, laß uns nach Hause gehen.«

Eric stand folgsam auf, und als Aaron ihn zur Tür führte, warf er mir noch einmal einen flüchtigen Blick zu. Er fragte nicht, wohin es gehen würde, warum oder was für ihn geplant sei.

Aaron schaffte es, ihn nach Hause zu bringen, bevor der Anfall losbrach.

Der Ausbruch erwischte Moe. Aaron hatte Eric zu Moe gebracht, und ein paar Augenblicke später stürzte Eric plötzlich aus dem Zimmer voller Jugendlicher, mit denen er gerade bekannt gemacht worden war. Trotz eines schweren Regens lief er schnell durch das rückwärtige Tor und in Richtung auf die Zufahrt. Moe lief hinter ihm her und Aaron folgte. Bei Erich hatte bereits ein Zustand begonnen, der fast wie ein Krampfanfall aussah. Sein Gesicht war in schrecklicher Wut zu einer bösartigen Maske verzerrt, blutiger Schaum stand auf seinen Lippen, die zurückgezerrt knirschende Zähne freigaben. Jedoch völlig anders als bei einem Krampfanfall bahnte er sich wütend entschlossen seinen Weg. Moe und Aaron konnten ihn nicht halten; die drei stürzten zu Boden und lagen in einem Knäuel auf dem nassen Kies. Acht starke Jungen waren notwendig, um Eric festzuhalten, bis der Anfall vorüber war.

Als ich nach Hause kam, war er ruhig, verwirrt und ängstlich; die Jungens wurden gerade auf Verletzungen untersucht. Eric hatte einen verstauchten Fußknöchel und eine Menge Quetschungen, die er mit seiner seltsamen Gleichgültigkeit in Augenschein nahm. Später erfuhr ich, daß Eric eine bemerkenswerte Fähigkeit besaß, Schmerz zu verleugnen; er konnte Verletzungen fast vollständig ignorieren.

Ich suchte einen Schlafanzug und bat Aaron, Eric zu säubern, während ich einige Zeit benötigte, die anderen Jungen zu beruhigen. Moe rief Dr.

Reed an, den Leiter der örtlichen Psychiatrischen Klinik; Dr. Reed ist unser Berater in solchen Fällen. Wir baten ihn, uns in diesem Notfall zu besuchen, um für Eric ein Medikament zu verschreiben, damit wir ihn sicher ins Bett bringen konnten.

Als Eric dann sauber in seinem Schlafanzug im Fernsehraum saß, konnte er sich nicht mehr daran erinnern, was geschehen war. Wir beschrieben ihm den Anfall. Während wir sprachen, konnte ich beobachten, wie sich Angst und Verwirrung bei ihm legten.

»Sie haben sich um mich gekümmert«, sagte er und seine Lippen zitterten. »Sie haben mich nicht eingesperrt, sie haben sich um mich gekümmert.« Er schaute sich verwundert um, und dann sah er mich an.

»Bin ich ein Tier?«, fragte er. »Wollen Sie mich einsperren?« Als ich meine Hände zu ihm ausstreckte, rollte er sich zusammen und klammerte sich an mich.

»Du bist kein Tier«, sagte ich, »du bist ein kleiner Junge, ein schöner kleiner Junge!«

Später lag er entspannt in dem Behelfsbett, das wir für ihn aufgeschlagen hatten, und sah sehr verletzlich aus. Das harte Gesicht des 21 Jahre alten Jugendlichen während des psychotischen Anfalles und auch das Gesicht des ausgeglichenen jungen Mannes, den ich im Büro gesehen hatte, waren beide verschwunden. Sein Gesicht war nun locker und weich; es ließ das Baby erkennen, das er im Grunde ist. Seine Lippen waren gelöst und voll. Als ich ihn ins Bett legte, klammerte er sich an mir fest; er versuchte mir damit mitzuteilen, wie sehr beschämt und bekümmert er über das war, was er getan hatte; er versuchte mir damit zu versichern, daß er gut sein wolle. »Wenn ich es nicht bin«, sagte er, lispelnd wie ein kleiner Junge, »kannst du mich zusammenschlagen!«

Armes Kind. Wie verzweifelt versuchte er mit Unterwerfung Schutz einzuhandeln. Schutz gegen die schreckliche Wut, die in ihm eingeschlossen ist.

Ich küßte ihn für die Nacht; dann ließ ich die Tür zum nächsten Raum, den mehrere Jugen gemeinsam benutzen, ein wenig offen und bat unseren Sohn Bob, mich zu rufen, wenn er Eric hören sollte.

Ich schlafe jedesmal unruhig in der Nacht, wenn wir ein neues Kind im Hause haben. Wir verabreichen unseren kranken Kindern nicht so starke Medikamente, wie sie es in Kliniken tun. Wenn sie dann mitten in der Nacht aufwachen, kann es sein, daß sie in Erregung geraten. Während des Tages gibt die familiäre Umgebung und die gesicherte Struktur die Möglichkeit, die Verrücktheit zu zügeln. Bei Nacht wuchert die Psychose. Oft wenn ich ins Bett gehe, überprüfe ich in Gedanken, welche Kinder sehr wütend auf mich sind, und versuche abzuschätzen, ob es gefährlich sein könnte, einzuschlafen. Moe und ich schlafen meist mit einer Kette mit klirrenden Glocken an unserer Tür, damit wir wach werden, wenn jemand hereinkommen will.

Als ich an diesem Abend von der Praxis nach Hause kam und durch den Wohnraum ging, war es, als ob ich bis zu den Knien in Wut waten würde. Es geschieht oft, daß ein Erregter auch bei anderen Erregung auslöst. Fast alle waren aufgeregt über das, was mit Eric geschehen war. Ein hohes Maß von Feindseligkeit kam von Barbara. Ich weiß nicht, warum sie so wütend war, und ich war zu sehr mit dem neuen Kind beschäftigt, um es herauszufinden.

Es kann sein, daß auch Eric irgendwann wünscht, mich zu töten. Er ist immer noch zu neu und hat den Ärger, den er gegen eine andere Mutter empfindet, noch nicht auf mich übertragen. In mancher Hinsicht erinnert er mich an Aaron, als dieser zum erstenmal zu uns kam. Damals wurde mir bewußt, wie stark er körperlich ist und welche reale Gefahr er darstellt; meine Sicherheit würde von seinem Bedürfnis nach Bemuttert-Werden abhängen.

Moe schläft schon lange und ich beginne gerade einzudösen, als ein Klopfen mich aufweckt. »Eric ist wach und ruft nach dir, Mutter.« »In Ordnung«, flüstere ich zurück, »bring ihn ins Wohnzimmer.« Ich ziehe meinen Morgenrock an und begebe mich leise in die Küche, nachdem ich die Tür zum Schlafzimmer sacht geschlossen habe, um Moe nicht zu stören. In der Küche bereite ich eine Babyflasche mit warmer Milch, die ich mit Sirup süße, und habe sie schon fertig im Wohnraum, als Bob Eric hereinführt. Er stolpert schläfrig, reibt sich die Augen mit einer Faust; seine Farbe ist allerdings schlecht, sein Gesicht blaß und furchtsam, und in den Mundwinkeln ist Blut. Ich danke Bob mit einem stummen Nicken, als er Eric auf das Sofa und in meinen Schoß hilft. Der Junge faltet seine ganze Länge von 180 Zentimeter zusammen und lehnt sich matt gegen mich.

»Hallo, Baby«, flüstere ich und lege seinen blonden Kopf auf meinen Arm. »Hallo, kleiner Junge!« Ich halte die Flasche an seine Lippen, so daß er etwas von der beruhigenden warmen Milch trinken kann. Während er schwach saugt, merke ich, wie er sich entspannt.

Als er genug getrunken hat, ist er fähig zu sprechen. »Ich habe schlecht geträumt«, murmelt er ängstlich; seine Stimme ist die eines kleinen Kindes. »Schlimme Träume haben mich aufgeweckt.« Ich streiche sein blondes Haar aus seinem Gesicht zurück. Haut und Haare sind feucht von Angstschweiß. »Paviane«, sagt er mir. »Hunderte von Paviane. Und ein Clown . . .«

Wir werden morgen herausfinden, was die Paviane und der Clown bedeuten. »Du bist in Ordnung«, sage ich ihm jetzt und fahre fort, seinen Kopf zu streicheln. »Du bist in Ordnung. Du bist jetzt mein Baby, und ich will für dich sorgen.«

Er krallt sich an den Ärmel meines Morgenrocks fest. Seine Knöchel sind weiß vor Furchtsamkeit. »Aber wenn Du weißt, wie schlecht ich bin, willst du mich nicht behalten«, flüstert er und erforscht mein Gesicht mit ganz intensiven blauen Augen.

»Du bist kein schlechter Junge, Eric«, sage ich ihm. »Du bist ein netter kleiner Junge. Ich liebe dich.«

»Magst du das noch einmal sagen?«, bittet er, so wie er es ohne Zweifel wieder und wieder in den kommenden Monaten erbitten wird.

»Ich bin jetzt deine Mutter, und ich werde für dich sorgen«, verspreche ich. »Ich liebe dich.«

Und dann überraschend: »Du willst mich nicht in einem Käfig halten?« Und einen Moment später: »Bin ich ein Frosch? Meinst du, daß ich ein Frosch bin?« Jetzt haben wir bereits mit dem mühsamen Prozeß begonnen, durch den Kinder – die gesunden wie auch die kranken – herausfinden, wer sie sind.

»Nein, Eric, du bist ein Junge, kein Frosch. Kleine Jungen werden nicht in Käfige gesteckt. Du bist ein netter kleiner Junge.«

Bald beginnt er in meinen Armen einzuschlafen. Bob und ich bringen ihn wieder ins Bett, und ich gehe in mein eigenes Zimmer zurück.

Wie ich die Tür vorsichtig öffne, kann ich das graue Morgenlicht durch das Fenster sehen. Es ist jetzt nach 5.00 Uhr morgens. Ich schlüpfe zurück ins Bett neben Moe und staune, daß er so gut schlafen kann. Ich berühre seinen Arm und er bewegt sich und langt nach mir. Ich bin froh, daß er weiterschläft. Es gibt für ihn morgen eine Menge zu tun.

Er ist jetzt Erics Vater. Er wurde der Vater des Jungen in den ersten wenigen Augenblicken, die sie zusammen verbrachten. So wie er drei Jahre vorher Aarons Vater wurde, als wir unser erstes schizophrenes Kind aufnahmen.

24

II.

Moe und ich kamen auf sehr verschiedenartigen Wegen zu unserer gegenwärtigen Arbeit. Der rote Faden, der unser beider Leben durchzieht und der das Leben, das wir jetzt gemeinsam führen, bestimmt, ist natürlich unser Bemühen um Kinder: um gesunde Kinder und um kranke Kinder, die die Möglichkeit haben sollen, gesund zu werden.

Moe entstammt einer Familie polnischer Juden, die in die Vereinigten Staaten auswanderte, als er zehn Jahre alt war, und sich in Virginia niederließ. Sein Vater hatte das Glück, im Gaststätten- und Kolonialwarengewerbe schnell eine ganze Menge Geld zu verdienen. Moe folgte ihm und arbeitete fast 20 Jahre lang in den Geschäften der Familie, bevor er zum Entschluß kam, daß das, was er eigentlich tun wollte, die Arbeit mit Kindern sei.

Obwohl er bereits verheiratet gewesen war, bevor wir uns kennenlernten, hatte er keine Kinder. Er entschied sich, ein psychiatrisch arbeitender Sozialarbeiter zu werden und sich um gestörte Kinder zu kümmern. Mit 37 Jahren zog er sich aus dem Geschäftsleben zurück und ging auf die Universität. Als ich ihn dort kennenlernte, hatte er noch ein Jahr bis zur Magisterprüfung in Sozialarbeit.

Ich kam ganz durch Zufall nach Virginia. Meine Familie stammt aus Skandinavien und wohnte an der Westküste. Ich wurde in Everett im Staat Washington geboren; der Ort liegt ungefähr 40 Meilen nördlich von Seattle und existiert hauptsächlich von Mühlenbetrieben und Fischfang. Auf den ersten Blick erscheint meine Kindheit verwirrend. Meine Eltern waren Teenager, die miteinander durchgingen, mich zeugten, aber niemals wirklich ein Heim zusammen gründeten. Meine Mutter war fast noch ein Kind, als ich geboren wurde; sie überließ mich praktisch meiner Großmutter mütterlicherseits, um mich großzuziehen. Ich wurde von zwei Großmüttern großgezogen, die glücklicherweise Talent zum Muttersein hatten. Es ist unter Skandinaviern nicht unüblich, daß vorhandene Hausgemeinschaften Kinder aufziehen, denen das Zuhause fehlt, weil die Mutter gestorben oder krank oder einfach zu jung ist, wie es bei mir der Fall war. Und so wuchs ich auf mit der Vorstellung, daß adoptierte

Kinder und Pflegekinder genauso geliebt und umsorgt werden wie natürliche Kinder.

Den zweiten bedeutenden Einfluß auf mein Leben übte neben meinen Großmüttern der Mann aus, der zum Vater für mich wurde, nämlich der zweite Mann meiner Mutter: ein großer, starker, sehr männlicher Mann isländischer Abstammung. Er war Jugendpfleger und ist jetzt Polizeichef in Everett. Er hatte immer eine Menge von Kindern um sich herum, meistens Jungen, die Scherereien hatten. Ich war beeindruckt von der Tatsache, daß er sehr autoritär war, auf eine strikte Disziplin hielt und sich gleichwohl die Zuneigung und den Respekt der Jungen erwarb.

In der Transaktionsanalyse, dem theoretischen Gerüst, das wir bei der Behandlung unserer kranken Kinder benutzen, befassen wir uns sehr mit dem, was Kinder von ihren Eltern lernen. Der ganze Eltern-Ich-Zustand prägt sich als eine Nachahmung der Eltern oder anderer Elternfiguren ein. Dazu kommt, daß der Kindheits-Ich-Zustand die Botschaften der Eltern aufnimmt, die wir »Lebensplan« (Skript) nennen; der Lebensplan enthält Beschreibungen, wer und was das Kind werden wird und wie es daran gehen wird, bestimmte Dinge zu tun. Alle unsere Kinder haben sich von ihren ursprünglichen Eltern her einen kranken Eltern-Ich-Zustand und einen selbstzerstörerischen Lebensplan einverleibt. Der Prozeß, den wir »Neu-Beeltern« nennen, hat ein völliges Auslöschen des alten Eltern-Ich-Zustandes zum Ziel, ein Verfahren, das mit Schizophrenen leicht geht. Es ist schwieriger, an den kranken Lebensplan heranzukommen; aber auch dieser muß ersetzt werden durch neue gesunde Botschaften über das Selbst des Kindes, über die Welt und was es in der Welt tun wird.

Die Hauptbotschaft, die ich mir von meinem Vater einverleibte, war: »Du bist wirklich ein patentes Kind. Du kannst alles tun, was du magst!« Kürzlich fragte mich ein Freund, wo ich denn nur die »Erlaubnis« hernehme, all die Dinge zu tun, die er mich hat angehen sehen. Und ich wußte, daß diese Erlaubnis aus der obigen Eltern-Botschaft stammt. Die Überzeugung meines Vaters, daß ich fähig sei, außergewöhnliche Dinge zu tun, gab mir das Vertrauen zu dem Versuch, Patienten, die andere Therapeuten als unbehandelbar betrachteten, zu behandeln. Ich habe mich ungewöhnlich frei gefühlt, unerforschte Gebiete in meinem Arbeitsbereich zu betreten und meine eigenen Theorien zu entwickeln sowie zu testen, wobei ich mich nur in geringem Maße an die bisher entwickelten Methoden hielt.

Obwohl mein Vater meine Entwicklung ungemein beeinflußte, und obwohl ich immer noch einen enormen Respekt und Zuneigung für ihn fühle, verursachte die Unabhängigkeit, die er mich lehrte, einen Riß in unserer Beziehung. Als ich älter wurde, differierten viele meiner Wertvorstellungen von den seinen. Darüber hinaus war er enttäuscht, daß ich mich nicht in Everett niederlassen wollte. Ich bin überzeugt, daß er keine Ahnung hatte von der Größe des Ehrgeizes, den er in mir nährte, und von meinem Verlangen, die Schätze der Welt um mich her zu entdecken. Ich verließ Everett mit siebzehn Jahren, um an die Universität von Washington zu gehen – sehr zum Kummer meiner Familie. Doch hatten bis zu diesem Zeitpunkt die Botschaften meines Vaters, unabhängig zu sein, bereits Wurzeln geschlagen.

Die Universität war leider keineswegs so interessant oder anregend, wie ich gehofft hatte. Ich besuchte Vorlesungen auf das Geratewohl, ohne auf einen Abschluß hinzuarbeiten. Ich verlegte mich auf ein Postversandgeschäft und eine eigene Werbeagentur, und ich heiratete einen Psychologiestudenten. Ich wollte unbedingt Kinder haben. Als mein erstes Baby, ein kleines Mädchen, das wir Vikky tauften, einen Lungenkollaps erlitt und drei Monate nach ihrer Geburt starb, wurde ich so schnell wie möglich wieder schwanger. Dieses Kind verlor ich durch eine Fehlgeburt. Die Ärzte sagten mir, daß anscheinend ein genetisches Problem vorläge, was bedeute, daß ich wahrscheinlich niemals gesunde Kinder haben könnte.

Es war für mich sehr wichtig, Kinder zu haben, und sehr bestürzend zu denken, ich könnte keine bekommen.

Ich schaffte es, von sieben Schwangerschaften drei lebende Kinder zu erhalten: meine Söhne Chucky, Tom und Rickey. Damals lebten mein Mann und ich in San Francisco – und als ich zu guter Letzt die Familie hatte, die ich mir wünschte, war meine Ehe kaputt. Mein Mann stammte aus einer wohlhabenden Familie; als er Schwierigkeiten mit seinem Sehvermögen bekam, entschloß er sich, aus dem Berufsleben auszuscheiden und einfach vom eigenen Bankkonto zu leben.

Nichts lag mir ferner, als mich auf solch eine Lebensweise einzulassen. So kam es zur Scheidung, und ich übernahm die volle Verantwortung für unsere drei kleinen Jungen.

Zu dieser Zeit war ich in der Sozialfürsorge für die Kreisverwaltung tätig, und ich hatte außerdem begonnen, beim San Francisco-Seminar mitzuarbeiten, einer Gruppe von Therapeuten, die von Dr. Eric Berne geleitet wurde. Er ist der Begründer der Transaktionsanalyse als einer neuen Behandlungsmethode. Dr. Berne hat später diese Methode in seinem Buch »Spiele der Erwachsenen« popularisiert. Der Ansatz der Transaktionsanalyse, die Person in ein Erwachsenen-, ein Eltern- und ein Kindheits-Ich aufzuteilen, ist eine ausgezeichnete Möglichkeit, psychiatrische Probleme zu diagnostizieren, zu analysieren und zu lösen. Sie sprach mich weit mehr an als bisherige Behandlungsmethoden. Ich empfand sie als eine wesentlich wirksamere, umfassendere und dynamischere Methode, psychische Erkrankungen anzugehen, als die, die ich bisher kennengelernt hatte. Mich begeisterte diese Methode, die eine wirkliche Lösung der Probleme versprach, statt ihnen nur den Spiegel vorzuhalten.

Die Jahre, in denen ich im San-Francisco-Seminar mitarbeitete, gaben mir beruflichen Auftrieb für meine eigenen Ideen; sie trugen auch dazu bei, meine Erwartungen zu verstärken, zeigen zu können, daß ich wirklich ein sehr gescheites Kind bin. Daß es das Kind in mir war, das etwas Wichtiges tun mußte, scheint mir sehr bedeutsam zu sein. Die Botschaft meines Vaters »Du bist ein gescheites Kind« machte mich offen für die Freiheit, die Kreativität und die Energien meines Kindheits-Ichs. Das »Kind« ist das am meisten »wirkliche Selbst« und der stärkste Teil der Person. Es ist maßgebend für die Gefühle, für die biologischen Bedürfnisse, die Motivation und die Ausdruckskraft. Es ist das zwei Jahre alte und das vier Jahre alte Kind und das zehnjährige mit all dem Wagemut und der Spontaneität dieser frühen Jahre. Mein Kind ist in starkem Maße die kleine Professorin. Sie begeistert sich an Ideen, an großen wichtigen Vorhaben. Sie ist fasziniert von der Möglichkeit, daß irgendwo, in einer Art von Requisitenkammer, Gedanken, Möglichkeiten und Verfahrensweisen herumschwirren, die bis jetzt noch nicht aufgegriffen und entwickelt worden sind. Sie fasziniert auch, daß irgendwo im primitiven Menschen die Quellen vorhanden sind, um alle die wichtigsten Probleme zu lösen, mit denen Menschen konfrontiert werden, wenn es uns nur gelingt, die Menge an Kulturschutt wegzuräumen, der zwischen ihm und uns liegt. Also: warum nicht Schizophrenie heilen? Es gibt viele große Probleme auf der Welt, über die ich nachgedacht habe; aber irgendwo und irgendwann kam ich zu dem Entschluß, daß ich das Problem der Schizophrenie lösen wollte, daß ich herausfinden wollte, was Millionen oder mehr Menschen allein in diesem Land geschieht, die mit dieser Krankheit ringen und schier unentrinnbar den

Kampf verlieren. Ich wollte das Mittel werden, durch das zumindestens einige von ihnen gesund werden.

Das San-Francisco-Seminar ermutigte mich, meine Theorien zu erläutern und weiter auszuarbeiten; dort lernte ich auch die Wirksamkeit der Gruppentherapie kennen und entdeckte mein eigenes Talent hierfür. Ich arbeite wesentlich effektiver in Gruppen als mit einzelnen Menschen, da die Gruppe dabei hilft, meine Wahrnehmungsfähigkeit auszuweiten.

Bald aber wurde mir klar, daß ich die akademischen Abschlüsse nachholen mußte, die ich, als ich auf dem College war, nicht gemacht hatte, sofern ich meine Theorien durch die Arbeit als praktizierende Therapeutin weiterentwickeln wollte. Die Wohlfahrtsbehörde, für die ich arbeitete, bot mir an, mich auf eine »graduate school« (eine spezielle Hochschule in den USA) zu schicken; sie stellte allerdings die Bedingung, daß ich mich verpflichten sollte, anschließend zurückzukehren und für sie zu arbeiten. Da ich mir nicht sicher war, daß ich wirklich für immer bei der Kreisverwaltung arbeiten wollte – oder im Staat Kalifornien bleiben würde –, bewarb ich mich an anderen Stellen um ein Stipendium für das Studium der Geisteskrankheiten. Ich wurde vom William and Mary-College in Virginia (heute die Virginia-Commonwealth-Universität) angenommen.

Moe und ich lernten uns anläßlich eines Hochschul-Picknicks kennen, drei Tage nachdem ich mit meinem Jungen in Richmond angekommen war. Bis dahin hätte ich jeden ausgelacht, der den Ausdruck »Liebe auf den ersten Blick« benutzt hätte. Aber so ging es Moe und mir.

Wir kamen aus völlig verschiedenen Lebensbereichen, wir lebten auf den entgegengesetzten Seiten des Kontinents und doch hatte jeder von uns unabhängig voneinander sein Leben entlang den gleichen Lebenslinien entwickelt. Wir dachten gleichartig und wir empfanden auch auf fast allen Gebieten in gleicher Weise, von der Politik bis zum Umgang mit Kindern. Von Veranlagung her aktiv, hatten wir uns beide, jeder in seiner Gegend, in der Bürgerrechtsbewegung engagiert. Beide glaubten wir, daß Menschen grundsätzlich »in Ordnung« sind. Wir waren beide überzeugt, daß Menschen das Recht haben, Gefühle zu haben und diese Gefühle auszudrücken; wir glaubten an das Recht der Menschen, Bedürfnisse zu haben. Beruflich waren wir beide darauf aus, unsere akademischen Abschlüsse hinter uns zu bekommen, um damit arbeiten zu können und um – hoffentlich – Wege der Heilung für emotional gestörte Kinder zu finden.

Eines der schönsten Dinge an Moe war für mich, wie sehr ihn offensichtlich meine drei Söhne anzogen. Es gab Augenblicke, da dachte ich, es ginge ihm vielleicht mehr darum, ihr Vater zu werden, als um seine Beziehung zu mir.

Heute weiß ich, daß Moe instinktiv alle Kinder, die väterliche Zuwendung benötigen, anzieht; er ist von Natur aus ein großartiger Vater: den Kindern verpflichtet, intelligent und unendlich liebevoll.

Er ist ein echt emotionaler Mann, freimütig und aus sich herausgehend. Eine seiner besonderen Fähigkeiten, seine Gefühle auszudrücken, besteht darin, Menschen zu berühren. Wenn ein Kind bedrückt oder furchtsam erscheint, nimmt er es einfach auf seinen Schoß oder streichelt es beruhigend, ein wenig täppisch. Es liegt in Moes Natur, es einfach zu tun.

Wir kannten uns noch nicht lange, als Moe – als Therapeut in Ausbildung (er war mir ein Jahr in der Hochschule voraus) – einen acht Jahre alten Jungen zugewiesen erhielt, um ihn zu behandeln. Zunächst war das Kind feindselig, ablehnend und stritt über alles und jedes. Moe versuchte zuerst eine Beziehung zu ihm aufzunehmen, indem er die traditionelle Methode der Spieltherapie benutzte; er arbeitete mit Pfeil – und anderen Spielen – der Junge spielte »Schlemiel« und machte alles falsch.* Moe war jedoch geduldig und der Junge gab schließlich seine Feindseligkeit soweit auf, daß er sich von Moe beibringen ließ, ein Spiel gut zu spielen. An dem Tage, an dem er zum erstenmal prächtig spielte und ein hervorragendes Ergebnis erzielte, packte ihn Moe und umarmte ihn, dann hielt er ihn für eine Weile auf seinem Schoß und erzählte ihm, wie stolz er darüber sei, was er, der Junge, erreicht habe. Wie es seine Pflicht war, nahm Moe dies alles in sein Verlaufsprotokoll auf. Als seine Supervisorin dies las, war sie entsetzt. »Sie dürfen Patienten nicht berühren«, schimpfte sie. »Der Junge könnte denken, es sei eine homosexuelle Annäherung.« Moe faßte auch weiterhin den Jungen an, da er spürte, daß dieser nach Zuwendung ausgehungert war, was für viele kranke Kinder zutrifft. Von dem Tage an, an dem Moe den Jungen umarmt hatte, änderte sich sein Verhalten. Er hörte auf, mit Moe zu kämpfen, und bemühte sich darum, gesund zu werden.

Das war auch ein Punkt, in dem Moe und ich übereinstimmten: in Zeiten besonderer Anspannung gibt es nichts Beruhigenderes, als einen Arm

---

* Vgl. E. Berne, Spiele der Erwachsenen, 152 ff.

um die Schulter gelegt zu bekommen oder von der Hand eines anderen angerührt zu werden. Für uns beide ist dies ein Bedürfnis, das in Ordnung ist, eines, dem keiner von uns je entwächst.

In der Transaktionsanalyse nennen wir alles tröstende, konstruktive und stützende Verhalten »Streicheln«, ganz gleich, ob es nur verbal oder durch direkte Berührung vermittelt wird. Das Bedürfnis nach Streicheln erfahren wir alle an uns selbst; es ist ausschlaggebend für das Überleben und die Entwicklung von Kindern. Ein weiteres Konzept, das für uns wichtig ist, lautet: »Ich bin o. k. – du bist o. k.« Viele der herkömmlichen Behandlungsformen konzentrieren sich auf den Patienten als eine Person, die »nicht o. k.« ist; dies berechtigt den Therapeuten, distanziert und überlegen zu handeln. Obwohl nicht alle TA-Therapeuten Streicheln durch Berührung praktizieren, sind sie alle überzeugt, daß die Menschen von Hause aus o. k. sind, ob sie Patienten sind oder nicht; sie sind sich auch darin einig, daß es notwendig ist, ein Klima herzustellen, in dem Gesundwerden möglich ist.

Moe war beeindruckt von meiner Beschreibung der Methoden, mit denen TA-Therapeuten die Beziehung zu ihren Patienten herstellen. Er machte seinen Universitätsabschluß vor mir und arbeitete dann an einem Zentrum für die Behandlung von straffälligen Jugendlichen in Nord-Carolina. Eines Tages erhielt ich einen dringenden Brief von ihm: »Ich schaffe den Kontakt zu diesen Kindern nicht. Bitte sende Unterlagen über TA.«

Moe begann TA-Methoden anzuwenden, sobald er meine Antwort erhalten hatte. Es überraschte ihn, wie schnell Kinder fähig waren, das Konzept der Eltern-, Erwachsenen- und Kindheits-Ich-Zustände zu erfassen und zu benutzen. Wenn wir ihnen deutlich machen, daß jeder von uns ein moralisierendes, nährendes Eltern-Ich, ein problemlösendes, datenverarbeitendes Erwachsenen-Ich und ein emotionales, starkes Kind in sich hat, erhalten sie eine einfache Möglichkeit, ihre eigenen Vorstellungen und Gefühle zu sortieren. Die meisten Kinder verstehen sehr leicht, daß das Kind zwei Gesichter hat: das natürliche Kind, das spontan reagiert, und das angepaßte Kind, das möglicherweise »nett und lieb« aussieht oder ärgerlich und rebellisch ist, das aber in Wirklichkeit auf Autoritätspersonen *reagiert*. Anpassung ist ein Spiel, das Kinder sehr früh spielen lernen, um das zu erhalten, was ihr natürliches Kindheits-Ich wirklich benötigt und wünscht.

Als ich meinen Abschluß hatte, erhielt ich einen Arbeitsplatz an der

Universitätsklinik in Charlottesville in Virginia: medizinische Sozialarbeit für behinderte Kinder. Doch gab ich diese Arbeit bald auf und
betätigte mich statt dessen zum Teil in ländlichen Kliniken und zum
anderen Teil in einer privaten Praxis. Moe arbeitete zu dieser Zeit in
einer Nerven-Klinik in Charlottesville; wir heirateten und wohnten auch
dort. Zu dieser Zeit dachten wir überhaupt nicht daran, kranke Kinder in
unser Heim aufzunehmen.

Dann traf ich Aaron. Damals hieß er nicht Aaron (Aaron war der Name,
den wir später für sein neues gesundes Selbst aussuchten). Er hieß
Dennis. Seine Mitstudenten an der Universität von Virginia nannten ihn
»Jesus«.

Dennis war eine stadtbekannte Figur in Charlottesville – ein großer
dürrer Junge mit langen, schmutzig blonden Haaren und einem vollen
ungepflegten Bart, der mit der steifen, vorwärts geneigten Art des
Paranoiden ging. Seine Kleider, die so schmutzig waren, daß sie buchstäblich auf seinem Körper vermoderten, bestanden aus zerfetzten Jeans,
einem uralten Pfadfinderhemd und einem schlappigen schwarzen Hut.
Selten sah man ihn ohne einen Rucksack auf seinem Rücken (Vermutun-
gen über dessen Inhalt reichten von Brot und Wein bis zu Drogen und
Munition) und einer krummen, rum-getränkten Zigarre in seinem
Mund. Wir erfuhren später, daß er sich auch nie weit von seinem kleinen
Arsenal von Waffen und Messern entfernte. Er wäre nie auf die Idee
gekommen, ohne irgendeine Waffe auf die Straße zu gehen; er schlief mit
einem geladenen 38er Revolver – dicht neben seinem Kopf. Zusammen
mit einer Schar anderer angeknackster Jugendlicher lungerte er in einem
teilweise verlassenen und verboten wirkenden Vorkriegshaus herum, das
im Ort das »Geisterhaus« hieß. Dennis war eine groteske und bekannte
Figur auf allen Versammlungen und Treffen, und er war irgendwie auch
ein politischer Aktivist. Einmal hatte ich vor einer Studentengruppe, zu
der er gehörte, gesprochen; er hatte dabei offene Feindseligkeit mir
gegenüber gezeigt und abfällige Bemerkungen über Sozialarbeiter gemacht.

Ein Studienfreund von ihm rief mich während des Sommers 1966 an und
fragte, ob ich bereit wäre, mir Dennis anzusehen; er sei seiner Meinung
nach ein dringendes Problem geworden. Als ich mich bereiterklärte, ihn
zu sehen, brachte der junge Mann Dennis in unser Haus, wo ich meine
Praxis unterhielt.

Dennis' Zustand hatte sich seit dem Zeitpunkt vor einigen Monaten, als ich ihn gesehen hatte, merkbar verschlechtert. Mit seinen 19 Jahren sah er aus wie 35. Sein langes, schmales Gesicht war durch harte böse Linien verzerrt. Sein Unterkiefer hing herunter und Speichel tropfte. Sein langes, mattes, schmutziges Haar und der Bart waren verklebt mit krustigen Schuppen. Ich hatte schon gemerkt, daß Schizophrene einen bestimmten Geruch ausströmen – Dennis aber stank einfach. Ich brauchte nicht lange zu meiner Diagnose, um festzustellen, daß er paranoid war, im Wahn lebend, mörderisch – und gefährlich.

Sorgfältig achtete ich darauf, daß während unseres Gesprächs der Kaffeetisch ständig zwischen uns war. Mir war unverständlich, wie jemand so krank, so geängstet und so bedrohlich immer noch durch die Straßen laufen konnte. Er hatte verschiedene Behandlungen an der Universitätsklinik während der letzten sechs Monate hinter sich, und er war auch stationär behandelt worden, nachdem er den Inhalt einer Flasche Aspirin geschluckt hatte. In den letzten Tagen hatte er Mitstudenten mit einem Dolchmesser gejagt und sich ein Stück eines Fingers abgehackt und es einem Freund überreicht.

Der Doktor wird mir nicht sagen, wie krank ich bin. Aber ich habe es für mich ausgetüftelt. Ich bin paranoid. Wer sonst außer einem Paranoiden glaubt, daß ihn alle fortwährend beobachten? Wenn ich durch die Straßen gehe, denke ich, daß alle Leute, die ich sehe, mich anstarren und über mich flüstern. Meine Hand schmiegt sich um das Messer in meiner Tasche, um mich meiner selbst zu vergewissern. Es ist ein großes Messer mit einer langen Klinge; ich sorge dafür, daß sie immer ganz scharf ist. Ich bin ständig in Schrecken versetzt. Ich bin überwältigt von Furcht. Die Furcht ist so groß, daß ich ständig meine, ich müßte wen angreifen. Aber ich will keinen töten. Dann ist es besser, daß ich mich selbst töte . . .

Der Selbstmordversuch war der verzweifelte Schrei von Dennis um Hilfe; es war der Schrei, den so viele Schizophrene ausstoßen, wenn sie noch hoffen, daß irgend jemand, irgendwo in dem großen klinischen Bereich, eine Möglichkeit der Rettung für sie weiß. Aber was Dennis fand, ist das, was die meisten Psychotiker finden: eine Hilfe, die nicht die Möglichkeit oder das Verständnis enthält, ihm das zu geben, was er benötigt: den furchtbaren Konflikt, der bereits seine Wahrnehmung durchdringt, aufzulösen. Die Struktur der Klinik ängstete und verwirrte Dennis. Sie definierte ihn und seine Bedürfnisse als »nicht in Ordnung«.

Der ihm zugeordnete Therapeut fürchtete sich zu sehr vor der Möglichkeit eines Gewaltausbruchs, um zu wagen, Dennis alleine zu sehen. So wurden die Gespräche vom Arzt immer nur in Gegenwart von bulligen Medizinstudenten geführt.

Dennis wußte: er war krank. Er wußte, daß er Hilfe brauchte. Aber er wußte nicht, wohin er sich wenden sollte. Ich war erstaunt, daß er immer noch ein kraftvolles, vorwärtsdrängendes Verlangen nach Überleben hatte – und dies trotz seines geistigen und physischen Verfalls und trotz seines schnell dahinschwindenden Kontakts mit der Realität. Er wollte nicht nur leben. Er wollte – und dies gegen den Augenschein, der gegen ihn sprach –, daß man ihm wirklich glaubte, daß er gesund werden könnte.

Ich bin sicher, sie kann mir helfen. Ich habe so lange nach Hilfe gesucht, und dies ist das erste Mal, daß jemand mir gezeigt hat, daß er weiß, was ich benötige. Es ist eine solche Erleichterung, jemanden zu finden, der bestätigt, daß ich krank bin. Wenn ich es meinem Freund, dem Pfarrer sagte, antwortete er immer und blieb dabei: »Du bist völlig normal – vielleicht ein wenig durcheinander.« Er denkt, es ist wichtig, um die linken politischen Aktivitäten auf dem Universitätsgelände in Gang zu halten, daß ich nicht verrückt bin, und daß ich aktiv bleibe . . .
Ich befürchte, daß ich bald jemanden töten werde, und daß ich dann in eine geschlossene Anstalt eingeliefert werde.

Als Dennis mir von seinen Enttäuschungen bei seinem Versuch, Hilfe zu bekommen, berichtete und mir erzählte, was seiner Meinung nach mit ihm nicht in Ordnung sei, und als er mir die entsetzliche Aussicht eröffnete, daß er bald jemanden töten werde, war für mich klar, daß die Chancen einer erfolgreichen ambulanten Behandlung dieses Jungen äußerst gering waren. Er war bereits so krank, daß schon mein Angebot, ihm zu helfen, mir wie eine Art Betrug vorkam.

Wie bringt man es einem Jungen bei, daß er sterben muß? Der Tod als Ende des Elends ist eine Tatsache. Der Tod, den ich für ihn kommen sah, war, 60 Jahre lang in einer Klinik auf der Station für unheilbar Kranke begraben zu sein. Denn wenn seine mörderische Gewalttätigkeit einmal ausbräche, dann würde man ihn für den Rest seines Lebens in der geschlossenen Station isoliert halten.

Ich saß da und beobachtete diesen grotesken Jugendlichen: zuckend, schmutzig, Gewalttätigkeiten und Obszönitäten ausstoßend – trotzdem ging mir dauernd durch den Kopf, daß irgendwo unter all diesem Schmutz und der Krankheit ein 19 Jahre alter Junge existierte. Und noch irgendwo anders war das vernachlässigte Kind, das immer noch an die schrecklichen Augenblicke von Furcht und Not verhaftet ist, als dies alles begann.

Als ich mit dem Stationsarzt der Klinik sprach, der Dennis untersucht hatte, sagte er mir, daß er nicht daran interessiert sei, diesen Patienten zu behandeln – er betrachtete ihn als gefährlich. Er gab ihm eine völlig negative Prognose. Er warnte mich davor, irgendwann mit Dennis allein zu bleiben. Er und auch sein Kollege, mit dem ich ebenfalls sprach, bestätigten mir, daß Dennis eindeutig an paranoider Schizoprenie leide.

Bevor Dennis an diesem Tage mein Büro verließ, versprach er, seine Termine mit mir regelmäßig einzuhalten. Ich bestand außerdem darauf, daß er an einer Gruppentherapie-Sitzung teilnähme, die ich einmal in der Woche durchführte, und deren Mitglieder Universitätsstudenten waren. Er zögerte, dies zu tun, stimmte jedoch am Ende zu, als ich darauf bestand.

Ich war erstaunt darüber, wie zuverlässig Dennis seine Termine mit mir einhielt. Er fürchtete sich so sehr vor Bussen und Taxis, daß er jedesmal die vielen Kilometer vom Universitätsgelände bis zu meinem Haus lief. Für gewöhnlich war er zu früh dran. Ich bemerkte, wenn er in unsere Straße kam, daß einige meiner Nachbarn ihn verstohlen beobachteten. Es gab damals in Virginia keine Hippies und nur einige Beatniks. Die Erscheinung von Dennis war so bizarr, daß er allein schon durch sein Auftauchen in der Straße auf manche der konservativen Bürger bedrohlich wirkte.

Die Behandlung erstreckte sich über einige Wochen ohne besondere Ereignisse. Ich hielt mich sozusagen distanziert, in der Furcht, ihm zu viel anzubieten, und war mir voll Scham meiner eigenen Grenzen bewußt. Mir war auch klar, daß die Zeit für Dennis davonlief. Jedoch gab es auch ein paar isolierte Momente von Fortschritt. Und ich konnte seine Erregung spüren, wenn er fähig war, mir etwas von dem verständlich zu machen, was in ihm vorging.

Das, was Dennis völlig ausblendete, war seine Mutter. Er war entweder unfähig oder unwillig, irgendeine Information über sie zu geben. Er bestand darauf, daß er sich nicht an sie erinnern konnte. Er vermochte nicht zu beschreiben, wie sie aussah. Das einzige, was er mir über sie mitteilen konnte, war ihr Zeitplan – wann sie zur Arbeit ging, wann sie nach Hause kam usw.

Ich war von dem Interesse der Gruppe an Dennis und von dem Engagement der Gruppenmitglieder für ihn überrascht, wenn ich es mit seinem Verhalten ihnen gegenüber verglich. Er gab niemals einem von ihnen eine Antwort; niemals schaute er einen direkt an; während der wöchentlichen Sitzung starrte er beständig auf seine Knie. Nur selten äußerte er etwas; wenn die jungen Männer über ihn böse wurden, akzeptierte er passiv ihre Feindseligkeit. Doch als die Gruppe weiter ihr Interesse an ihm zeigte und ihr Besorgtsein um ihn, begann er, ihre Autorität zu akzeptieren. Er folgte dem Rat der Gruppe – ihre Mitglieder waren alles junge Mitstudenten – und begann, sich weniger oft mit der Horde von Kranken, Drogenabhängigen und Homosexuellen zu treffen, mit denen er sonst zusammengewesen war. Auf die Empfehlung der Gruppe hin strengte er sich auch deutlich an, seine Halluzinationen zu kontrollieren. Diese Empfehlungen konnte er von seinen Altersgenossen annehmen – obwohl er sich weigerte, ähnliche Ermahnungen von mir anzunehmen. Seine Einstellung mir gegenüber blieb negativ; sie war aber nicht offen feindselig. Er hörte mich an, tat aber nichts, etwas zu verändern.

Ich sah Dennis auch weiterhin allein – trotz der Warnung der Psychiater in der Klinik – aber ich fürchtete mich, ihn anzufassen. Auch mich hatte man wie die meisten Therapeuten dieser Zeit gelehrt, niemals einen Paranoiden zu berühren, aus Furcht, man könnte etwas Schreckliches auslösen. Heute weiß ich, daß dies nicht immer zutrifft. Aber dies war etwas, was wir beide, Dennis und ich, miteinander zu lernen hatten.

Beinahe sechs Monate lang hatte Dennis sowohl allein mit mir gearbeitet als auch die wöchentliche Gruppe besucht; es gab kleine Momente der Hoffnung, aber keine bedeutsame Verbesserung. Eines Freitagabends jedoch begann er das erste Mal eine spontane Phantasie. In der Phantasie wurde er durch seinen Vater ausgepeitscht. Er war hinterher schrecklich aufgeregt, und ich vereinbarte mit ihm ein weiteres Treffen am nächsten Tag.

Am Samstag, als wir allein waren und ich ihn bat, die Phantasie zu wiederholen, veränderte sich die Phantasie. Dieses Mal war Dennis ungefähr sechs Jahre alt und jetzt war er es, der den Vater auspeitschte. Sein Vater lag nackt auf dem Boden. Die Mutter war anwesend, aber uninteressiert. Dennis bat seine Mutter, doch dazwischenzutreten und ihn vor seinem aggressiven Verhalten seinem Vater gegenüber zu beschützen, aber sie weigerte sich.

Offensichtlich war diese Phantasie für Dennis sehr bedeutsam, denn als er sie ausspielte, wurde er sehr erregt. »Paß auf!«, warnte er mich plötzlich. »Irgend etwas wird geschehen. Hol' Hilfe!«

»Nichts kann geschehen, bevor du mir erzählst, was das bedeutet«, sagte ich ihm und bemühte mich um eine ruhige Stimme.

Er erzählte mir, daß er sechs oder sieben Jahre alt war, als er einmal auf der Kante des Bettes seiner Mutter saß und sein Vater hereinkam und ihn wegstieß und ihm sagte, er solle von seiner Mutter wegbleiben.

Als er die Szene beschrieb, begann Dennis so heftig zu zittern, daß die Couch, auf der er saß, hörbar erbebte.

»Du holst besser wen zur Hilfe!«, schrie er mich an. »Gleich passiert was!«

»Du wirst jetzt gar nichts tun, Dennis«, sagte ich ihm fest. »Du wirst so lange warten, bis ich jemanden holen kann, so daß wir beide, du und ich, gesichert sind. Du wirst nichts tun, bis wir beide in Sicherheit sind.«

Ich war aufgeregt – und fürchtete mich ziemlich. Offensichtlich hatten wir einen bedeutsamen Aspekt der Krankheit von Dennis berührt, und er war auf der Kippe zu einem psychotischen Ausbruch irgendeiner Art. Wenn dieser Zustand in einer Klinik oder bei einem Psychiater erreicht ist, wird der Patient entweder veranlaßt, ihn zu unterdrücken, oder er wird soweit durch Drogen beruhigt, daß er ihn nicht ausagieren kann. Ich fühlte jedoch, daß, wenn wir fähig wären, der Psychose ansichtig zu werden, sie uns einen Schlüssel liefern könnte für das, was Dennis benötigte, um gesund zu werden.

Andererseits wußte ich nicht, was uns bevorstehen würde, wenn ich zuließ, daß Dennis ausagierte, was auch immer in ihm kochte. Obwohl die grundlegende Dynamik eines Paranoiden Angst ist, versucht er üblicherweise diese Angst zu überspielen, indem er seine Energie in pathologische (häufig mörderische) Wut verwandelt.

Ich rief Moe an, der in seinem Büro in der Innenstadt war, und bat ihn, schnell nach Hause zu kommen. Moe hatte Dennis öfters in unserem Haus getroffen, wenn der Junge auf mich wartete. Aber Moe war es nicht gelungen, eine Beziehung zu ihm aufzubauen. Dies beruhte überwiegend darauf, daß Dennis jedesmal sehr mit Angst auf Moe reagierte und jeden Kontakt mit ihm vermied.

Als Moe in das Büro kam, wo Dennis und ich auf ihn warteten, schrumpfte Dennis vor Schrecken zusammen. »Ich hatte nichts vor«, wimmerte er. »Ich wollte ihr nichts tun . . .«

»Hab' keine Angst, mein Sohn«, sagte Moe. »Ich paß schon auf, daß du sie nicht verletzt.«

»Ich hasse sie! Ich hasse sie!«, schrie Dennis plötzlich explodierend. »Sie ist eine verdammte Hure! Ich hasse alle Frauen!«

Er sprang auf und lief auf das Fenster zu. »Setz dich hin und benimm dich!«, schrie Moe ihn an. Dennis stoppte, stand totenstill, dann drehte er sich um zur Couch und setzte sich. Er war schrecklich am Zittern.

Moe wartete, daß ich etwas unternähme, und so begann ich vorsichtig: »Dennis denkt, da ist ein Graben zwischen ihm und der übrigen Welt«, erklärte ich. »Er glaubt, daß alles auf seiner Seite des Grabens real ist, und daß alles auf der anderen Seite des Grabens unreal ist.« Ich wandte mich Dennis zu. »Was würdest du tun, wenn ich auf deine Seite des Grabens käme?« Dennis zitterte noch mehr und begann zu keuchen.

Ich ging zu ihm hinüber. »Ich werde dich nicht anfassen«, versprach ich ihm. »Aber du kannst mich anfassen.« Ich streckte meine Hand aus.

»O nein, nein, bitte, bitte, ich kann es nicht!« Dennis zog sich zurück auf die Couch.

»Warum nicht?«

»Wenn ich dich anfassen würde, würdest du wirklich sein!«

»Was wirst du tun, wenn ich mich neben dich setze?«

»Ich werde aus dem Fenster springen.«

»Versuch, uns zu erzählen, warum du so solche Angst hast, mein Sohn«, drängte Moe den Jungen. »Warum hast du solche Angst, sie zu berühren?«

Ich setzte mich neben ihn. Dennis schüttelte nur heftig den Kopf, seinen Mund offen, keuchend nach Luft, wie ein gerade an Land gezogener Fisch. »Dennis«, sagte ich, immer noch meine Hand ausgestreckt haltend, »wenn du Hilfe brauchst, zu wem würdest du gehen?«

»Zu ihm«, keuchte Dennis mit erstickender Stimme und wies mit seinem Kopf zu Moe hin.

»Wenn du Zutrauen zu mir hast, mein Sohn«, sagte Moe zu ihm, »dann mußt du mir glauben, wenn ich dir sage, daß du ohne Schaden für dich zu ihr gehen kannst. Tu', zu was es dich drängt, mein Sohn.«

Jetzt zitterte Dennis so stark, daß seine Zähne klapperten. Er weinte. Plötzlich schoß sein Arm vorwärts – ich dachte zuerst, um mich zu schlagen – und er packte meine Hand.

Als er mich berührte, hörte er auf zu zittern und zu weinen. Er starrte sehr verwirrt auf meine Hand.

»Bin ich wirklich, Dennis?«, fragte ich ihn.

»Nein«, sagte er, »nur deine Hand ist wirklich.«

»Was wäre dir am liebsten, mein Sohn?«, drängte ihn Moe freundlich. Ohne ein weiteres Wort nahm Dennis ruhig die Lage eines Fötus ein, rollte sich in meinen Schoß und versuchte, still zu werden.

Wir starrten ihn voller Erstaunen an. Beide waren wir auf einen Ausbruch entsetzlicher Wut vorbereitet. Das Gesicht von Dennis jedoch war gelassen. Trotz des Bartes war es ganz deutlich das Gesicht eines Babys von ungefähr neun Monaten, ein saugendes Baby. Sein Körper mit seinen 180 cm war unkoordiniert, gerade so wie der Körper eines Kindes, bevor es die Kontrolle über seine Muskeln gewinnt. Durch meine Erfahrung mit meinen eigenen Kindern kannte ich die Bewegungen, die er mit seinem Mund und seiner Zunge machte, so als ob er seine Zunge um eine Brustwarze ringelte. Ein Erwachsener kriegt das nicht mehr zustande. Nur ein saugendes Baby kann das. Oder ein regressiver Schizophrener.

Als Moe versuchte, den großen Jungen von meinem Schoß zu ziehen, begann Dennis zu schreien. Aber nicht mehr so, wie er vorher geschrien hatte in seiner Angst des Erwachsenen. Jetzt war es das Schreien eines sehr kleinen Kindes – das gleichmäßige Heulen, mit dem ein Baby weint, bevor es gelernt hat, sein Schreien als gezielte Forderung nach mehr Fürsorge zu benutzen. Er war auch noch zu klein für wirkliche Tränen. Ein einzelner Tropfen zeigte sich auf seinen langen Wimpern und rann langsam seine Wange hinunter.

Moe und ich schauten einander über den Kopf des Jungen hinweg an. Das war der Augenblick, in dem wir dieses Kind zu lieben begannen und uns schweigend verpflichteten, für es zu sorgen.

»Ich vermute, er wird bei uns bleiben«, sagte ich. Wir beobachteten Dennis fast eine Stunde lang, während er zufrieden in meinen Armen schlief.

Ich hatte bereits viel darüber nachgedacht, wie das »Neu-Beeltern« als eine Behandlungsmethode zu benutzen sei, um Schizophrene zu heilen. Bis zu diesem Augenblick jedoch, da ich diesen großen saugenden Jungen in meinen Armen hielt, hatte ich niemals daran gedacht, Mutter eines Patienten zu werden.

III.

Bevor ich Dennis in meinen Armen hielt, hatte ich noch nie einen Patienten gerade zu dem Zeitpunkt, an dem die Regression eintritt, gesehen. Die Tatsache, die mich am stärksten beeindruckte, war, daß er sich in keiner Weise »verrückt« anfühlte. Sein Körper, der bei all meinen früheren Kontakten mit ihm starr, voller Wut und weit über sein Alter hinaus alt gewesen war, war jetzt weich, gelöst und voller Frieden. Als ich seinen entspannten Schlaf beobachtete, dachte ich an die gejagten, schlaflosen Nächte, die er mir beschrieben, und an das ständige Leiden, das er erfahren hatte und das ich mit den konventionellen therapeutischen Methoden nur so wenig hatte lindern können.

Mein Eltern-Ich, besonders aber der aus der psychotherapeutischen Ausbildung stammende Teil meines Eltern-Ichs, riet zur Vorsicht: er sagte mir, daß das, was ich tat, dem beruflichen Herkommen widersprach und daß Therapeuten ihre Patienten nicht bemuttern sollten.

Ich saß jedoch mit einem paranoiden Jungen da, der glaubte, daß ich ihm zeigen könnte, wie er gesund würde – und mit meinem Kindheits-Ich in mir, das an die Wunderkraft glaubte, Probleme lösen zu können, und das mich drängte, die Herausforderung anzunehmen.

Als ich Dennis' Wange streichelte, ging mir durch den Kopf, wie ich wohl für ihn sorgen könnte. Normalerweise wird Regression mißbilligt; deshalb gab es auch keine Richtlinien für diese Situation. Würde dieser kindliche Zustand lange andauern? Oder würde Dennis plötzlich in gewalttätiges, verrücktes Verhalten ausbrechen, mit dem ich nicht fertig werden würde?

Auf den ersten Blick schien schon der Versuch undurchführbar, mit einem 180 cm großen Kind zurechtzukommen. Kann es laufen? Kann es allein ins Badezimmer gehen? Kann es mit einer Gabel essen? Was würde geschehen, wenn irgendein Konflikt zwischen uns beiden entstand? Würde es wie ein Baby reagieren – oder wie ein pathologischer, voll erwachsener Mann?

Wenn wir Dennis wieder ein Kind sein lassen würden – mit was für einer Art von Kind mußten wir umgehen? Ich wußte, daß das »natürliche

Kind« in ihm, das so lange Zeit die nährende Fürsorge, die es brauchte, entbehrt hatte, kein gesundes Kind war. Er war krank, wütend und geängstet von den schrecklichen Dingen, die in seinem Kopf vorgingen; er war bitter wegen des Beelterns, das ihm gegenüber so schrecklich versagt hatte; er war zutiefst empört darüber, daß er sich ein Eltern-Ich einverleibt hatte, das sich ihm gegenüber als feindlich erwies, ein Eltern-Ich, das ihn in einem Zustand des Leidens eingesperrt hielt, aus dem er nicht entfliehen konnte – außer in die kindliche Regression. Ich überdachte, was wohl geschehen würde, wenn er all den Haß, den er in sich gegenüber seinen eigenen Eltern empfand, auf mich und Moe übertrug. Würde es möglich sein, daß wir schnell genug eine Beziehung zwischen uns aufbauen und genügend festigen konnten, um alle zusammen diese Entwicklung sicher durchzustehen?

Obwohl es drei Jahre dauerte, bevor wir die volle Bedeutung der Phantasie verstanden, die Dennis' Regression in mir ausgelöst hatte, stimmten wir schon damals darin überein, daß seine Erkrankung etwas mit der Trennung von seiner Mutter zu tun haben mußte. Als Dennis elf Monate alt war, wurde eine jüngere Schwester geboren. Dennis erlebte das Fortgehen seiner Mutter ins Krankenhaus und ihre Heimkehr mit ihrem neuen Baby als Verlassenwerden. Er reagierte, indem er beide, die Mutter und das Baby, ablehnte. Seine Mutter übergab Dennis völlig in die Obhut seines Vaters, da sie möglicherweise überfordert war durch zwei so kleine, altersmäßig so nah beieinander liegende Kinder. Dennis' Vater war körperbehindert und hatte ein ernsthaftes psychiatrisches Problem. Er war schlecht für die Rolle des nährenden Elternteils geeignet. So wuchs Dennis auf, terrorisiert durch seinen Vater, dem gegenüber er beides empfand: Liebe und Haß. Er hungerte nach Bemutterung, die er nie bekam. Dagegen nahm er seine Mutter nur als die Frau seines Vaters wahr, die ihrerseits zu ihm nur wenig oder gar keine Beziehung hatte.

Wenn ein Kind aufwächst, verinnerlicht es von seinen Eltern zahllose Botschaften über sich selbst und seine Umwelt, die dann Teil seines eigenen Eltern-Ich-Zustandes werden. Dennis' Erfahrungen als Kind führten dazu, daß er glaubte, seine Mutter sei kalt und zurückweisend, ihr seien Mädchen (seine jüngere Schwester) lieber, und sie wäre unfähig, sich gegenüber seinem beherrschenden Vater durchzusetzen. Sein Vater war Alkoholiker, von dem Dennis auch annahm, daß er mörderisch und brutal sei. All dies hatte zur Folge, daß Dennis sich selbst und die ihn

41

umgebende Welt mit drei für ihn feststehenden Botschaften definierte: »Ich bin nicht in Ordnung« (meine Mutter liebt mich nicht), »Eltern kommen zuerst« (in jedem Konflikt zwischen dem, was Dennis sich gewünscht hatte oder brauchte, und dem, was seine Eltern brauchten, wurden seine eigenen Wünsche ignoriert) und »die Welt ist ein böser Ort« (die Gespräche seiner Eltern hatten sich in der Regel um schlechte Menschen gedreht, um Untaten und um ihre eigene Isolation gegenüber der Gesellschaft – ein Sich-selbst-matt-Setzen, das in der Sprache der Transaktionsanalyse als das Spiel »Ist es nicht schrecklich« bezeichnet wird).

Später entdeckten wir, daß diese drei Eltern-Botschaften bei allen Schizophrenen anzutreffen sind. Sobald es möglich ist, eine von ihnen zu löschen, kann der Patient anfangen, gesund zu werden.

Als wir im San-Francisco-Seminar die drei Ich-Zustände, das Eltern-Ich, das Kindheits-Ich und das Erwachsenen-Ich, diskutierten, konnte ich keinen Sinn darin entdecken, daß der Eltern-Ich-Teil der Persönlichkeit als feststehend und unveränderbar betrachtet wurde. Wir ändern doch unsere Wertvorstellungen selbst noch im hohen Alter. Damals argumentierte ich – wenn auch ein wenig zaghaft –, daß jede Struktur, die aus der Umwelt (von außerhalb des eigenen Selbst) durch Nachahmung von anderen (Eltern oder Elternfiguren) gewonnen wurde, wahrscheinlich wieder aufgelöst und neu aufgebaut werden könnte. Warum sollte es nicht möglich sein, wenn das Eltern-Ich eines kranken Kindes auf Fehlwahrnehmungen von sich selbst und der Welt aufgebaut wurde, diese kranken Botschaften zu löschen und durch eine Reihe gesunder zu ersetzen? Damals wurde mir erklärt, daß der Eindruck der ursprünglichen Eltern-Kind-Beziehung unauslöschlich sei; es hieß, daß man durch Psychoanalyse einer Neustrukturierung der Persönlichkeit noch am nächsten gekommen wäre.

Trotzdem war ich immer noch überzeugt, daß das Eltern-Ich durch eine Therapie, die auf einem Neu-Beeltern des Kindes beruhte, neu strukturiert werden könnte. Die Hauptmerkmale der Schizophrenie sind Verhaltensweisen, die der Realität nicht angemessen sind, geistige Verwirrung und Regression. Mir schien es wahrscheinlich, daß der Schlüssel zur Heilung der Krankheit in der Tendenz des Patienten zur Regression liegen könnte. Mit Regression ist eine Rückkehr in die Kindheit gemeint; sie wird als »verrückt« oder pathologisch betrachtet und in der konventionellen Behandlung abgelehnt, da sowohl Therapeuten wie auch Nervenkliniken nicht darauf eingerichtet sind, mit Kleinkindern umzugehen. Ein Kind benötigt vor allem eine Mutter. Es muß im Arm gehalten und gestreichelt, gefüttert, gebadet und geliebt werden. Es braucht eine gesunde Familie mit zwei verantwortungsvollen Eltern.

Ich hielt es für möglich, daß der schizophrene Patient, wenn er regrediert und dann erneut heranwächst, die Chance hat, frühere Konzepte über Bord zu werfen und neue aufzubauen. Das Wagnis, das ich mir damals mit Dennis vornahm, zielte auf einen völligen Neuaufbau seiner Persönlichkeit: wir würden dabei sein Kindheits-Ich einer völlig neuen Erfahrung von Elternschaft und sozialem Kontakt aussetzen. Wir gingen dabei von der Annahme aus, Dennis hätte dann die Wahl zwischen einer pathologischen und einer gesünderen Struktur seiner Persönlichkeit.

Ich vergewisserte mich, daß Dennis selbst nicht mehr für sich sorgen konnte; dann sprach ich mit ihm über die Möglichkeit, zu uns zu ziehen und mit uns zu leben, und über meine Vorstellung des Neu-Beelterns. Mir war nicht sicher, wieviel er von dem, was ich sagte, verstand: aber er war sehr erleichtert, als ich ihm zusicherte, daß wir ihn beeltern würden. Er war überzeugt, wenn er wirklich ein Baby sein konnte, für das zu Hause gesorgt und das gestreichelt wurde, dann könnte er den Erwachsenen-Ich-Teil seiner Persönlichkeit einsetzen und sich in der übrigen Zeit angemessen verhalten.

Als ich Dennis mitteilte, daß er in unser Haus ziehen und ein Mitglied unserer Familie würde, zeigte er weder Überraschung noch Dankbarkeit. Er schien es für selbstverständlich zu halten, daß ich für ihn sorgen würde, nachdem er beschlossen hatte, ich sei seine Mutter. In seinem Kopfe schien die Frage wichtiger zu sein, ob ich meine Verantwortlichkeit durchhalten würde. Ich versuchte ihm zu erklären, daß das, was wir angehen wollten, höchst experimentell und unkonventionell sei – da drehte er sich abrupt von mir weg, offensichtlich nicht bereit, die Möglichkeit in Erwägung zu ziehen, daß wir scheitern könnten.

Ich fühle mich so anders, so frisch und wieder jung; ich weiß, daß das, was sie tun werden, richtig ist. Sie können mich nicht im Stich lassen. Ich bin überzeugt, ich kann gesund werden.

Moe und ich dachten, es sei für Dennis wichtig, eine gewisse Form normalen Erwachsenen-Verhaltens durchzustehen; wir gingen deshalb nicht auf seine Bemühungen ein, uns deutlich zu machen, daß er *nur* noch Baby sein wollte. Heute weiß ich, daß dies unserer Ängstlichkeit entsprang und dem wirklichen Interesse von Dennis zuwider war. Auch meine Versuche, ihm die experimentellen und unkonventionellen Aspekte dessen, was wir tun wollten, zu erklären, waren Versuche von meiner Seite, den kranken Jungen dazu zu bringen, wenigstens etwas Verantwortung für unsere Unsicherheit zu übernehmen – dies zu einer Zeit, als er es sich nicht leisten konnte, die Möglichkeit, daß er nicht gesund werden würde, überhaupt in Betracht zu ziehen.

Der Tag kam, an dem Dennis seine Sachen in unser Haus brachte und in unser Gastzimmer einzog. Er erschien mit seinem Waffenarsenal, das Moe, mit einem entsetzten Blick zu mir, rasch und resolut beschlagnahmte. Armer Moe! Ich hatte völlig vergessen, ihn wegen der Schußwaffen und Messer zu warnen. Dennis schien von der autoritären Art, mit der Moe ihm seine Waffen wegnahm, sehr beeindruckt, und er lieferte sie ganz friedlich aus. Er war sehr darauf bedacht, uns mitzuteilen, welch ein »schlechtes« Kind er war, und es war offensichtlich eine Erleichterung für ihn, zu wissen, daß sein Zugang zu zerstörerischen Gegenständen kontrolliert würde; es war aber auch deshalb eine Erleichterung für ihn, da wir ihm dadurch versicherten, daß er es nicht mehr nötig hatte, sich zu schützen – eine andere Botschaft als die, die er in seiner ursprünglichen Familie erhalten hatte, wo Waffen ständig zur Hand waren.

»Du bist jetzt unser Kind«, erklärte ich ihm. »Niemand will dir was antun. Wir werden für dich sorgen.«

Als wir das erste Mal mit unserem neuen Kind beim gemeinsamen Abendessen saßen, stellten wir fest, daß wir nicht zusammen an einem Tisch essen konnten, ohne etwas an seinen Tischsitten zu ändern. Dennis erzählte uns, daß seine eigene Familie sich kaum zu gemeinsamen Mahlzeiten getroffen hatte. Es schien, daß er niemals etwas von angemessenen Tischsitten erfahren hatte. Er trotzte und wurde ärgerlich, wenn ich von ihm gute Manieren bei Tisch verlangte, und er kritisierte mein Kochen. Das Essen zusammen mit Dennis würde offensichtlich keine Freude sein. Was ich damals nicht wahrnahm, war, daß Tischsitten für ihn zu diesem Zeitpunkt noch eine unverständliche Forderung waren. In seiner Regression war Dennis tatsächlich noch nicht alt genug, um am Tisch zu sitzen und selbst zu essen. Sein unangenehmes Verhalten ergab sich aus seiner Unfähigkeit, meinen Erwartungen zu entsprechen.

Wir waren uns nicht sicher, in welchem Alter er wirklich war. In meinen

Armen liegend erschien er uns etwa neun Monate alt; wenn wir seine physische Koordination zugrunde legten, konnte er zwischen neun Monaten und etwa drei Jahren alt sein. Er hängte sich in starkem Maße an mich, und es gefiel ihm außerordentlich, wenn wir ihm erlaubten, in unser Schlafzimmer zu kommen. Zuerst fürchtete sich Dennis, wenn er hereinkam und dabei wahrnahm, daß Moe da war. Nachdem ihm aber Moe mehrmals versichert hatte, daß es »in Ordnung« sei, hereinzukommen, suchte mich Dennis auf, wann immer er wollte. Er sprach von mir als »Mama« und verfiel oft ins Lispeln. Uns schien, daß es ihm sehr wichtig war, daß ich ihn abends ins Bett brachte; er blieb wach, bis ich kam, um ihn hineinzulegen und ihn zu küssen.

Gleich nachdem Dennis bei uns eingezogen war, begannen wir, sein groteskes Aussehen zu verändern. Gegen Moes Weisung, daß er jeden Tag duschen müsse, leistete Dennis zu unserer Überraschung keinen Widerstand. Aber als Moe ihm erklärte, daß er seine schmutzigen Kleider, die er üblicherweise trug, ablegen müßte und jeden Tag frische Sachen anziehen sollte, war er empört. Er verteidigte mit aller Macht seine verdorbenen Sachen und sein Recht, schmutzig zu sein.

Nach einer langen, lauten Aussprache, die gar nichts erreichte, hatte Moe endgültig genug: »Du ziehst jetzt augenblicklich diese Sachen hier an«, donnerte er Dennis an, »oder – ich werde dich verprügeln.«

Die Art wie Moe überagierte, machte mir klar, wie sehr ihn die Aussicht entsetzte, seine Drohung wahrmachen zu müssen.

Dennis jedoch, der in Wirklichkeit drei bis fünf Zentimeter größer ist als Moe, duckte sich vor seinem neuen »Papa«; sah ihn erschrocken und voller Respekt an und hörte auf, zu argumentieren; lammfromm zog er die sauberen Kleider an.

Wir beide atmeten innerlich erleichtert auf. Moe hatte mit dieser Reaktion gerechnet – aber keiner von uns hatte genügend Erfahrung mit Regression, um sicher zu sein, daß sie so verlief.

Wir begriffen sehr schnell, daß alle Versuche völlig zwecklos waren, mit unserem neuen Kind logisch zu argumentieren. Dennis überging automatisch alle logischen Argumente. Er ging auch nicht auf Erklärungen ein. Auf Autorität jedoch sprach er an.

Sein Haar und sein Bart stellten uns vor ein anderes Problem. Es gelang uns, ihn zu überreden, seine Haare schneiden zu lassen; wenn wir aber auch nur andeuteten, er solle seinen Bart abnehmen lassen, wurde er hysterisch. Ich hatte bereits in früheren Sitzungen mit ihm erkannt, daß der Bart für Dennis einen stark pathologischen Aspekt hatte. Er identifizierte sich dadurch vor allem mit seinem ursprünglichen Vater, der ebenfalls einen Bart trug. Außerdem verstärkte er mit dem Bart sein Bild von sich selbst als »andersartig« gegenüber anderen Menschen. Wenn die Leute ihm aufgrund seiner Erscheinung auf der Straße nachstarrten, bestätigte dies seine krankhafte Wahrnehmung der Welt als einem feindseligen und furchterregenden Ort. Wir beschlossen, wegen seines heftigen Widerstandes sein Aussehen nicht unmittelbar und sofort anzugehen – eine Entscheidung, die wir später bedauert haben.

Zu dem an sich schon verrufenen Aussehen von Dennis kam hinzu, daß er dermaßen an Kopfschuppen litt, wie ich es noch nie gesehen hatte. Die gesamte Kopfhaut war mit offenen Entzündungen und verkrustetem Schorf bedeckt. Er erzählte mir, daß er schon immer Schuppen gehabt hätte und bisher keinerlei Behandlung irgendwelcher Art geholfen hätte. Wir versuchten mehrfach ohne Erfolg, ihn zu überreden, alleine zu einem Hautarzt zu gehen. Endlich entschloß ich mich, ihn selbst zum Arzt zu bringen.

Damit machte ich meine erste Erfahrung, ein regrediertes Kind in eine Welt voller erwachsener Erwartungen mitzunehmen.

Zuerst einmal rief ich die Praxis des Arztes an und erklärte der Sprechstundenhilfe, daß ich einen jungen Mann in die Sprechstunde bringen würde, der an einem psychiatrischen Problem litt und ziemlich unreif in seinem Verhalten sei. Sie beruhigte mich und versprach, die Situation dem Arzt zu erklären.

Dennis wirkte an dem Tag des vereinbarten Termins sehr ängstlich und beklommen. Als wir endlich das Wartezimmer des Arztes betraten, war er teils am Weinen, teils faselte er leeres Geschwätz; er klammerte sich an mich und versuchte, sich hinter mir zu verbergen – ein unmögliches Kunststück, wenn man bedenkt, daß er gut dreißig Zentimeter größer ist als ich.

Die Sprechstundenhilfe schaute einen Moment mißbilligend, dann beeilte sie sich, uns in das Behandlungszimmer und damit aus dem Gesichtsfeld der anderen Patienten zu bringen.

Der Arzt kam beinahe umgehend. Dennis heulte und klammerte sich an mich: »Mama, wird es weh tun?«

Der Arzt war offensichtlich verwirrt. Ich bemerkte, daß Dennis ihn versteckt beobachtete und sich dann entspannte, als er sah, wie sehr angespannt in der Tat der Arzt war. Er fing an, sich selbst zu amüsieren.

Später merkte ich, daß es Dennis in der Tat Spaß machte, Menschen zu ängstigen. Jetzt blies er sich auf, um größer und stärker auszusehen, als er wirklich war; er gebrauchte absichtlich eine übertriebene Babysprache und beobachtete dabei vergnügt den Arzt und mich.

Ich genieße es, Leute in Angst zu versetzen. Es bringt mich innerlich zum Lachen, wenn ich sehe, wie die Leute sich vor mir fürchten.

Doch dann beruhigte er sich und interessierte sich für das Vorgehen des Arztes, als dieser ihn zu untersuchen begann.

Was ich nur für schlimme Kopfschuppen gehalten hatte, stellte sich tatsächlich als etwas völlig Andersartiges heraus: es war ein Hautausschlag, an dem Dennis wahrscheinlich seit seiner Geburt gelitten hat. Der Arzt versicherte uns, daß ein derartiger Ausschlag nicht ungewöhnlich und auch nicht schwierig zu behandeln sei; allerdings handelte es sich um eine chronische Angelegenheit und würde regelmäßige Beobachtung erfordern. Er war überrascht, daß ein derartiger Zustand nicht eher wahrgenommen, diagnostiziert und entsprechend behandelt worden war.

Dennis verließ offensichtlich befriedigt die Praxis des Arztes. Erst Monate später wurde mir wirklich klar, wie wichtig dieser Besuch beim Arzt für Dennis war – lange, nachdem er ein großer Junge geworden war und immer noch meine Hilfe zur Behandlung des Ausschlags in Anspruch nahm. Die Tatsache, daß ich das Problem festgestellt und etwas dafür getan hatte, erschien ihm sehr wichtig. Es bedeutete für Dennis, daß wir uns tatsächlich um ihn kümmern und ihm die Aufmerksamkeit widmen wollten, die ihm seine ursprünglichen Eltern versagt hatten.

Als Dennis zuerst zu uns kam, gingen wir von der Annahme aus, daß uns eine ganze Menge von »verrücktem« Benehmen bevorstünde. Zu unserer Überraschung gab er freiwillig von sich aus viel von diesem pathologischen Verhalten auf, nachdem seine kindlichen Bedürfnisse befriedigt wurden, und nachdem er spürte, daß wir für ihn sorgten und ihn liebten. Später sollten wir die gleiche Fähigkeit auch bei den anderen kranken Kindern entdecken; das machte es für uns leichter, als eine Familie zu leben. Wenn ein Kind sich »verrückt« oder »pathologisch« benimmt, mißbilligen die anderen Kinder dieses Benehmen oder aber machen in einer Familienkonferenz alle Mitglieder der Hausgemeinschaft darauf aufmerksam.

Wir sind eine autoritäre Familie, und wir holten nicht die Zustimmung unserer eigenen Kinder ein, als wir Dennis ins Haus brachten. Zu diesem Zeitpunkt lebten unsere zwei kleineren Jungen, der neun Jahre alte Tom und der sechs Jahre alte Rickey, zu Hause. Unser ältester Sohn, Chucky, elf Jahre alt, war ernstlich an einer Hirnhautentzündung erkrankt gewesen und befand sich damals auf einer Sonderschule an der Westküste. Er sollte im kommenden Sommer nach Hause zurückkehren.

Wir hatten wohl versucht, Tom und Rickey auf die Ankunft von Dennis vorzubereiten; das war aber schon deshalb ein schwieriges Unterfangen, da wir selbst nicht wirklich wußten, was wir von unserem neuen Kind zu erwarten hatten. Keiner der beiden Jungen schien uns beunruhigt oder auf Dennis eifersüchtig zu sein; in gewisser Hinsicht war es für sie sogar leichter, ihn als Baby und Familienmitglied anzunehmen, als es für uns war.

Tom ist ein warmherziger, einfühlsamer Junge, groß für sein Alter, langsam in seinen Bewegungen und beim Sprechen. Er hat ein ungewöhnliches Maß von Selbstvertrauen. Er gestattet niemandem, ihn herumzustoßen oder auszunutzen, und er reagiert auf alles, was er als unvernünftig betrachtet, mit starrköpfiger Zurückweisung. Wir merkten außerdem bald, daß er eine bemerkenswerte Wachheit für pathologische Phänomene hat und offensichtlich instinktiv einige Verhaltensweisen, die uns verblüffen, versteht.

Tom beobachtete Dennis ein paar Tage lang; dann erklärte er seinem jüngeren Bruder, »oh, er ist ein Baby«; auf dieser Ebene baute dann Tom seine Beziehung zu Dennis auf: so, als ob er, Tom, der ältere Junge sei. Er war bereit, mit Dennis zu spielen, zu helfen, sich um ihn zu kümmern, und er freundete sich mit ihm ohne irgendein sichtbares Vorurteil gegenüber Geisteskrankheiten an.

Rickey hatte es schwieriger, sich auf seinen neuen Bruder einzustellen. Im Gegensatz zu dem gemächlichen, sich langsam bewegenden Tom ist Rickey schnell, ehrgeizig und von unbeständiger Stimmung. Er geht die Welt mit enthusiastischer Energie an und reagiert mit Entrüstung, wenn sie seinen Erwartungen nicht entspricht. Er war so lange bereit, mit Dennis zu spielen und seine Spielsachen mit ihm zu teilen, wie dieser sich normal verhielt. Jedoch machte Rickey Dennis klar, daß er keinerlei verrücktes oder absonderliches Verhalten mochte.

Die Einstellung von Dennis gegenüber den beiden Jungen war ziemlich ambivalent. Einerseits war er eifersüchtig auf die Aufmerksamkeit, die ich ihnen widmete, und andererseits suchte er ihre Freundschaft. Er wohnte schon ein paar Tage bei uns, als ich eines Nachmittags nach Hause kam und die Küche völlig in Unordnung und verschmutzt vorfand – das Ergebnis irgendeiner Kocherei der Jungen.

»Wer hat die Küche so hinterlassen?«, fragte ich ärgerlich, »wer hat hinterher nicht saubergemacht?« Es gab das übliche lange schuldbewußte Schweigen. Endlich sagte Dennis: »Ich war es.«

»Du warst es nicht!«, erklärte Tom wütend. »Ich habe den Dreck hinterlassen, und du weißt, daß ich es war! Ich weiß nicht, was du ausprobieren willst, aber – kümmere dich um deinen eigenen Kram.«

»Ich dachte doch nur, du würdest mich mögen, wenn ich die Schuld für dich auf mich nehme«, stammelte Dennis. Offensichtlich war er vor Toms Wut erschrocken – aber auch verwirrt.

»So schaffst du dir keine Freunde«, sagte ihm Tom, »ich will keine Freundschaft, die auf Lügen aufgebaut ist!«

Toms Ethik war in diesem Moment noch zu viel für Dennis; er konnte damit noch nicht umgehen. Jedoch hatte er nach dieser Konfrontation Respekt vor Tom; er war sogar bereit, auch wenn wir nicht anwesend waren, die Autorität von Tom anzuerkennen.

Unter den wunderlichen Dingen, die Dennis tat, fiel auf, daß er dazu neigte, sich zu überarbeiten. Er stellte an sich die Forderung, seinen Wert für die Familie dadurch zu beweisen, daß er half. Obwohl sein Mangel an Koordinationsfähigkeit ein Problem war, zeigt er sich bei vielen Gelegenheiten als wirklich kompetent; so bot er sich zur Hilfe an oder übernahm auch selbständig Aufgaben – allerdings ohne ein bißchen realistisch zu bedenken, wieviel er leisten konnte.

An einem Abend, kurz nach unserem Umzug nach Fredericksburg, schneite es heftig. Moe und ich kamen von der Arbeit nach Hause und entdeckten Dennis, der sich völlig allein daran gemacht hatte, die ganze Zufahrt vom Schnee freizuschaufeln. Die Zufahrt ist ungefähr so lang wie ein Häuserblock, und zu diesem Zeitpunkt lag der Schnee etwa 75 cm hoch. Als wir ankamen, war er mit fanatischer Hektik am Schaufeln und hatte tatsächlich bereits eine erstaunliche Menge Schnee geräumt. Sein Gesicht war bleich vor Erschöpfung, und er schwankte, wenn er ging.

Drinnen im Haus argumentierte er heftig gegen uns, als wir ihm zu erklären versuchten, daß das Maß an Arbeit, das er sich vorgenommen hatte, unrealistisch gewesen sei. Ich gab es dann auf und sagte ihm, er solle duschen gehen.

Später am Abend – wir hatten Gäste – kam Tom ganz aufgebracht ins Zimmer: »Mutter! Komm und schau dir unser Badezimmer an!« Ich ging mit ihm in das Badezimmer, das die Jungen benutzten.

Der Boden war bedeckt mit Erbrochenem und Exkrementen. Das ganze Badezimmer triefte vor Nässe, die Wände waren vollgeschmiert, es war eine unglaubliche Schweinerei. Ich rief Dennis.

Er kam und tat wie unschuldig, schaute sich die Schweinerei an und dann verlor sein Gesicht alle Farbe. »Mir war schlecht geworden«, stammelte er.

»Das erklärt nicht die Schweinerei«, sagte ich ihm.

Er schaute mich einfach nur an – offensichtlich erschreckt. »Dennis, du mußt etwas dazu sagen«, forderte ich ihn auf. »Wie erklärst du dir eine derartige Schweinerei?«

»Ich weiß es nicht«, sagte er. »Ich muß es getan haben. Aber ich erinnere mich nicht daran!«

Für eine Weile stand ich hilflos und überlegte, was ich tun sollte.

»Ich werde hier sauber machen«, sagte Dennis.

Ich dachte an die ganze Arbeit im Hof. Mir war klar, daß diese Schweinerei feindselig gemeint war: in dieser Art drückt ein kleines Kind seine Wut aus. Ich wußte, daß die Wut etwas mit dem Versuch von Dennis, die Zufahrt vom Schnee freizuschaufeln, zu tun hatte. Es gab keinen Zweifel, daß es sich um eine Art von pathologischem Spiel handelte – aber ich wußte nicht, wie ich die Stücke des Puzzles zusammenbringen und den Sinn dahinter erkennen könnte.

Ich erinnerte mich daran, wie meine eigenen Kinder ihre Bettchen und die Wände vollgeschmiert hatten. Sie waren zu dem Zeitpunkt noch kein Jahr alt. Irgendwo in Dennis gab es ein sehr junges Kindheits-Ich, voller Wut, daß sich niemand um es kümmerte. Trotz all dem, was wir taten – es war noch nicht genug.

»Nein«, sagte ich, »ich mache sauber. Es ist besser, du gehst ins Bett, wenn dir immer noch schlecht ist.«

Dennis stand da und schaute mich eine Weile an und seine Augen füllten sich mit Tränen. »Du bist nicht böse auf mich?«

»Dir wäre nicht schlecht geworden, wenn du dich nicht übernommen hättest«, sagte ich ihm. »Ich bin nicht böse wegen der Schweinerei, aber ich mag es nicht, wenn du verrückte Dinge tust. Von jetzt ab möchte ich, daß du dich jedesmal mit mir abstimmst, bevor du eine Arbeit übernimmst, mit der wir dich nicht beauftragt haben.«

Nach diesem Zwischenfall überwachten wir alles, was er tat, um ihn davor zu bewahren, daß er sich überanstrengte. Aber er bestand immer wieder darauf, daß er seinen Wert uns gegenüber durch Arbeit beweisen müsse, und daß es falsch von uns sei, zu versuchen, dies zu unterbinden.

Die Familienstruktur, mit der wir Dennis umgaben, unterschied sich kaum von der Struktur, die wir schon Tom und Rickey zuteil werden ließen. Beide sind wir überzeugt, daß Kinder dann gesund aufwachsen, wenn sie in einer gesunden Umgebung leben. Für unsere Kinder definieren wir das Heim als einen Raum, in dem wir mit ihnen Liebe, Vertrauen, Arbeit und Spiel teilen. Es ist ein Raum, in dem Probleme gelöst werden und wo mit Gefühlen umgegangen wird. Wir ermutigen die Kinder, über ihre Gefühle zu sprechen; wenn sie ein Problem haben, erwarten wir, daß sie fähig sind, offen mit uns darüber zu reden. Wir achten sehr sorgfältig darauf, daß wir die Kinder niemals anlügen, und wir vermitteln allen Mitgliedern der Familie unsere Erwartung, ehrlich und offen miteinander zu sein. Immer, wenn einer fragt: »Was denkst du gerade?«, kann er mit einer direkten Antwort rechnen. Es gibt keine Geheimnisse. Jeder hat teil an der Verantwortung, sich davon zu unterrichten, was bei den anderen Mitgliedern der Familie geschieht.

Als Moe und ich heirateten, konvertierte ich zum Judentum; unser Hauswesen ist ein jüdisches Hauswesen. Und wir informieren alle unsere Kinder über die Erwartungen, die wir damit verbinden. Auf allen Gebieten des ethischen und moralischen Verhaltens versuchen wir, ein klares und beständiges Bild zu zeigen sowie eine gute Balance zwischen Autorität und Verständnis zu halten; damit erreichen wir, daß das Kind sich klar definierten Erwartungen, auf deren Einhaltung wir beständig dringen, gegenübersieht.

Ein wesentlicher Teil der Therapie für kranke Kinder besteht darin, daß die Rollen von Mutter und Vater im Haushalt klar abgegrenzt und präzise definiert sind. Wenn ein Kind gerade regrediert ist, braucht es mehr als alles andere die Sorge und Aufmerksamkeit einer Mutter. Es braucht, daß es gehalten, gestreichelt, gebadet und gefüttert wird. Aber auch schon einem Baby kann seine Mutter wichtige Dinge sagen wie:

»Du bist ein Junge – ein schöner Junge.«

»Du bist nicht böse. Du bist ein liebes Baby.«

»Vergiß all diese schrecklichen Dinge. Du bist jetzt mein Kind. Vergiß alles außer dem, was ich dir sage.«

Die Botschaften müssen einfach sein, denn ein Baby versteht nicht viel. Es weiß aber, ob die Botschaften in Ordnung sind und ob sie bewirken, daß ihm besser zumute ist. Es braucht immer noch den Schutz vor dem verrückten Eltern-Ich in seinem Kopf, das ihm Dinge sagt, die dazu führen, daß es sich krank und unbehaglich fühlt. Das Kind erfährt einen beträchtlichen Konflikt, wenn die verrückte Stimme in seinem Kopf die schlechten Botschaften verstärkt vorbringt, es aber die neue Mutter nicht für Dinge verlieren will, von denen es weiß, daß sie ungesund sind. So entscheidet es sich, das verrückte Eltern-Ich loszuwerden.

Für das Kind muß gesorgt werden und es muß sauber gemacht werden. Es muß davor geschützt werden, sich selbst oder andere zu verletzen. Das Einüben von Gewohnheiten ist ein wesentlicher Teil des Erwachsenwerdens, und man kann damit beginnen, wenn das Kind noch sehr klein ist.

Der Vater ist größer und stärker und lauter als die Mutter. Er stellt Anforderungen an sie, die manchmal denen des Kindes vorgehen, und er trifft Entscheidungen, die das Kind betreffen. Er und die Mutter haben eine sexuelle Beziehung, die geheimnisvoll und überwältigend ist.

Der Vater ist es, der in die Welt herausgeht und, wenn er wiederkommt, den Kindern berichtet, wie sie beschaffen ist. Er sagt ihnen, was sie tun sollen und wie sie es tun sollen. Er teilt seine Männlichkeit mit seinen Söhnen, indem er ihnen erzählt, was von Männern erwartet wird und wie Männer sein sollen. Der Vater ist auch das Objekt der frühesten sexuellen Gefühle seiner Tochter und er hilft ihr zu dem Wissen, daß es schön ist, ein Mädchen zu sein.

Während sich Kinder entwickeln, müssen sie auch bestraft werden. Wir sind der Meinung, daß Bestrafung notwendig ist und mit Absicht geschehen sollte: nämlich darauf gerichtet, ein spezifisches Verhalten zu korrigieren. Wenn ein Kind lügt, stiehlt, davonläuft oder einen anderen Menschen mißhandelt, wird es sofort bestraft. Wir gehen dabei von der Voraussetzung aus, daß damit die Angelegenheit erledigt ist, und daß das Kind es nicht wieder tun wird. Es muß unbedingt vermieden werden, daß das Kind als »nicht o. k.« bezeichnet wird, oder daß es sich schuldig fühlen muß.

Unter Fachleuten wird oft die Frage diskutiert, ob man Schläge als Strafe bei regredierten »Babys« oder bei normalen Kindern benutzen darf oder soll. In die Erziehung von beiden Arten von Kindern haben wir stets auch Schläge einbezogen; wir meinen, wir haben dabei eine Menge über den effektiven (aber auch den ineffektiven) Einsatz körperliche Bestrafung gelernt.

Schläge sind deshalb wirksam, weil das Kind, während es Schmerzen spürt, unfähig ist, den Eindruck dessen, was ihm gesagt wird, abzuwehren oder sich in anderer Weise davor abzuschirmen. Auf diese Weise kann sich dem Kind, während es die Schläge empfängt, ein einfacher direkter Befehl wie zum Beispiel »Du sollst nicht stehlen« völlig gegen seinen Willen eindrücklich und auf Dauer einprägen und verinnerlichen.

Viele Eltern machen beim Schlagen eines Kindes den Fehler, daß sie es als eine Art Ausgleich für das Unrecht (d. h. als eine Bestrafung) ansehen oder als eine Form, in der sie ihre eigene Wut äußern können. Eltern, die während des Schlagens ihr Kind beleidigen, indem sie es beschimpfen oder ihm eine schlechte Zukunft prophezeien, können sicher sein, daß sich das Kind diese Botschaften ebenso verinnerlichen wird. Ich habe viele Patienten erlebt, die, während sie geschlagen wurden, Botschaften empfingen wie: »Warum kannst du nicht wie andere Kinder sein?«, »Ich kann Lügner nicht ausstehen!«, »Es ist häßlich und gemein, so etwas zu tun!«, »Schäm dich!« usw. Alle diese Botschaften wurden als Selbstdefinitionen im Kopf des Kindes verinnerlicht. Noch mehr Unheil richten Botschaften an wie: »Willst du heranwachsen, um ein Dieb zu werden und im Gefängnis zu landen?« oder »Wenn du so weiter machst, wird aus dir noch ein Landstreicher!«

Ein anderer Fehler, den Eltern oft machen, wenn sie Kinder schlagen, besteht darin, daß sie das Kind wohl strafen, aber sie drücken in keiner Weise ihre ernsthafte Erwartung aus, daß diese Strafe das Verhalten des Kindes wirksam verbessern soll. Auch dieser Mangel an Erwartung wird dem Kind mitgeteilt; es leitet daraus die Wahrnehmung ab, daß sein Verhalten hoffnungslos schlecht ist und außerhalb der Reichweite der elterlichen Kontrolle liegt; so wird es automatisch – als Ergebnis dessen, was zu ihm während des Schlagens gesagt wurde, während es äußerst beeinflußbar war – darauf programmiert, sein Verhalten fortzusetzen.

Schlagen sollte angemessen geschehen, kurz und ordentlich – ohne große Diskussion und Händeringen. Das Kind muß wirksam genug festgehalten werden, damit die Eltern sich nicht mit ihm in einen Ringkampf einlassen müssen. Es soll auch schmerzhaft genug sein, damit das Kind sich nicht gegen den Schmerz zur Wehr setzen kann; die Eltern müssen sicher sein, daß das Kind die Einschärfung gehört und verstanden hat,

d. h. das Kind soll versprechen, daß es sein Verhalten nicht wiederholt. Nicht: »Ich werde gut sein«, sondern »Ich werde nicht mehr stehlen« – so werden die Schläge deutlich mit dem spezifischen Verhalten in Verbindung gebracht und nicht allgemein auf das Verhalten des Kindes oder seinen Charakter bezogen.

Ich hatte wirklich Angst, wenn ich daran dachte, Dennis zu schlagen. Auch wenn er sich meistens wie ein kleines Kind verhielt, war mir doch durchaus bewußt, daß irgendwo in ihm eine fürchterliche paranoide Wut steckte; ich hielt es für sehr wahrscheinlich, daß sie ausbrechen würde, wenn er sich körperlich bedroht fühlte. Andererseits war es ganz offensichtlich, daß Dennis sich ständig so lange ungehörig benehmen würde, bis ich etwas dagegen unternahm.

Eines Tages, als Moe nicht zu Hause war, kam ein Freund, mich zu besuchen. In dem Augenblick, als der Gast zur Tür hereinkam, war deutlich, daß Dennis ihn nicht mochte.

Als er sah, daß mein Gast ihn etwas besorgt anschaute, begann Dennis, ihn absichtlich zu schockieren. Er krabbelte auf allen Vieren im Zimmer herum, stieß gegen die Möbel, zog Sachen vom Tisch und brachte es sogar fertig, »zufällig« meinen Gast anzurempeln. Dazu schaute er mit seinem irren, stieren Blick und babbelte Babygeschwätz – die perfekte Personifizierung eines großen verrückten Babys.

Es war offensichtlich, daß Dennis sich ungehörig benahm, und es war mir ebenso offensichtlich, das etwas getan werden mußte, um das zu stoppen – und zwar sofort. Ich wußte, ich mußte ihn bestrafen oder ich würde keinerlei Kontrolle mehr über sein Verhalten haben. Ich erinnerte mich an Moes Erfolg bei dem Zwischenfall mit den schmutzigen Kleidern; ich nahm ihn in mein Zimmer und erklärte ihm, wie sehr mir sein Verhalten mißfiel.

Sofort geriet er in Angst; er begann zu zittern und hatte seinen irren Blick. Es war mir unmöglich festzustellen, ob das, was er tat, manipulativ war, oder ob er sich wirklich derart fürchtete. Ich erklärte ihm, ich würde ihn schlagen; obwohl er sehr ängstlich reagierte, hatte ich doch den deutlichen Eindruck, daß es ihn auch befriedigte.

Nachdem ich mich nun einmal selbst dazu verpflichtet hatte, mußte ich es auch tun. Dennis leistete keinen Widerstand, als ich ihn mit dem Gesicht nach unten auf das Bett zog. Ich hieb ihn mehrmals hart genug mit einer Haarbürste, so daß ich keinen Zweifel hatte, daß es ihm weh tat. »Du bist ebenso wie jeder andere in dieser Familie verantwortlich für unsere Gäste«, sagte ich ihm. »Du wirst dich nicht noch einmal Gästen gegenüber schlecht benehmen!«

Dennis schrie und krümmte sich unter den Schlägen. Als ich aufhörte, rutschte er auf den Fußboden und saß dort für eine Weile mit einem seltsamen, verwirrten Ausdruck. Dann begann sein Mund zu zittern und seine Unterlippe schob sich vor.

»Du liebst mich nicht!«, erklärte mein großes bärtiges Kind. »Wenn du mich liebtest, kämst du nicht darauf, mir weh zu tun!«

»Wenn du dich schlecht benimmst, werde ich dich wieder strafen, habe ich dir gesagt. Das gehört zu dem, was Eltern tun.«

»Du liebst mich wirklich?«, wollte er wissen. Und nachdem ich ihm dies beteuert hatte, versprach er mir feierlich, daß er sich niemals wieder Gästen gegenüber unangemessen benehmen würde.

Ich lehnte mich erleichtert zurück. Ich war von der Wirklichkeit der Beziehung überzeugt, die ich zu meinem übergroßen Sohn entwickelt hatte. Und ich fand bestätigt, daß ich verläßlich seine Mutter sein konnte im Blick auf alles, was er brauchte.

Nicht viel später hatte ich meinen ersten Zusammenstoß mit der paranoiden Erkrankung von Dennis. Paranoia steht immer in Beziehung zu Problemen der sexuellen Identität, und Dennis hatte stets jede direkte Diskussion mit mir über Sexualität vermieden. Eines Abends war ich mit Dennis allein in einem Waschsalon; als Antwort auf eine Bemerkung, die er machte, bezeichnete ich beiläufig einen Mann, den wir beide kannten, als homosexuell.

Plötzlich war Spannung in der Luft. Und dann, während ich hinschaute, veränderte sich Dennis' Gesicht zu einer paranoiden Maske, die ich später noch oft genug zu sehen bekommen sollte. Sein Körper schien anzuschwellen. Tiefe Linien gruben sich in sein jugendliches Gesicht. Seine Augen blickten wild und irre. Für einen beängstigenden Augenblick beugte er sich röchelnd über mich, dann drehte er sich um und rannte aus dem Waschsalon.

Besorgt folgte ich ihm auf die Straße. Aber er war verschwunden. Ich ging irritiert und beunruhigt zurück in den Waschsalon und überlegte, wie lange er wohl in diesem paranoiden Zustand bleiben und ob er wohl Schwierigkeiten bekommen würde. Ich erwog, ob ich die Polizei benachrichtigen sollte, und stellte im gleichen Augenblick, wie mir dieser Gedanke kam, fest, daß die Polizei auch keine Möglichkeit hatte, ihn festzuhalten – so lange bis er etwas Unrechtes tat.

Ich rief Moe an, der mir riet, nichts zu unternehmen, bevor ich nach Hause gekommen sei und wir darüber gesprochen hätten. Er vermutete, daß Dennis von alleine nach Hause kommen würde, wenn der Anfall vorüber sei. Ich bedachte gleichfalls die Möglichkeit, daß die Wut von Dennis verpuffen würde, und er dann als ein verschrecktes dreijähriges Kind draußen in der kalten Winternacht sein würde, ohne Mantel.

Als ich meine Wäsche fertig hatte und das Einkaufszentrum verließ, war ich erleichtert, als ich Dennis auf der Straße in Richtung auf den Waschsalon gehen sah. Ich hielt mit dem Auto an und sagte ihm ruhig, er solle einsteigen. Er war offensichtlich immer noch aufgebracht, aber nicht mehr von Sinnen. Ich versuchte ihm zu erklären, was ich mit meiner Bemerkung gemeint hatte, und er brach weinend in meinen Armen zusammen. »Ich dachte, ich würde dich in den Hals beißen!«, erklärte er mir. »Ich konnte spüren, wie sich mein Gesicht veränderte, und ich glaubte, ich würde ein Wolf und würde dir das Genick zerbeißen!«

Als er ins Bett ging, bat uns Dennis, ihm zu versichern, daß er sich in der Nacht nicht in einen Wolf verwandeln würde; er bettelte um die Erlaubnis, in unserem Zimmer zu schlafen; als wir dies verweigerten, schleppte er seine Matratze auf die Diele vor unserem Schlafzimmer und überredete uns, die Tür offen zu lassen, so daß er uns rufen könnte.

Moe und ich waren lange wach in dieser Nacht und überlegten, was wir tun sollten. Moe befürchtete, Dennis könnte mir oder den Jungen etwas antun. Mir war nach diesem Zwischenfall im Waschsalon klargeworden, was ich schon lange vermutet hatte: Es gab, sobald der Schub in Dennis ausgelöst wurde, keine Möglichkeit mehr, sein Verhalten zu kontrollieren. Moe war besonders zu diesem Zeitpunkt über einen Ausbruch pathologischen Verhaltens bei Dennis beunruhigt. Wir waren noch nicht von Charlottesville nach Fredericksburg umgezogen; wir hatten geplant, daß ich, sobald wir dort ein Haus gefunden hätten, bereits mit den Kindern hinziehen würde, während Moe zurückblieb, um noch einige Dinge im Zusammenhang mit unserem Weggang von Charlottesville zu regeln.

Ich arbeitete bereits einen Teil meiner Zeit in Fredericksburg; Moe hatte kurz davor die Bestätigung für seinen Wechsel an die dortige Städtische Nervenklinik erhalten. Wir waren froh über den Umzug, weil wir damit den kulturellen und beruflichen Möglichkeiten von Washington D. C. näher rückten. Außerdem begeisterte uns beide die Aussicht, mit Don

Reed zusammenzuarbeiten, dem dynamischen jungen Psychiater, der die Nervenklinik in Fredericksburg leitete und den wir beide von unserer Universitätszeit her kannten.

Andererseits waren wir jedoch unsicher, wie Dennis auf diesen Ortswechsel reagieren würde. Fredericksburg ist eine kleine, 13 000 Einwohner zählende alte Stadt, in der überwiegend Leute der Mittelschicht wohnen. Damals erregte ein bärtiger Jugendlicher unvermeidbar ablehnende Reaktionen, und sein ungewöhnliches Verhalten würde sicher Aufsehen erregen. Trotz einiger Fortschritte sah Dennis weder wie ein normaler 19jähriger Jugendlicher aus noch benahm er sich so.

Einige Abende später wurde unser Familienleben noch komplizierter. Wir waren gerade gegen zwei Uhr morgens von einer Party zurückgekommen und wollten zu Bett gehen, als es kräftig an unsere Haustür klopfte.

Vor der Tür stand ein seltsames Trio. Ein kleines weinendes Mädchen, das Moe und ich sofort erkannten, klammerte sich an den Türpfosten. Hinter ihm lungerte ein großer, gutmütiger Junge mit ausdruckslos teigigem Gesicht. Neben ihnen stand ein kleiner Mexikaner und grüßte uns, um Verzeihung bittend, in gebrochenem Englisch; dann versuchte er zu erklären, was geschehen war.

»Sie wachte auf und schrie und schrie. Wir konnten nichts, aber auch gar nichts mit ihr anfangen.«

Das dürre dunkelhaarige Mädchen fiel hysterisch weinend in Moes Arme. Unsere Blicke trafen sich über dem dunklen Scheitel, und wir nickten in Ergebung.

Es war klar, daß auch Vickie in unser Haus gekommen war, um bei uns zu bleiben.

IV.

Vickie kannte ich seit ungefähr zwei Jahren. Wir waren gerade nach Charlottesville gezogen, als ich sie mit ihrem Vater und ihrem Bruder bei einer Zusammenkunft der Quäker sah. Mich interessierte das in sich verschlossene kleine mexikanisch-jüdische Mädchen, weil sie offensichtlich ernsthaft gestört war und weil sie allem Anschein nach nur sehr wenig Hilfe bekam.

Als ich hörte, daß Vickie regrediert und in die Universitätsklinik gebracht worden war, brachte ich ihr eine Puppe, da ich wußte, daß keiner der dortigen Mitarbeiter sich um ihre regressiven Bedürfnisse kümmern würde. Sie zeigte mir gegenüber jedoch keine Reaktion, und ich besuchte sie nicht mehr.

Ihren bleichen jüngeren Bruder John lernte ich etwas besser kennen. Nicht, daß es leicht war, John kennenzulernen. Er war ein stiller, mürrisch dreinschauender Junge, der manchmal freiwillig in dem Kinderkrankenhaus half, in dem ich gearbeitet hatte.

Später hörte ich, daß es Vickie in der Universitätsklinik nicht gut ging, und daß sie am Ende in ein Landeskrankenhaus überwiesen wurde. Dort lernte Moe sie kennen und begann, sich für sie zu interessieren, ohne daß er von meinen früheren Kontakten wußte. Als ich hörte, daß er sie besuchte und ihr so weit zu helfen versuchte, daß sie die Klinik wieder verlassen konnte, war ich sehr angetan davon.

Unglücklicherweise kehrte Vickie, als sie aus der Klinik entlassen wurde, in die gleiche Umgebung zurück, die ursprünglich ihre Krankheit verursacht hatte. Sie war eine wenig differenzierte Schizophrene; ihr schlimmstes Problem war ihre depressive Apathie, die sie jeglicher Motivation beraubt dahinvegetieren ließ. Zu Hause verbrachte Vickie die meiste Zeit damit, allein herumzusitzen und in einer Phantasiewelt zu leben, ohne Beziehung zu irgendeinem anderen Menschen (ihre Mutter war gestorben, als sie dreizehn Jahre alt war; ihr Vater arbeitete und John war auf dem College).

In der Nacht, in der sie am Ende in unser Haus kam, war sie plötzlich aufgewacht, als ihr Bruder in ihr Schlafzimmer kam, um sich ihren

Wecker auszuborgen; er war über das Wochenende zu Hause. Sie begann zu schreien und ließ sich nicht mehr beruhigen. Sie bat, sie in unser Haus zu bringen, und in ihrer Ratlosigkeit hatten ihr Vater und ihr Bruder dies dann auch getan.

Moe ging mit Vickie in das Sprechzimmer, um herauszufinden, was los war; während dessen bot ich Vater und Bruder Kaffee an. Ihr Vater sprach sehr bedrückt von seiner Unfähigkeit, für Vickie zu sorgen; er erklärte, daß er sich entschlossen habe, sie in die Klinik zurückzubringen. John saß einfach da, mit leerem Gesicht. Ich versuchte herauszufinden, ob er den Eindruck habe, an der Erregung seiner Schwester irgendwie schuld zu sein, aber ich gewann den Eindruck, daß ihn meine Fragen nur verwirrten.

Schließlich gab ich den Versuch auf, mit den beiden zu reden, und ging in das Sprechzimmer, wo Moe sich bemühte, das weinende Mädchen zu trösten. »Ich kann sie so, wie sie ist, nicht wegschicken«, sagte er. »Können wir sie für heute nacht hier bei uns aufnehmen?«

Natürlich konnten wir. Unser Haus war ein langgestrecktes, erweiterungsfähiges Gebäude im Stil einer Ranch. Auch wenn wir kein eigenes Schlafzimmer für Vickie hatten, so konnte sie doch im Sprechzimmer schlafen. Ich ging zurück ins Wohnzimmer und schickte John und Vickies Vater nach Hause. Sie waren offensichtlich erleichtert, daß wir die Angelegenheit in die Hand nahmen, und ich versprach ihnen, ihnen am nächsten Tag Bescheid zu geben.

Dann wieder im Wohnzimmer galt es nun Dennis zu beruhigen. Er hatte auf uns gewartet und wirkte seit Vickies Ankunft sehr klein und unruhig. Jetzt klammerte er sich an mich. »Muß sie ins Krankenhaus?«, wollte er wissen. »Was wird denn mit ihr geschehen?«

»Ich weiß es nicht, Dennis«, sagte ich. »Du bleibst hier im Zimmer.«

Als ich zu Moe und Vickie zurück in das Sprechzimmer kam, merkte ich, daß sie sich beruhigt hatte. Wie ich mich neben sie setzte, rückte sie von mir ab. »Wirst du meine Mutter werden?«, fragte sie. Sie wurde ganz steif, als ich meine Hand ausstreckte, um ihre Wange zu streicheln; dann entspannte sie sich und ließ sich von mir in die Arme nehmen.

»Ich möchte wissen, was Dennis davon halten wird«, sagte Moe.

»Ich glaube, du rufst ihn besser«, riet ich.

Dennis kam herein und nahm sich recht kleinkindlich aus. Er starrte eine Weile Vickie an, die in meinen Armen lag. Er rang hilflos nach Worten und stolperte dann zu ihr hin, während er Babylaute ausstieß. Sie schrie vor Angst, und er blieb stehen. Dann setzte er sich auf den Boden und versuchte mit ihr und mit uns zu reden. Er wollte nicht, daß wir sie ins Krankenhaus brächten; sie könnte dort nicht gesund werden. Er wünschte, daß sie bei uns bliebe. Sie würden gut miteinander auskommen.

Jetzt hatten wir zwei schizophrene Kinder.

Es war wesentlich schwieriger, für Vickie zu sorgen als für Dennis. Ihr Denken war zerfahren und verworren; wenn wir sie allein ließen, konnte sie stundenlang teilnahmslos herumsitzen. Bei anderen Gelegenheiten unternahm sie ganz unerwartet verrückte Dinge, wie zum Beispiel barfuß hinaus in den Schnee zu laufen. Sie mußte ständig überwacht werden.

Am zweiten Tag war Dennis offensichtlich auf seine neue Schwester eifersüchtig; er lief herum und sah abwechselnd böse oder depressiv drein. Da seine Mutter aufgehört hatte, sich um ihn zu kümmern, als seine eigene kleine Schwester geboren wurde, war es leicht zu verstehen, was mit ihm los war. Er lief jedoch einfach davon, als ich versuchte, mit ihm über seine Gefühle zu reden.

Als ich an diesem Abend Dennis ins Bett brachte, schien es mir, als hätte er geweint. Es war das erste Mal, daß er seine Arme nach mir ausstreckte. »Was ist los, kleiner Junge?«, fragte ich ihn. »Ich dachte, du würdest nicht mehr kommen.« »Natürlich komme ich«, versprach ich. »Nein, du wirst es nicht tun«, weinte er. »Du wirst mich wegschicken müssen.« »Warum, Dennis?« »Weil ich ihr was antun werde.«

Ich rief Moe, und wir beruhigten beide Dennis und sagten ihm, daß wir Vickie beschützen könnten, und daß er uns ebenso wichtig sei wie sie, und daß wir sie beide liebten. Mehr zweifelnd nahm er den Trost an. Danach äußerte er abwechselnd Eifersucht oder Beschützerwünsche gegenüber Vickie.

Mit Vickie hatten wir in vielerlei Hinsicht alle Hände voll zu tun. Eines Tages war sie mit dabei, als wir in Fredericksburg ein Haus suchten. Moe war in dem Büro des Maklers, und ich war allein mit Vickie im Auto auf dem Parkplatz, als sie plötzlich erregt wurde.

»Ich habe Angst«, wimmerte sie.

»Da ist nichts, vor dem du Angst haben mußt«, sagte ich ihr. »Hör damit auf, Vickie!« Ich hupte, um Moe ein Zeichen zu geben, zurückzukommen, da ich wußte, daß Vickie jeden Moment mit Schreien anfangen würde.

In dem Augenblick, als ich das Kreischen kommen sah, zog ich Vickie mit einem Ruck, das Gesicht nach unten, herüber auf meinen Schoß und versetzte ihr einen kräftigen Klaps. Als Moe und der Makler zum Auto kamen, weinte Vickie wie ein kleines Mädchen, das Haue bekommen hat; da sie etwa wie ein zwölfjähriges Mädchen aussah (in Wirklichkeit war sie einundzwanzig), reagierte der Makler nicht sehr überrascht.

Bevor wir aus Fredericksburg heraus waren, begann Vickie zu schreien; wir mußten sie ins Krankenhaus bringen, wo sie ein Beruhigungsmittel bekam. Die Mitarbeiter des Fredericksburger Krankenhauses waren sehr freundlich und verständnisvoll; mir gefiel es sehr, daß in unserem neuen Wohnort ein so guter Notaufnahmedienst bestand. Mir war damals allerdings nicht klar, wie vertraut mir die Notaufnahmestation des Krankenhauses bald werden sollte.

Auf dem Weg nach Hause und während Vickie unter der Wirkung des Beruhigungsmittels auf dem Rücksitz schlief, sprachen Moe und ich sehr ernsthaft darüber, ob wir uns eventuell zu viel aufgeladen hätten. Wir hatten den Eindruck, daß die Überwachung von Vickie unsere Möglichkeiten überstieg; dies besonders deshalb, weil sie überhaupt nicht gut schlief und ich Tag und Nacht in ihrer Nähe sein mußte. Moe wies besonders auf meine Erschöpfung hin, und daß dies Dennis und den kleinen Jungen gegenüber nicht fair sei.

Das Problem bestand zu einem Teil darin, daß Vickie nicht jetzt erst regrediert war. Ihre Beziehung zu uns war nicht die eines kleinen Kindes, wie es bei Dennis der Fall war; ich war mir in meinem Bemuttern ihr gegenüber auch nicht so sicher. Moe war ihr Therapeut gewesen, bevor sie zu uns kam, und sie fühlte sich ihm verbunden; ihre Beziehung zu mir war anders: sie fühlte sich nicht in der gleichen Weise verpflichtet, in mir ihre Mutter zu sehen.

Die Beziehung war darüber hinaus für mich aufgrund von eigenen emotionalen Konflikten schwierig. Mein erstes eigenes Kind, ein dunkelhäutiges kleines Mädchen mit krausen schwarzen Haaren, war als Baby gestorben. Ihr Name war Vikki. Der Tod dieser Tochter war immer noch mit vielen Gefühlen verbunden, mit denen ich nicht umgehen wollte. Die Tatsache, einer Tochter gegenüberzustehen, die den gleichen Namen trug und eine ähnliche äußere Erscheinung hatte, belebte meine alten Ängste und Schuldgefühle. Dies kam zu der Tatsache, daß sie kein Baby war, hinzu; beides hielt mich davon ab, sie als mein Kind in der Art, wie es Dennis war, anzunehmen.

Es sah so aus, als ob sich die Situation mit Vickie verschlechterte, anstatt sich zu bessern. Es wurde deutlich, daß ihre dramatischen Episoden ihr Mittel waren, mich in Schach zu halten. Sie hatte eine ungeheure Wut auf ihre natürliche Mutter; sie beschrieb sie als kalt, und sie hatte sie vernachlässigt, während sie ihren Bruder John bevorzugte; im Blick auf den Tod ihrer Mutter empfand sie Bitterkeit – offensichtlich nahm sie ihn als die endgültige Zurückweisung wahr. Mir war nicht klar, ob sie mich für das strafte, was ihre Mutter ihr angetan (oder auch nicht angetan) hatte, oder ob sie tatsächlich so viel Aufmerksamkeit zu benötigen meinte, um sicher zu sein.

Eines Nachmittags, als sie und ich im Erdgeschoß waren, wurde sie wütend auf mich. Wir gingen gerade die Treppe hinauf, als sie sich unerwartet umdrehte und sich den Kopf voraus hinunterfallen ließ. Sie landete unten benommen und mit Prellungen, aber im wesentlichen unverletzt; als ich sie fragte, warum sie das getan habe, lachte sie und erklärte, weil sie böse auf mich sei.

Moe war wütend. »Jetzt reicht es aber!«, sagte er mir. Er traf sich mit Vickies Vater, und beide brachten sie ins Krankenhaus. Als Dennis begriff, daß sie uns verlassen hatte, war er untröstlich.

Während der nächsten Tage begann ich mir ernstlich Sorgen um Dennis zu machen. Ich wußte, daß er wütend und entsetzt über unser »Aufgeben« war. Dieses »Aufgeben« bedrohte seine eigene Sicherheit bei uns. Er mochte uns keine Vorwürfe machen und versuchte zu verstehen, was wir getan hatten – aber ich wußte, daß er darüber grübelte und daß der Augenblick kommen würde, an dem wir nicht mehr mit ihm fertig würden.

Ich selbst empfand sehr viel Trauer über den Verlust des hübschen dunklen Mädchens, das ich als Tochter zu akzeptieren versucht hatte. Nachdem uns Vickie verlassen hatte, hatte ich zwei Nächte lang Alpträume, in denen ich als Mutter irgendwie unzulänglich war und diese Unzulänglichkeit den Tod eines Kindes verursachte. Seit Vickies Ankunft bei uns hatte ich keine Nacht mehr richtig geschlafen; ich fühlte mich physisch und psychisch erschöpft. Aber ich spürte kaum eine Erleichterung, nachdem sie uns verlassen hatte.

Am dritten Tag rief mich Moe vom Krankenhaus aus an. Ich wußte, daß einige Ärzte Moe überreden wollten, einen neuen Versuch mit Vickie zu wagen; sie rieten, Medikamente einzusetzen, um ihre Ausbrüche zu dämpfen. Nachdem Moe einmal die Entscheidung getroffen hatte, daß wir nicht für sie sorgen könnten, zögerte er jedoch, diese nochmals zu revidieren. Jetzt am Telefon war er jedoch aufgeregt: »Ich möchte gerne, daß du ins Krankenhaus kommst und mit Vickie sprichst«, sagte er. »Sie hat anscheinend etwas aufgearbeitet, und sie klingt völlig anders!«

Im Krankenhaus sah ich, daß Vickie tatsächlich verändert war. Sie war nicht mehr verwirrt und zerfahren. Statt dessen begrüßte sie mich direkt und zielbewußt und erklärte, daß sie mir unbedingt etwas erzählen müßte.

Sie berichtete mir dann, daß sie zwei Persönlichkeiten in sich hätte. Sie sagte, ihr Name sei keineswegs Vickie. Sie heiße Rosita; diesen mexikanischen Namen hatte sie von ihrem Vater bekommen. Als sie ungefähr elf Jahre alt und zusammen mit John und ihrer Mutter von New York City nach Charlottesville umgezogen war, hatte sie diesen ihren Namen gegen Vickie eingetauscht und sich geweigert, auf irgendeinen anderen Namen zu hören. Ihre Mutter, die sich von ihrem Mann getrennt hatte und die den mexikanischen Namen sowieso nicht mochte, war bereit, ihr diesen Gefallen zu tun, und es schien eine harmlose Sache zu sein.

In ihrem Kopf war es jedoch nicht so harmlos.

Zusammen mit dem Aufgeben des Namens hatte sie versucht, alle die Eigenschaften zu verleugnen, die sie mit dem kleinen New Yorker jüdisch-mexikanischen Mädchen verband. Rosita galt für sie als dumm, ängstlich und untüchtig. Vickie aber würde sexy, großartig und erfolgreich sein.

Ein großer Teil der Krankheit, die wir an Vickie wahrnahmen, war eine Folge des Hin und Her zwischen der Vickie- und der Rosita-Persönlichkeit. Keine der beiden Persönlichkeiten hatte die volle Bandbreite der Affekte zur Verfügung (zum Beispiel konnte Vickie Wut ausdrücken, Rosita nicht; Rosita konnte Angst und Schmerz empfinden, Vickie nicht). Deshalb wechselte sie aus der einen Persönlichkeit in die andere, sobald ihr etwas widerfuhr, was nicht mit dieser Persönlichkeit vereinbar war. Da die beiden Persönlichkeiten kein gemeinsames Gedächtnis hatten, ergab sich ein Großteil ihrer Verwirrung aus diesem Hin und Her.

Rosita wußte nicht genau, wie dieses Problem angegangen werden könnte. Sie wußte, daß Vickie nicht real war, und schlug vor, daß wahrscheinlich Rosita, so verachtenswert sie auch war, ihr eigentliches natürliches Kind sei und verstärkt werden sollte. Sie wollte nicht länger Vickie gerufen werden; dafür würde sie die Vorteile aufgeben müssen, die mit diesem stärkeren, fähigeren Selbst verbunden waren (wir kamen später dazu, es ihr angepaßtes Kind zu nennen).

Mir war klar, daß diese beiden Persönlichkeiten integriert werden mußten, da keine von ihnen völlig unabhängig von der anderen war. Rosita stimmte zu, daß dies möglich sei und daß sie bereit wäre, es zu versuchen.

So nahmen wir sie aus dem Krankenhaus wieder mit nach Hause.

Nicht viel später zogen wir, die Kinder und ich, nach Fredericksburg um; wir gerieten in einen der schlimmsten Schneestürme, die Virginia jemals erlebte. Der Umzug war unglaublich chaotisch. Es war bitter kalt, und wir brauchten einen ganzen Tag, bevor wir das Haus richtig warm bekamen. Wir kauerten vor einem Feuer am Kamin und versuchten alles mögliche Brennbare ausfindig zu machen, damit es warm wurde. Oder wir saßen alle in der Küche, die wir mit Hilfe des Küchenherdes heizen konnten. Wir bekamen unser Auto nicht aus der Einfahrt heraus, und als Folge des Packens und Umziehens hatten wir nichts von den Dingen zur Verfügung, die wir gebraucht hätten, um es mit diesem Wetter aufzunehmen. Die Kinder waren alle reizbar und sauer auf mich, weil ich nicht besser für sie sorgte. Sie hatten den Eindruck, daß ich nichts richtig hinbrächte. Dennis fürchtete sich vor den Umzugsleuten, und Rosita beklagte sich bitterlich, daß er sich wie ein »Idiot« aufführe und sie aufrege. Endlich kam uns ein Freund aus Fredericksburg mit einem kleinen Lastwagen zur Hilfe, um genügend Vorräte ins Haus zu schaffen; dann machten wir uns mit unserem neuen Haus bekannt, in dem wir jetzt bei Abfassung des Buches immer noch leben und mit dem wir so viele Erinnerungen verbinden.

Es ist ein großes einstöckiges Haus, hingelagert auf dem Gipfel eines Hügels an der Grenze zum Battlefield Park. Im hinteren Teil des Grundstücks liegen noch Schützengräben aus dem Bürgerkrieg. Wir besitzen ein weiträumiges Grundstück rund um das Haus, ungefähr zwei Morgen Land mit Büschen und Bäumen, auf dem die Kinder spielen können. Als wir einzogen, hatte das Haus drei große Schlafzimmer, ein kleines Wohnzimmer, ein riesiges Wohn- und Eßzimmer sowie eine Sonnenveranda. Im Laufe der Zeit veränderten wir den Wohnraum in ein kombiniertes Eß- und Spielzimmer und benutzten den kleineren Eßbereich als Sitzecke. Die Veranda teilten wir in zwei Schlafzimmer, und aus der großen Garage machten wir einen Schlafraum für die Jungen. Beides, das Haus und das darum herum liegende Land haben sich als erstaunlich passend und brauchbar für die Bedürfnisse der wachsenden Familie erwiesen.

Als wir einzogen, erwarteten wir nicht, daß unsere Familie wachsen würde. Wir waren voll damit beschäftigt, die Probleme unserer zwei neuen Familienmitglieder zu lösen, und dies zusätzlich zu unserer Aufgabe, Tom und Rickey mit ihrem neuen Heim vertraut zu machen. Wir gingen davon aus, daß Chuck, mein ältester eigener Sohn, der in San Francisco bei seinem Vater war, in diesem Sommer zu uns zurückkehren würde; wir dachten, daß in Zukunft diese fünf unsere Familie bilden würden.

Rosita kam in dieser Zeit nach ihrer Rückkehr aus dem Krankenhaus offenbar sehr gut zurecht. Sie war dabei, ihre beiden Selbste zu integrieren, und genoß ihre Erfolge. Wir begannen, mit ihr darüber zu sprechen, ob sie während des Frühjahrssemesters einen Kurs am Mary Washington College belegen sollte; sie hatte noch Angst davor, freute sich aber über unser Zutrauen, daß sie dies schaffen könnte.

Wir waren überrascht darüber, wie gut die Kinder miteinander auskamen. Dennis und Rosita waren sehr daran interessiert, einander zu helfen und ihre Probleme zu bearbeiten; so kamen sich Tom und Rosita sehr nahe. Die Beziehung von Tom zu Dennis war die eines älteren Bruders zu einem kleinen Kind; bei Rosita bemühte er sich jedoch wirklich, für sie zu sorgen. Er hielt und streichelte sie, wenn sie Beruhigung brauchte; obwohl sie dem Alter nach zwölf Jahre älter war, nahm Rosita sein Beeltern an. Eines Nachmittags, als ich von einer kurzen Besorgung heimkam, fand ich Tom in einem Schaukelstuhl sitzend und Rosita auf seinem Schoß; er schaukelte und tröstete sie. Tom erklärte mir, daß Dennis Rosita erschreckt hatte, und daß er ihm gesagt habe, er solle sich auf einen Stuhl setzen und sich ordentlich benehmen, während er das erschreckte Mädchen beruhigte.

Bei all seinem – oberflächlich gesehen – lässigen Auftreten hatte Tom eine Fähigkeit, Informationen aufzunehmen und Anhaltspunkte zu sammeln, ohne daß man den Eindruck hatte, daß er das, was um ihn herum vorging, überhaupt zur Kenntnis nahm. Gelegentlich überraschten mich sein Wissen und seine Treffsicherheit. Rosita hatte eine seltsame Angewohnheit: ein eigenartiges Zucken, das vom Kopf her in Wellen von heftigen Zuckungen den ganzen Körper durchfuhr. Ich hatte sie öfter danach gefragt, bekam von ihr jedoch nie eine klare Antwort. Eines Abends saßen wir alle zusammen im Wohnzimmer, und als ich eine

Zeitlang diesem heftigen Zucken von Rosita zugesehen hatte, sagte ich: »Ich möchte doch einmal wissen, was sie eigentlich hat!«

»Sie masturbiert«, sagte der zehnjährige Tom ganz sachlich und wandte sich wieder seinem Comic-Buch zu.

Rosita warf Tom einen erschrockenen und wütenden Blick zu, dann saß sie ganz ruhig. Es war das letzte Mal, daß wir die Zuckungen bei ihr sahen.

Ich vermute, daß Tom recht hatte. Aber ich wußte noch nicht einmal, daß er das Wort kannte.

Tom war darüber beunruhigt, daß Dennis Rickey verletzen könnte. Wir sahen ihn niemals etwas Bedrohliches tun; aber Tom war überzeugt, daß es sich bei verschiedenen Reaktionen von Dennis gegenüber Rickey nicht um unschuldige kleinjungenhafte Mutwilligkeiten handelte. Einmal hatten die Jungen aus Versehen Dennis am frühen Morgen aufgeweckt, und Tom berichtete, daß Dennis »wirklich verrückt geschaut« und Rickey mit der Faust bedroht hätte. Dennis leugnete, daß dies so geschehen wäre. Es war schwierig festzustellen, ob die beiden Jungen übertrieben, weil sie Angst vor Dennis' Größe hatten, oder ob er sie wirklich absichtlich zu erschrecken versucht hatte.

Einige Schizophrene machen eine chronologisch gegliederte Regression durch, in der sie von der frühen Kindheit an durch das Jugendalter heranwachsen und dabei immer nur ein Stadium zur gleichen Zeit erleben. Dennis dagegen wechselte ständig von einer Altersstufe zur anderen. Als er das erste Mal in meinen Armen regredierte, schien er unverkennbar ein Baby zu sein; danach wirkte er meistens wie ein ungefähr dreijähriges Kind mit Episoden oralen und analen Verhaltens wie z. B. Sabbern und launenhaften Ausbrüchen. Wir hatten damals noch nicht genug Kenntnisse über Regression, um zu wissen wieviel Kindsein Dennis für seine Neu-Strukturierung benötigte, oder wie lange jede Phase brauchen würde.

Es gab so viel, was wir nicht wußten. Es war schwierig für uns, pathologische Eigenheiten von regressiven Bedürfnissen zu unterscheiden. Wir vermuteten nur, welches Verhalten wir verstärken und welches wir entmutigen sollten. Meistens reagierten wir einfach auf der Basis, wie wir gegenüber einem normalen Kind reagiert hätten, falls es sich so wie Dennis benahm. Das ging jedoch nicht ohne Schwierigkeiten wegen seiner Körpergröße und der Reife seines Denkens. Dennis erfaßte wahrscheinlich nicht das Ausmaß unserer Verlegenheit und unseres Nichtwissens. Er machte dennoch beachtliche (und wahrscheinlich auch mühevolle) Anstrengungen, unsere Fragen zu beantworten. Seine Beziehungen zu mir waren wesentlich besser als die zu Moe; ihn nahm er offensichtlich als einen potentiell mächtigen und gefährlichen Feind wahr, den man friedlich halten und tolerieren mußte, aber dem man auch so weit wie möglich aus dem Wege ging. Er bat häufig um Bestätigung, daß Moe nicht daran dächte, ihn von mir zu trennen. Manchmal benötigte er auch die Erlaubnis oder eine Ermutigung von Moe, um ein spezielles Problem zu bearbeiten. Meistens aber reagierte er furchtsam oder mit einer mürrischen Höflichkeit, wenn Moe anwesend war.

Es war gegen Ende des zweiten Monats, seit Dennis zu uns gekommen war. Wir mußten jetzt eine Entscheidung treffen, ob er für das Frühjahrssemester an die Universität zurückkehren sollte oder nicht. Wir waren eigentlich abgeneigt, ihn weggehen zu lassen. Andererseits zögerten wir, darauf zu bestehen, daß er weiterhin bei uns blieb, wenn er der Meinung war, seine Aufgaben an der Schule erfüllen zu können. Er war offensichtlich in einem besseren Zustand als damals, als er zu uns kam. Außerdem hatten wir Freunde in Charlottesville, die uns helfen konnten, ein Auge auf ihn zu haben.

Heute wissen wir, daß es ein Fehler ist, von einem so kranken Kind, wie Dennis es damals war, zu erwarten, daß es das Leben eines Erwachsenen weg von zu Hause führt. Heute wüßten wir auch, daß Dennis uns später mit Vorwürfen begegnen würde, weil wir ihm die Erlaubnis gegeben hatten zu gehen. Damals jedoch stimmten wir zu, daß er in seine Wohnung, die er in Charlottesville beibehalten hatte, zurückkehrte. Wir kamen überein, daß wir ihn emotional durch häufige Telefonanrufe und Stippvisiten stützen würden. Er plante, jedes Wochenende nach Hause zu kommen und vereinbarte mit uns, daß er auch in der Woche jederzeit zurückkäme, wenn er sich ernsthaft erregt fühlte.

In der Praxis sah es dann so aus, daß Dennis mindestens die Hälfte des Semesters zu Hause war; in der Regel besuchte er montags und dienstags Vorlesungen, kam dann für zwei Tage heim, fuhr für die Freitagsvorlesungen erneut nach Charlottesville und kehrte für das Wochenende zurück. Trotz seines häufigen Fehlens kam er in diesem Semester besser voran als in seiner früheren Zeit im College.

Wir waren besorgt darüber, daß Dennis schon dermaßen auf eigenen Füßen stehen mußte. Als Folge davon begannen wir ihn zu drängen, sobald er zu Hause war, seine Psychose zu bearbeiten. Auch dies war ein

Fehler, wie wir seitdem wissen. In den meisten Fällen ist es wirklich nicht notwendig, ein krankes Kind zu drängen, gesund zu werden; und sicherlich nicht jemanden, der während der ganzen Zeit so motiviert war wie Dennis. Wenn der Jugendliche wirklich krank ist, kann er psychotische Episoden kaum vermeiden; das eigentliche Problem ist, ihm beizubringen, daß er rechtzeitig Signale gibt, so daß eine für ihn sichere Situation bereitgestellt werden kann, um die psychotische Episode zu überstehen. Zu der Zeit, als wir Dennis ermutigten, seine Probleme zu bearbeiten, wußten wir nicht, wie man eine Struktur bereitstellt, in der er sich abgesichert genug fühlen konnte, niemanden zu töten oder zu verletzen.

Wenn man eine Psychose öffnet und versucht, sie aufzulösen, kann man das Kind für sein Verhalten nicht verantwortlich machen. In vielerlei Hinsicht weiß es nicht, was geschehen wird, bevor es in die Episode eingetreten ist. Später lernten wir eine Gruppensituation herzustellen, die ein Maximum an Schutz für alle dran Beteiligten bietet. Das Kind teilt uns mit, daß es etwas zu bearbeiten hat, und eine Gruppe von zehn oder zwanzig anderen Menschen versammelt sich; dabei muß darauf geachtet werden, daß genügend Jungen dabei sind, die stark genug sind, alles, was irgendwie geschehen könnte, aufzufangen (auch Ableger-Erregungszustände bei anderen Anwesenden). Alle Möbel und als Waffen verwendbare Dinge werden entfernt, und das Kind wird in die Mitte des Kreises gestellt. Dann geben wir dem Kind die Anweisung: »Tu, was du tun mußt«; damit hat es die Erlaubnis, bis zur Grenze einer etwaigen Gefährdung für sich selbst oder andere Menschen vollständig in die Psychose hineinzugehen.

Nach einer solchen Episode des dramatischen Ausagierens einer Psychose ist das Kind in der Regel physisch und psychisch erschöpft; dies ist der Zeitpunkt, in dem wir uns mit dem befassen, was wir die Neuformulierung des Skriptes nennen. Jede Verwirrung und jede Fehlwahrnehmung, die sich uns während der psychotischen Episode enthüllt hat, wird nun sorgfältig durch neue Eltern-Definitionen berichtigt. Zum Beispiel zeigen sich viele Kinder verwirrt im Hinblick auf die Unterschiede zwischen Denken, Fühlen und Handeln. »Es ist niemandem möglich, in eine andere Person hineinzugehen«, sagen wir ihnen. »Jeder Mensch ist von jedem anderen völlig getrennt. Jeder von uns denkt und fühlt Dinge, die andere Menschen nicht wissen können, es sei denn, wir teilen sie ihnen mit. Menschen treten mit anderen in Beziehung und kommunizieren mit ihnen durch die Art ihres Verhaltens und nicht durch das, was sie denken oder fühlen.«

Während der Patient mit seiner ganzen Energie seinen Kindheits-Ich-Zustand belebt – er ist dann abhängig und beeinflußbar –, geschieht die Neuformulierung des »Lebenskripts« viel eindrücklicher als zu anderen Zeiten.

Obwohl wir sehr viel derartige Skriptarbeit mit Dennis durchführten, war es nicht unsere Absicht, ihn festzuhalten oder ihm sonstigen »Schutz« zu gewähren, während er seine Psychose durcharbeitete. Im Gegenteil, wir forderten ihn oft auf, Probleme durchzuarbeiten, ohne daß wir uns der Gefahren bewußt waren, die aus diesem Versuch entstehen konnten. Er reagierte auf diese Forderungen mit Ausweichen und Negativismen, und es begann sich ein Muster passiv-aggressiven Verhaltens (bei dem sich Wut in der Weigerung, zu handeln, ausdrückt) herauszubilden. Unsere Unfähigkeit, die Struktur bereitzustellen, die Dennis benötigte, um seine Probleme zu bearbeiten, hatte in einigen Fällen zur Folge, daß die Psychose unerwartet in gewalttätigen Episoden ausbrach.

Dennis berichtete uns hinterher, daß er beim Durcharbeiten der Probleme den Eindruck hatte, sein Erwachsenen-Ich stehe daneben und beobachte, was vor sich ging.

Ich höre meine Stimme wie aus weiter Ferne. Ich kann sie hören, aber sie ist ohne Körper; sie fließt über meinen Kopf. Ich krümme mich hier auf dem Boden, aber ich bin auch dort, wo meine Stimme ist, ich beobachte mich selbst und analysiere, was ich tue . . .

Wir lernten eine Menge von Dennis. So zum Beispiel – was sich später als zutreffend auch für alle anderen schizophrenen Kinder herausstellte – daß er die Botschaften, die wir ihm gaben, wörtlich, Wort für Wort, verinnerlichte. Als Dennis älter war und wir ihm einmal kurzfristig die Verantwortung für den Haushalt übertragen hatten, erwischte er eines der Mädchen dabei, wie es im Kühlschrank den Eisvorrat plünderte. Er gab ihr eine so heftige Ohrfeige, daß sie durch den Raum flog, womit er sie und die anderen Kinder erschreckte. Eine unserer Hausregeln besagt, daß es den Kindern nicht erlaubt ist, sich gegenseitig Ohrfeigen zu geben oder einander zu schlagen. Als Moe Dennis dafür bestrafte, daß er das Mädchen geschlagen hatte, sagte er wütend zu ihm: »Daß du mir nicht nocht einmal deine Schwester anrührst!«

Etwa einen Tag später, als wir Dennis' Hilfe brauchten, um das gleiche Mädchen festzuhalten, war er völlig unfähig, sie anzufassen. Er hatte sich die elterliche Botschaft als ein spezifisches Verbot, sie nie mehr mit seinen Händen zu berühren, verinnerlicht. Bevor er wieder in der Lage war, das Mädchen anzufassen, mußte Moe die Botschaft »Rühre sie nicht an!« durch die Botschaft »Schlage sie nicht!« ersetzen.

Eine andere Sache, die wir entdeckten, war, daß der schizophrene Jugendliche – wie wir es später nannten – »skriptgebunden« ist. Die meisten von uns sind, wenn wir es wollen, fähig, gegen die elterlichen Botschaften zu rebellieren oder ihnen sonstwie nicht zu gehorchen; Schizophrene jedoch, zumindest wenn sie sehr krank sind und sich noch am Anfang ihrer Behandlung befinden, können dies nicht. Deshalb gab es unter den damaligen Umständen buchstäblich keine Möglichkeit für Dennis, seine Schwester zu »berühren«, ohne selbst in eine tiefe Erregung zu geraten.

Seit mehreren Wochen war Dennis wieder in Charlottesville und besuchte die Schule. Es sah so aus, als ob er durch die Babyzeit und die frühe Kindheit hindurch sei; er schien etwa mitten in der Latenzperiode zu sein (vielleicht zehn Jahre alt), als er sich eines Samstagmorgens ohne offensichtlichen Grund auf den Boden legte und wie ein Baby unter zwei Jahren herumzukrabbeln begann.

Moe und ich starrten ihn voller Bestürzung an. Er war offensichtlich seit einigen Wochen aus diesem Stadium heraus, und wir waren der Meinung, daß ein Kind, sobald es einmal in eine andere, spätere Altersstufe fortgeschritten sei, nicht mehr in eine frühere Phase zurückfallen könnte.

»Was ist los, Dennis?«, fragten wir ihn. »Was tust du da?«

Er blickte mit dem eulenartigen Schielen eines krabbelnden Babys hoch und sagte nichts. Dann verlor er das Interesse an uns, rollte sich auf den Rücken, zog seinen Gürtel aus seiner Hose und ließ die Metallschließe wie eine Babyklapper vor seinen Augen baumeln.

»Dennis, gib mir eine Antwort?«, verlangte ich.

Er schaute wieder zu mir auf, als ob ich drei Meter groß sei, und schüttelte stumm den Kopf.

Als Dennis glucksende Babygeräusche von sich gab, schauten Moe und ich uns hilflos an. Wir waren beide erschrocken. Wir wußten, daß frühere Versuche, die Regression zu unterstützen, zur Folge hatten, daß die Patienten in der Regression fixiert blieben und nicht mehr zum

Wachstum angeregt werden konnten. Sollte dies bedeuten, daß Dennis aufs neue regrediert war, zurück in die präverbale Babyzeit? Hatte er irgendwie sein handlungsfähiges Erwachsenen-Ich eingebüßt? Oder war er möglicherweise einfach nur störrisch und wollte uns bloß als Vergeltung für den von uns auf ihn ausgeübten Druck, seine Probleme zu lösen, in Furcht versetzen?

Er war diesmal wesentlich lebhafter und herausfordernder als in der früheren regressiven Periode. Er kroch eifrig herum, warf Sachen um, zog Dinge herunter und schrie laut, wenn wir eingriffen. Es fiel uns nicht auf, daß dieses Verhalten jetzt typischer für ein Krabbelkind war als beim vorigen Mal.

Als wir ihn am folgenden Tag im gleichen Zustand vorfanden, gerieten Moe und ich in Panik. Irgendwie waren wir beide überzeugt, es sei außerordentlich wichtig, Dennis handlungsfähig zu erhalten, damit er in die Schule gehen konnte. Es fiel keinem von uns ein, daß er vielleicht etwas tat, was er brauchte, um gesund zu werden. Wir kamen auch nicht auf die Idee, daß er möglicherweise etwas auf einer infantilen Stufe, auf der er lenkbarer war, durchzuarbeiten versuchte, das unsere Fähigkeiten überschritten hätte, wenn er es auf der Stufe eines zehnjährigen Jungen angegangen hätte.

Wir kamen überein, daß das, was er tat, verrückt und unnütz war, und daß wir ihn dazu bringen müßten, damit aufzuhören. Wir konfrontierten ihn ärgerlich mit der Forderung, wieder handlungsfähig zu werden; sonst würden wir uns weigern, weiterhin für ihn zu sorgen.

Nach ungefähr einer Stunde, als Dennis erkannte, daß wir entschlossen waren, zu unserer Warnung zu stehen, hörte er auf. Er erhob sich vom Boden und verhielt sich erwachsen; er schien allerdings verwirrt und unglücklich, und er war nicht bereit, über das, was geschehen war, zu sprechen. Wir waren sehr erleichtert, ihn wieder handlungsfähig zu haben, und verlangten keine große Erklärung. Wir nahmen an, daß er dabei war, irgendeine Art von Spiel zu spielen, und daß er sich jetzt über das, was er getan hatte, schämte. Wir gaben ihm klare Botschaften, wonach wir von ihm erwarteten, daß er sich so reif und verantwortlich benähme, wie es für ihn möglich war, und daß wir ihm nicht erlaubten, in der Regression zu verharren.

Was wir in diesem Fall taten, ist genau das, was regredierten Patienten im Rahmen einer mehr konventionellen Behandlung geschieht. Wir sahen uns später, als Dennis handlungsfähiger war, mit ungelösten Problemen

71

aus der frühen Kindheit konfrontiert; dies allerdings zu einem Zeitpunkt, an dem ihre Durcharbeitung für ihn eine ernsthafte Zerreißprobe bedeutete. Unser Irrtum war, daß wir nicht genug Zutrauen zu dem mächtigen Drang unseres Riesenbabys nach Überleben hatten.

Den Anfang machte Dennis. Von ihm, aber auch von unseren anderen Kindern haben wir gelernt, darauf zu vertrauen, wieviel die Kinder von sich selbst wissen. Die meisten schizophrenen Kinder wissen, daß sie das Beeltern brauchen, um gesund zu werden, und sie bitten darum. Oft haben sie eine Phantasie, wie gutes Beeltern und ein gesundes Familienleben sein müßten. Verzweifelt versuchen viele von ihnen, von Therapeuten oder anderen Elternfiguren beeltert zu werden. Eines unserer Kinder erzählte uns, wie es die Therapeutin flehentlich bat: »Faß mich an, halte mich, beruhige mich«, und wie die Ärztin sich zurückzog und sagte: »Ja ich verstehe wohl, daß du das brauchst, aber ich bin nicht bereit, dir auf diese Weise zu helfen.«

Nur wenige Therapeuten sind bereit, Intimität mit einem Patienten zu riskieren. Dieses Verhalten ist zum Teil Folge ihrer Ausbildung. Anderenteils jedoch kommt dies aus einer offensichtlich allgemeinen Abneigung gegenüber jeder Form von Intimität zu Menschen außerhalb der eigenen, direkten Familie. Ich nahm einmal an einem Lebensrettungskurs teil, in dessen Verlauf auch Mund-zu-Mund-Beatmung vorgeführt wurde. Eine Mutter neben mir kommentierte dies mit dem Satz: »Ich könnte dies mit meinem eigenen Kind, aber auf keinen Fall mit einem fremden Menschen tun.« Verschiedene andere Anwesende stimmten dem zu, auch wenn die Alternative dazu der Tod des Betreffenden wäre.

Intimität und Liebe sind die Schlüssel zu der Wiedergesundung eines kranken Kindes; sie sind unendlich wirksamer als jede Medizin oder Theorie. Überwältigt von nicht gestillten Bedürfnissen, braucht das Kind die Erfahrung von liebender Zuwendung.

Liebe war etwas, was Moe und ich leicht anbieten konnten. Wesentlich schwieriger war für uns der Lernprozeß, die Fehler ebenso wie die Erfolge auf uns zu nehmen. Infolge unserer Bindung an die Kinder und unseres Einsatzes für sie verursachte es uns viele Schmerzen, wenn unsere Irrtümer und unser Mangel an Wissen durch Mißerfolge offenbar wurden. Wir schafften es nie so ganz, unsere Fehlschläge in dem Gesamtrahmen dessen, was wir zu tun versuchten, als unausweichlich und entschuldbar zu definieren.

Wir wohnten gerade erst ein paar Wochen in Fredericksburg, als wir noch ein weiteres Kind bekamen: Rositas blassen Bruder John. Der große ruhige Junge war ein vertrauter Besucher geworden. Er blieb uns aber letztlich ein Unbekannter, da es fast unmöglich war, mit ihm in irgendeine Art von Gespräch zu kommen.

Wir hatten gehört, daß John demnächst wegen seiner Weigerung, zur Musterung zu gehen, ins Gefängnis sollte. Ich wußte, daß John ein überzeugter Pazifist und sehr aufrichtig in seiner religiösen Einstellung war. Ich hatte keine Zweifel, daß seine Weigerung, sich mustern zu lassen, von seiner Seite aus ein bewußter Akt bürgerlichen Widerstands war; andererseits schien es mir aber lächerlich, daß ein Jugendlicher ins Gefängnis gehen sollte, der eindeutig emotional zu sehr gestört war, um überhaupt zum Militär eingezogen zu werden.

Moe und ich sprachen darüber und kamen zu dem Schluß, es sei nicht unsere Sache, uns einzumischen, da John die Angelegenheit niemals mit uns diskutiert hatte. Unsere Patienten in Charlottesville dachten allerdings anders darüber. »Sie werden es doch nicht dulden, daß man John ins Gefängnis steckt?«, verlangten sie ungnädig. Am Ende versprach ich, mit John über die Angelegenheit zu sprechen. Er besuchte uns das nächste Mal nur ein paar Tage vor der Verhandlung, in der er verurteilt werden sollte. Ich sprach jetzt mit ihm und sagte: »John, ich meine, es ist wirklich dumm von dir, ins Gefängnis zu gehen!«

Zu meiner Überraschung begann er zu weinen; es war das erste Mal, daß John sich mit mir in ein Gespräch einließ. Er versuchte mir die Verwirrung, die in ihm vorging, zu erklären: seine Furcht vor Gewalt, seine ethischen Prinzipien, die für ihn religiös begründet waren, seine Überzeugung, daß er weder die Militärzeit noch den Aufenthalt im Gefängnis überleben würde. Ich wußte nichts von seinen Problemen im College, auch nichts von seiner Unfähigkeit, um einen Arbeitsplatz zu kämpfen und ihn zu halten; auch hatte ich nicht gewußt, daß er schon früher Kontakte mit Psychotherapeuten gehabt hatte.

Es bedurfte einiger intensiver Anstrengungen und der Zusammenarbeit von Rechtsanwälten, Gericht und Militärbehörden, um diese Angelegenheit zu bereinigen. Wir erreichten in der Verhandlung gegen John, daß die Anklage aufgrund des psychiatrischen Befunds fallengelassen wurde. Ein paar Tage später gehörte John zu unserer Familie.

John war völlig anders als Rosita und Dennis. Für ihn war es sehr schwierig, mit irgendeinem von uns zu sprechen; über eine lange Zeit hinweg erfuhren wir seine Bedürfnisse nur durch eine Art stummer Anhänglichkeit. So hätte John zum Beispiel nie merken lassen, daß er Aufmerksamkeit wünschte. Statt dessen stand er an Türen herum, durch die ich irgendwann kommen mußte. Mir ging sehr bald auf, daß John mir zu erkennen gab, daß er meine Aufmerksamkeit brauchte, wenn ich ihn im Wege herumstehend fand; und ich lernte, ihn geschwind zu umarmen, so oft ich über ihn stolperte.

Auch merkte ich sehr bald, warum John so blaß und dürr war. Er litt an einer der schlimmsten Eßstörungen, die ich jemals erlebt hatte. Er erklärte mir, daß Essen eine schlechte Angewohnheit sei, und daß man es so weit wie möglich lassen sollte. So oft ich versuchte, ihm Ernährungsvorgänge einsichtig zu machen, lehnte er alles, was ich sagte, ab: »Woher willst du wissen, daß dieses Zeug mir bekommt? Vielleicht sind die Leute verschieden. Deine Erklärung sehe ich nicht ein, daß alle Menschen gleiche Bedürfnisse haben.« Am Ende gab ich meine Erklärungsversuche auf und verlangte einfach, daß John das aß, was mir gut für ihn schien.

John war voller Eifer, uns zu gefallen und hilfsbereit zu sein; er war fähiger als Rosita oder Dennis, manches zu erledigen. So versuchte ich, mir Dinge auszudenken, die ihm eine Beschäftigung boten. Er war erst ungefähr eine Woche bei uns, als ich ihn bat, eine Zwischenwand zwischen zwei Zimmern zu streichen. Ich schaute mir die Wand an und fragte: »Hast du schon einmal mit Sprühfarbe gearbeitet?« Er sagte nein, und ich meinte: »Es könnte einfacher sein, es mit Sprühfarbe zu probieren, statt daß wir Bürsten, Rollen und das übrige Zeugs besorgen.« John brachte mich zur Arbeit, und ich gab ihm zehn Dollar, um zwei Dosen Sprühfarbe zu kaufen.

Als er mich am Abend wieder abholte, merkte ich sofort, daß er äußerst verstört war. Er zitterte und vermied es, mich anzuschauen. Ich fragte ihn, was denn los sei – er aber unterbrach mich und fragte: »Was für Farbe, hast du gesagt, sollte ich kaufen?« Dabei schwang ein sehr gespannter Ton in seiner Stimme mit.

Ich stellte dann fest, was geschehen war: John hatte zwei Dosen Sprühfarbe gekauft und mit der Arbeit an der Wand angefangen. Die Farbe reichte nur für einen kleinen Teil der Wand. Er hatte dann den Rest der zehn Dollar für weitere Farbe ausgegeben, da er überzeugt war, daß er irgend etwas falsch gemacht haben mußte. Als er danach immer noch nicht damit fertig wurde, hatte er sein gesamtes Taschengeld für noch mehr Farbe ausgegeben; aber immer noch war nur die halbe Wand gestrichen.

Da er überzeugt war, daß ich ihm die Schuld für sein erfolgloses Arbeiten geben würde, fragte er mich als erstes, wie sein Auftrag gelautet habe: Was für Farbe er kaufen sollte. Er befürchtete, ich würde, wenn ich erst wüßte, daß die Farbe nicht gereicht hatte, erklären, daß ich eine völlig andere Anweisung gegeben hätte. Offensichtlich war es seine Erfahrung mit Eltern, daß immer dann, wenn Dinge falsch liefen, es sein Fehler war. In diesem Fall war es sein Ziel, sich selbst vor meinen Lügen zu schützen.

Am Anfang, als John zu uns kam, war deutlich, daß er glaubte, alle Bedürfnisse seines Kindheits-Ichs seien selbstsüchtig und falsch. Essen, Schlafen, Spielen waren für sein Eltern-Ich unerlaubt. Johns Kindheits-Ich wünschte sich allerdings ein eigenes Auto, und das so stark, daß es die Verneinung durch das Eltern-Ich überrennen konnte. Dieser Wunsch war es, der am Ende John dazu brachte, eine Arbeit zu finden und zu behalten. Manchmal kam mir der Gedanke, daß der rote Karmann Ghia ebenso viel wie wir dazu beitrug, daß John gesund wurde.

Dennis schien überhaupt nicht auf John eifersüchtig zu sein, so wie er es auf Rosita gewesen war; die beiden Jungen kamen sich sehr nahe und sind es noch heute, obwohl sie sehr verschiedenartig sind. Rosita war jedoch voller Angst, daß ich John ihr gegenüber bevorzugen würde, wie es ihrer Meinung nach ihre Mutter getan hatte. Ich bin jedoch überzeugt, daß ihre Mutter – von der wir wissen, daß sie sehr krank gewesen war – in Wirklichkeit unfähig war, auch nur für eines ihrer Kinder viel zu tun. Obwohl die Störungen der beiden in vieler Beziehung verschieden waren, hatten beide Kinder Schwierigkeiten, ihre Gefühle auszudrücken. Sie waren miteinander in einem Haushalt aufgewachsen, in dem es offensichtlich nur sehr wenig Kommunikation gab.

John merkte nicht, wann er in Wut geriet; auch konnte er ihr in keiner Weise Ausdruck verleihen. Manchmal, wenn er aufgeregt war und zitterte, wußte ich, daß er über etwas wütend war, aber es dauerte sehr lange, bevor er imstande war, mit diesen Gefühlen in Verbindung zu kommen.

Für Dennis allerdings begann Wut ein ernsthaftes Problem zu werden.

Einmal saßen wir alle am Eßtisch und Dennis und ich diskutierten. Er bestand darauf, daß ein Intelligenzquotient von 140 ein Zeichen von »Dummheit« sei, während ich ihm entgegenhielt, daß dies sicherlich nicht stimmte. Dennis geriet völlig unvermutet in Rage, packte ein schweres Glas und drohte es mir an den Kopf zu werfen.

Alle waren entsetzt und fürchteten sich, außer Dennis selbst; er stritt jedesmal nach einem solchen Vorfall die Ernsthaftigkeit seiner drohenden Gewalttätigkeit ab.

An einem Wochenende nicht viel später befanden wir uns alle vor dem Haus und schaufelten Schnee. Mit von der Partie war David Rohrer, der junge graduierte Student, der ursprünglich Dennis zu uns gebracht hatte, und der später bei uns mitarbeiten sollte; er besuchte uns gerade. Wie üblich versuchte Dennis uns zu beweisen, wieviel Arbeit er zustande brachte, und er wurde ungehalten, als David, John und ich anfingen zu spielen.

Dennis schrie uns irgendein Schimpfwort zu, weil wir nicht arbeiteten; statt einer Antwort lief ich auf ihn zu und warf ihm einen Schneeball vor die Brust.

Dennis reagierte sofort: mit der schweren Schaufel, die er in seinen Händen hatte, schlug er so heftig nach meinem Kopf, daß es mir schlimm ergangen wäre, wenn er getroffen hätte. John und David sprangen dazwischen, packten ihn und fingen den Schlag auf. Dann standen wir alle eine Weile wie erstarrt. Dennis wirkte immer noch paranoid, und er wehrte sich nicht, als ich ihm die Schaufel aus der Hand nahm.

Der paranoide Ausdruck von Dennis war wie alle paranoiden Äußerungen äußerst furchterregend. Wenn ich versuche, ihn zu beschreiben, fallen mir die Horrorfilme ein, die ich als Kind gesehen habe, in denen wahnsinnig lachende Verrückte Anschläge gegen unschuldige Opfer ausheckten. Der Paranoide blickt ganz offensichtlich verrückt; er bläht seinen Körper wütend auf, seine Augen werden groß und glänzend und sein Gesicht verzerrt sich zu einer sadistischen Grimasse. Oft grinsen Paranoide ausdruckslos, oder sie lachen mit einem schaurigen Vergnügen.

Später ging mir auf, daß das, was in einer paranoiden Episode passiert, ziemlich einfach ist. Der paranoide Patient empfindet ständig Angst und Wut; diese Erfahrung ist so permanent, daß er überhaupt nicht versteht, wie andere Menschen das Leben anders sehen können. Er ist der Meinung, daß die ganze Welt ständig auf dem schmalen Grat zur Gewalttätigkeit balanciert, und er hat die schreckliche Angst, daß sich diese Gewalttätigkeit jeden Augenblick gegen ihn richten kann.

Wenn irgend etwas geschieht, das ihn erschreckt, reagiert er sofort mit Wut und versucht damit das Gefühl der Angst zu überwinden. Er befürchtet nämlich, daß er, sobald er die Erfahrung der Angst zuläßt, unbeweglich oder »wie erstarrt« sein würde und damit die Fähigkeit verlöre, mit dem Problem fertig zu werden. Wut jedoch hat im Gegensatz zur Angst einen völlig anderen physischen Effekt. Der Mensch verspürt einen Zustrom an Energie und einen starken Impuls, heftig und aggressiv zu reagieren. Dies hat zwei ernstzunehmende Probleme zur Folge: das eine besteht darin, daß Wut oft nicht der angemessene Ersatz für Angst ist; das zweite, daß es keine Auswertung der Situation vom Erwachsenen-Ich her gibt, und somit keine Information über die Ernsthaftigkeit der Bedrohung. Deshalb steht auch der Aufwand an Energie (oder Wut) in keinem Verhältnis zur Ursache.

Moe, der in einiger Entfernung von uns gearbeitet hatte, rannte herbei und zitterte vor Schreck.

»Wenn du das noch einmal tust, bringen wir dich in die Klinik!«, schrie er Dennis an. »Du versprichst mir, daß du sie nie wieder bedrohen wirst – oder du verschwindest hier, gleich auf der Stelle!«

Dennis starrte ihn schweigend an, dann marschierte er ins Haus. Moe und ich folgten ihm. Er war in unser Zimmer gegangen und lag auf dem Bett mit dem Gesicht nach unten. Wir versuchten mit ihm zu reden. Zuerst reagierte er trotzig. Er stritt einfach ab, daß er die Schaufel gegen mich geschwungen hatte, und behauptete, er könne sich an die ganze Geschichte überhaupt nicht mehr erinnern. Moe sagte Dennis, daß es für ihn besser sei, sich daran zu erinnern, denn wir hätten jetzt genug von seinem verrückten Verhalten, und wir wären nicht mehr bereit, das Risiko einzugehen, daß er jemand töte.

»Und warum bestraft ihr mich dann nicht?«, schrie Dennis am Ende voller Wut.

Moe nahm seinen Gürtel ab und strafte ihn. Dennis wich nicht zurück. Sein Gesicht war von harten, zornigen Linien durchzogen. Als Moe aufhörte, sagte Dennis: »Ich habe überhaupt nichts gespürt. Es ist wahrscheinlich besser, ihr sperrt mich ein.«

Voll Widerwillen warf Moe den Gürtel auf den Boden. »Wenn du nicht in die Klinik willst, mußt du ernsthaft was tun!«, schrie er und marschierte aus dem Zimmer.

Als Moe das Zimmer verlassen hatte, wurde Dennis plötzlich wieder zum Baby und klammerte sich wimmernd an mich.

»Gib mich bitte nicht auf, Mami«, bettelte er, »bitte tu es nicht!« Er begann mir zu erklären, daß er mir, wenn Moe dabei sei, einfach nicht sagen könne, was er wirklich fühle, denn Moe sei so wütend. Er sprach völlig vernünftig über seine Angst, andere Leute zu verletzen, und über die Tatsache, daß seine eigene Mutter ihn niemals bestraft habe.

»Bestrafe du mich!«, sagte Dennis. »Es wird nur etwas bewirken, wenn du es tust.«

Ich zögerte, einmal weil Moe ihn bereits geschlagen hatte, und zum anderen, weil mir bei dem, was geschah, irgendwie unbehaglich war. Ich konnte aber nicht feststellen, was an dem, was er sagte, falsch war; andererseits war mir klar, daß etwas getan werden mußte.

»Ich finde, es ist eine ernsthafte Angelegenheit«, sagte ich ihm. »Wenn ich dich dafür strafe, daß du versucht hast, mich zu töten, ist das eine viel ernstere Sache, als wenn ich dich einfach verhaue. Ich will dafür sorgen, daß du es wirklich spürst«, versprach ich.

Offensichtlich glaubte er nicht, daß ich es könnte. Ich hob den Gürtel auf und schlug ihn mit aller Kraft.

»Du hast keinen Spaß gemacht!«, schrie er mit erwachsener, vernünftiger Stimme.

Ich schlug ihn noch fünfmal. Er machte sich sehr klein, rollte sich schreiend zusammen, mit den Fingern im Mund. »Bitte, bitte, Mama, ich will gut sein!«

Danach weinte er lange und sehr heftig; er sagte wieder und wieder: »Ich will nie mehr jemanden schlagen. Meine Mami will nicht, daß ich wen verletze.« Er babbelte lange, wie böse er gewesen sei und wie unfähig, mit Rosita und mir zu leben; dann, weniger regrediert, klammerte er sich wieder an mich. »Vielleicht war es nicht genug«, sagte er. »Vielleicht solltest du mich noch mehr bestrafen.«

Ich war der Ansicht, daß er wirklich genug bestraft war. Ich tröstete ihn und erklärte: »Es ist nicht deine Sache, darüber zu entscheiden, wie schwer eine Bestrafung sein muß.« Später erkannte ich zu meinem Ärger, daß Dennis hieraus gelernt hatte, daß dies eine gute Methode für ihn sei, Trost und Aufmerksamkeit von mir zu erhalten; er mußte nur dafür sorgen, daß er in Schwierigkeiten kam, und dann sehr beschämt und zerknirscht erschienen. Obwohl ich damals keinen Hinweis darauf hatte, war mein ihn Trösten einer der Fehler, der die Szene für das passiv-aggressive Spiel vorbereitete, das sich zwischen uns beiden entwickeln sollte.

Beim Abendessen an diesem Tag gab sich Dennis erregt und kindlich. Er spielte mit seinem Essen und flüsterte in sehr befriedigtem Ton: »Sie hat mich bestraft. Sie hat mich bestraft. Meine Mami hat mich wirklich bestraft!« Er wollte Moe nicht anschauen; jedesmal, wenn Moe ihn ansprach, blickte Dennis mich hilfesuchend an, wie er antworten sollte.

Als Rosita nach dem Abendessen mit Dennis das Geschehen am Nachmittag durchsprechen wollte, weigerte er sich entschieden, mit ihr darüber zu reden. Bis dahin hatten sie alles miteinander besprochen, und Rosita war empört darüber, daß er sie ausschloß.

In mancherlei Hinsicht war es ein schlechter Tag, wobei wir einige Zeit brauchten, bis uns aufging, wie groß der angerichtete Schaden in Wirklichkeit war.

Ich hatte an diesem Abend Schwierigkeiten, einzuschlafen. Mit meinem Verstand hatte ich die ganze Zeit über gewußt, daß das schizophrene Kind wahrscheinlich den Wunsch in sich hat, mich zu töten.

Dies war jedoch das erste Mal, daß ich diese Tatsache gefühlsmäßig erfaßte.

V.

Anfang April riefen mich einige College-Studenten an, mit denen ich Gruppentherapie gemacht hatte, um zu fragen, ob ich eine Gruppe mit ihnen machen würde, wenn sie nach Fredericksburg herüberkämen.

Sie kamen an dem vereinbarten Nachmittag zusammen in einem Auto. Mit Ausnahme eines Mädchens kannte ich die Studenten alle. Das Mädchen war klein, schön, etwa achtzehn Jahre alt und hatte lange glatte braune Haare, ein bleiches feingeformtes Gesicht und braune hervorstehende Augen. Ihre Freunde sagten mir, sie heiße Elisabeth; sie ließ mich und die anderen aus der Gruppe unbeachtet, verzog sich in eine Ecke des Zimmers, das ich als Arbeitszimmer benutze, und rollte sich wie ein Ball zusammen mit nach vorne gebeugten Schultern und herunterhängendem Kopf, so daß die Haare ihr Gesicht verhüllten.

Ich weiß nicht, warum ich heute hierherkam. Sie sagten, sie könne mir erklären, wie krank ich sei. Aber ich glaube es nicht. Ich bin jetzt schon so lange krank, und niemand hilft mir. Ich weiß, daß es mir jeden Tag schlechter geht, und ich habe so große Angst. Ich lüge und stehle, ich trinke, und ich verletze Menschen – ich tue all die Dinge, von denen mir die Schwestern sagten, daß ich sie nicht tun soll –, deshalb fühle ich mich sündhaft. Aber keiner hält mich davon ab. Gestern stahl ich eine Menge Bonbons und lief in die Collegehalle und schrie den anderen Mädchen zu: »Auf, wir machen eine Party!« Ich wollte die Bonbons verteilen, aber sie liefen alle davon . . .

Alle haben jetzt Angst vor mir. Die Schule möchte mich rauswerfen, aber meine Eltern wollen mich nicht nach Hause kommen lassen. Sie wissen auch nicht, was sie mit mir anfangen sollen. Niemand weiß es. Ich bin überhaupt nicht mehr ich. Ich weiß nicht, wer ich bin. Entweder fühle ich mich so gut, daß ich glaube, ich werde ohnmächtig. Oder so schlecht, daß ich sicher bin, sterben zu müssen. Aber ganz gleich, wie ich mich auch fühle, ich bin immer gerade dabei zu EXPLODIEREN . . .

Als ich die in die Ecke gekauerte Gestalt ansah, war das einzige, was ich von diesem Kind wußte, daß sie offensichtlich sehr krank, sehr wütend und sehr verschreckt war. Ich mußte irgendeinen Weg finden, sie zu erreichen. Ich stand direkt über ihr, rief sie beim Namen und streckte meine Hand nach ihr aus.

– *Oh, zwing mich nicht, dich anzuschauen! Versuch' nicht, mich zu berühren!*

Plötzlich sah ich ein Aufblitzen, und sie sprang mich an wie eine Dschungelkatze; sie trat mich und schlug mich wie rasend mit ihren harten kleinen Fäusten, bevor ich mich zur Wehr setzen konnte. Die anderen Jugendlichen packten sie, und am Ende schafften wir es gemeinsam, daß sie auf einem Stuhl saß; wir hielten ihre Hände auf dem Rücken fest und die Beine an den Knöcheln.

Sie tobte noch eine ganze Weile weiter, krampfartig zuckend, während wir sie festzuhalten versuchten. Sie knirschte mit den Zähnen und kämpfte mit unglaublicher Kraft, wenn man bedenkt, wie schmächtig sie war. Dann endlich gingen ihre wütenden Schreie über in ein mitleiderregendes Weinen, ihr Körper wurde locker; wir konnten sie loslassen und nach unseren Wunden sehen.

Wir alle hatten Kratzer oder Beulen. Ich hatte an mehreren Stellen, wohin sie mich getreten hatte, arge geschwollene Prellungen. Ich hatte schon zuvor Patienten außer Kontrolle erlebt. Aber mir war noch nie etwas so völlig Unerwartetes passiert.

Als Elisabeth sich beruhigt hatte und wir mit ihr sprechen konnten, schien sie über das, was wir ihr sagten, bestürzt und völlig unfähig zu begreifen, was geschehen war. Sie konnte sich erinnern, daß sie erregt war und Angst hatte, als ich mich ihr näherte; sie reagierte jedoch ärgerlich und beharrte darauf, sie habe nur Angst gehabt.

Es handelte sich bei ihr offensichtlich, wie es von ihren jungen Freunden, die sie zu mir gebracht hatten, festgestellt worden war, um einen ernstlich dringenden Fall. Bevor ich noch mit ihnen gesprochen hatte, hatte ich mich über ihre Eltern geärgert, die zuließen, daß dieses Mädchen ohne Überwachung herumlaufen konnte.

Ich rief sie sofort an und schilderte ihnen, was geschehen war. Ich erklärte ihnen, daß Elisabeth dringend stationärer Behandlung bedürfe. Sie äußerten mir gegenüber ihre tiefe Sorge, gaben mir jedoch keinerlei Beweis dafür, daß sie ernsthaft und verantwortungsvoll über die Lösung des Problems nachdenken wollten. »Wir hatten so sehr gehofft, daß sich das Problem lösen ließe –«, sagte ihre Mutter vage. Sie war jedoch damit einverstanden, daß wir Elisabeth bei uns aufnahmen.

Als ich Elisabeth dann sagte, wir wollten, daß sie bei uns bliebe, stellte sie keine Fragen. Sie nahm es aber mit Vergnügen auf, wie ein kleines Mädchen, das zu Besuch eingeladen wird.

Oh, ich bin so glücklich, daß sie mich hier bleiben läßt. Ich mag es hier. Ich fühle mich hier so sicher und ruhig. Ich habe sie verletzt, sie hat aber keine Angst vor mir. Sie zeigt mir Liebe. Wenn ich hier bleiben kann, habe ich vielleicht nicht mehr die ganze Zeit solche Angst ...

Mit Hilfe ihrer Freunde, der Kollegen am College, an dem sie eingeschrieben war, und ihrer Eltern (die am wenigsten von allen zu wissen schienen) fügte ich mir die Bruchstücke ihrer Geschichte zusammen. Sie war das zweite von vier Kindern einer Familie der Mittelschicht. Anscheinend war sie schon seit einer Reihe von Jahren krank. Sie hatte eine lange Geschichte hinter sich voller Scherereien: Lügen, Stehlen, Trinken, Drogen und sexuelle Perversion. Sie hatte mehrere Selbstmordversuche unternommen. Während der ganzen Zeit hatten jedoch ihre Eltern einfach angenommen, daß sie irgendwann einmal aus diesen schweren Störungen herauswachsen würde. Sie war niemals hospitalisiert gewesen; allerdings war sie einige Male privat behandelt worden. Als der erste Therapeut, den sie aufsuchte, verlangte, daß die Familie mit in die Behandlung einbezogen würde, war Elisabeths Mutter nicht bereit, mitzumachen; die Therapie wurde aufgegeben. Als Fünfzehnjährige verließ sie ihr Elternhaus und trat in ein Kloster ein, um Nonne zu werden; die Schwestern hatten jedoch nicht den Eindruck, daß sie sich auf das religiöse Leben einstellen könnte; so kehrte sie kurz darauf nach Hause zurück. Auf die Empfehlung eines zweiten Therapeuten hin verließ sie wieder ihr Zuhause und ging aufs College.

Zum Zeitpunkt, als ich sie kennenlernte, lebte sie im Wohnheim des College, besuchte aber keine Vorlesungen. Fast den ganzen Tag über blieb sie in ihrem Zimmer und schlief.

Ungefähr zweimal wöchentlich, wenn sie sich erregt fühlte, verfiel Elisabeth in Schreien. Sie hatte einmal gehört, wie ihre Mutter sagte: »Ich rege mich so auf, daß ich schreien könnte«, und aufgrund dieser elterlichen Botschaft brach sie periodisch in heftiges, krampfartiges Gekreische aus. Im allgemeinen telefonierte dann jemand im College nach einem Krankenwagen, und sie wurde in eine Notaufnahmestation gebracht; dort beruhigte man sie durch Medikamente und entließ sie dann zu ihren Eltern, die sie wiederum in das Wohnheim des College zurückbrachten. Die Leitung des College sagte mir, daß sie ihre Eltern gebeten hätten, sie doch von der Schule zu nehmen, da sie offensichtlich zu krank sei, um auf sich allein gestellt leben zu können. Aber die Eltern hatten auf diese Aufforderung einfach nicht reagiert. Das College war dabei, die Einleitung rechtlicher Schritte zu erwägen.

Dennis war ernsthaft krank gewesen, als wir ihn aufnahmen. Elisabeth war noch kränker. Sie hatte überhaupt kein funktionierendes Verhalten. Es schien mir unglaublich, daß keiner von ihren Eltern der Tatsache ins Gesicht gesehen hatte, wie tragisch krank sie war.

Wenn meine Eltern mich zu einem Arzt bringen, sage ich kein Wort. Ich beobachte einfach, wie meine Mutter dem Arzt Lügen erzählt und mein Vater seinen Kopf schüttelt. Einmal schrie ich in einem fort, und mein Vater lag auf dem Bett in meinem Zimmer und beobachtete mich. Als ich aufhörte zu schreien und mich auf ihn warf, um getröstet zu werden, machte er keinerlei Bewegung, um mich zu berühren. Er zog sich zurück und sagte: »Was du brauchst, ist eine schöne Arbeit im Sommer!«

Elisabeth war eine ziemlich typische Hebephrene. Hebephrenie ist die schizophrene Störung mit der schlechtesten Prognose. Im Jargon vieler Kliniken gilt sie als Todesurteil, da Hebephrene gewöhnlich in geschlossenen Abteilungen untergebracht und vergessen werden.

Gemeinhin wird die Krankheit erst ziemlich spät erkannt, da die Betroffenen nicht wie andere Schizophrene aussehen oder handeln. Sie erscheinen als kindlich-naiv und sind oft wirklich anziehend. In den frühen Stadien sind sie anpassungsfähig und wirken nett, lieb und fügsam. Während dieser Phase sind sie nicht für Depressionen anfällig und schließen sich auch nicht in sich ab. Gelegentlich erscheinen sie albern und benommen und haben eine Neigung zu seltsamen Wortspielen in Form von Reimereien oder Wortverstümmelungen. Im Fortschreiten ihrer Krankheit werden sie jedoch zu einer doppelbödigen Persönlichkeit. Ihr angenehmes und gutes Benehmen schlägt um in heftige, gewalttätige Handlungen (die wie Anfälle aussehen können) oder Perioden von Benommenheit, in denen sie unangenehme Dinge tun, woran sie später keinerlei Erinnerung mehr haben.

Hebephrene können willentlich ihre Stimmung verändern, so daß sie ständig »in Rage« sind. Sie kichern, sie zittern. Sie können wie mit einer unerschöpflichen Energie aufgeladen wirken – oder völlig indifferent. Zeigt sich ein Hebephrener benommen, kann man annehmen, daß er auf der Kippe zu einer psychotischen Episode steht. Jedoch kann ein Hebephrener auch direkt und ohne Warnung in eine Episode eintreten, da die Wut ständig vorhanden und auslösungsbereit ist. Aus diesem Grund stellen sie für sich selbst und für andere eine ständige Gefahr dar. Da sie im wesentlichen als unheilbar betrachtet werden und eine Bedrohung für die Gesellschaft oder für ihre eigene Sicherheit sind, werden sie normalerweise, sobald man die Krankheit festgestellt hat, in geschlossenen Stationen untergebracht. Soweit ich weiß, hatte bis zu dem Zeitpunkt, als wir Elisabeth in unser Haus aufnahmen, noch niemand einen Hebephrenen geheilt.

Trotz der Warnungen unserer Kollegen waren Moe und ich uns völlig darin einig, daß wir Elisabeth aufnehmen sollten. Wir hatten damals ein wachsendes Zutrauen zu unserer Fähigkeit gewonnen, mit den Kindern umzugehen. Dennis, Rosita und John kamen gut voran. Und keiner von uns mochte die Möglichkeit ins Auge fassen, daß dieses ansprechende Kind hoffnungslos krank sei. Es war ein Glück für uns, daß die anderen Kinder alle Elisabeth liebten und ihre Kindlichkeit und Naivität anziehend fanden; gerne übernahmen sie ein Stück Verantwortung, um uns in der Sorge um sie beizustehen.

Dennis machte weiter Fortschritte in seiner Regression und erreichte die Periode des Zehn- bis Zwölfjährigen, in der die Vater-Sohn-Beziehung sehr bedeutsam ist. Beide, er und Moe, bemühten sich, ihre Schwierigkeiten zu bearbeiten und mehr miteinander in Beziehung zu kommen. Moe benutzte den Vorteil dieser neuen Intimität, um eine aktivere Rolle im Umgang mit ihm wahrzunehmen. Eines der ersten Probleme, das er in Angriff nahm, war der Bart. Moe, der damals selbst auch einen Bart trug, erklärte Dennis, daß Männer Bärte tragen dürften, daß er, Dennis, in seinem regredierten Alter jedoch immer noch ein Kind sei, und daß wir uns dadurch unbehaglich fühlten, weil seine äußere Erscheinung überhaupt nicht mit seinem regredierten Alter übereinstimmte. Bei früheren Versuchen, ihn zum Abnehmen seines Bartes zu bewegen, war er hysterisch geworden. Diesmal jedoch erklärte sich Dennis bereit, ihn seinem Vater zuliebe zu opfern.

An dem Tag, an dem er schließlich seinen Bart abnahm, waren wir alle nach Charlottesville zu einer Party eingeladen. Als Moe, Rosita und ich in Dennis' Zimmer kamen, um ihn abzuholen, war er über den Verlust seines Bartes derart aufgebracht, daß wir uns entschlossen, Rosita allein vorauszuschicken, während wir beide bei Dennis blieben.

Ich war überrascht, wie gut Dennis glattrasiert aussah. Er hatte mir mehrmals erklärt, daß er seinen Bart nicht abnehmen wolle, weil sein Kinn häßlich sei.

»Du hast ein gutgeformtes Kinn, Dennis«, bemerkte ich, als Moe einen Augenblick das Zimmer verlassen hatte. »Es ist stark und gut ausgebildet. Du hast überhaupt keinen Grund, dich darüber zu beunruhigen, daß andere Menschen dein Kinn sehen können.«

Dennis blickte überrascht auf und sagte dann: »Magst du mein Kinn streicheln?«

Ich streckte meine Hand aus und streichelte seine Wange und sein Kinn. Als ich ihn berührte, begann er zu zittern. »Was ist nicht in Ordnung?«, fragte ich ihn.

»Mir hat das gefallen!«, wisperte Dennis – der Ton seiner Stimme war kleinlaut. »Es hat mich erregt. Ich mußte dich darum bitten, weil ich wußte, daß es mir gut tut.« Er schaute mich schuldbewußt an.

In diesem Moment kam Moe wieder herein, und ich sagte zu ihm: »Dennis bat mich gerade, sein Kinn zu streicheln – und jetzt bekümmert es ihn, daß er verführerisch war . . .«

Moe brach in Lachen aus.

Dennis blickte erleichtert drein. Noch unsicher tastete er nach seinem glatten Kinn. »Ihr meint, es geht, daß ich mich vor anderen Leuten so sehen lasse –?«

»Du siehst sehr hübsch aus, Dennis«, sagte ich zu ihm. »Es ist eine Freude, dein Gesicht anzuschauen. Die anderen werden ebenfalls erfreut sein, dich so zu sehen.«

Er wandte sich mir zu. »Aber sie sehen dann auch, was ich *fühle* . . .«

»Aber du brauchst doch nicht zu verbergen, was du fühlst, Dennis«, sagte Moe zu ihm. »Du brauchst nichts zu verbergen. Es ist für die Leute ganz in Ordnung, daß sie dein Gesicht zu sehen bekommen.«

»Die Leute, die dich schon kennen, werden gern sehen, wie du in Wirklichkeit aussiehst«, sagte ich zu Dennis. »Und denjenigen, die dich noch nicht kennen, wird schon gefallen, was sie zu sehen bekommen. Du siehst gut aus, Dennis.«

Etwa nach einer Stunde schien Dennis soweit an Sicherheit gewonnen zu haben, daß er bereit war, mit uns zur Party zu gehen. Es war für ihn wie ein erster Auftritt.

In dieser Zeit begann Dennis auch ein erstes Interesse an Mädchen zu entwickeln, und seine Beziehung zu Rosita gewann eine neue Perspektive. Wir fühlten uns nicht sehr wohl bei dieser langsam sich entwickelnden Romanze, aber wir waren uns auch nicht sehr sicher, wie wir mit diesem Problem umgehen sollten oder ob wir überhaupt ein Recht hatten, Stellung dazu zu nehmen. Beide Jugendlichen waren in sexueller Hinsicht so verwirrt und schüchtern, daß wir befürchteten, alles, was wir dazu sagen würden, könnte von ihnen als eine »Sex ist nicht o. k.«-Botschaft verstanden werden.

Später kamen wir zu der Erkenntnis, daß kranke Kinder im Prozeß ihrer Gesundung nicht so leicht in einem Trieb entmutigt werden können, der so normal und gesund ist wie der sexuelle, und unsere Zurückhaltung, klare Richtlinien für diesen überaus wichtigen Bereich zu geben, war ein großer Fehler.

In dem Maße, wie Dennis in seinem regredierten Zustand heranwuchs, wurden Moe und ich immer mehr der Tiefe und Bedeutung der Gefühle gewahr, die wir alle füreinander empfanden, und wir begannen zu erkennen, daß die Beziehung zu uns mehr an Dauer gewann, als wir zuerst gedacht hatten. Dennis hatte mich in kindlichen Augenblicken öfters »Mommy« genannt, aber von jetzt an nannte er uns nur noch »Mama« und »Papa«.

Eines Abends, als ich ihn zu Bett brachte, fragte er mich, ob wir adoptieren würden. Ich war von dieser Frage völlig überrascht und sagte, ich würde mit Moe darüber sprechen. Nachdem wir lange darüber diskutiert hatten, sagten wir Dennis, daß wir ihn gern adoptieren würden, wenn er nach seiner Genesung und der Entlassung aus der Behandlung dies immer noch wünsche. Von da an nannte er uns stets Mama und Papa, genauso wie Rickey und Tom dies taten.

Als Dennis ans Ende seiner regressiven Phase kam, regten wir ihn an, darüber nachzudenken, welche Beziehung er in Zukunft zu seinen ursprünglichen Eltern haben wolle. In der Zeit, als Dennis bei mir in ambulanter Therapie war, hatte er eine Reise an die Westküste gemacht, um seine Familie zu besuchen. Nachdem er in unser Haus gekommen war, hatte ich mehrere Male mit seiner Mutter telefoniert, um sie über sein Ergehen zu informieren und zu versuchen, von ihr Informationen über Dennis zu bekommen, obwohl sie nicht in der Lage war, sehr viel beizusteuern.

Dennis kam zu dem Schluß, daß er sich nicht in der Lage sähe, allein nach Californien zu reisen. Er bat deshalb seine Eltern, nach Virginia zu kommen, um ihn zu besuchen.

Die Beziehung zwischen Dennis und seinem Vater schien besonders kompliziert. Ich wußte, daß Dennis kaum ein Gefühl für seine Mutter hatte, und daß er im Gegensatz dazu seinen Vater als den Mann, der ihn erfolglos aufgezogen hatte, zugleich liebte und haßte. Er empfand auch, daß dieser sehr viel zu seiner Krankheit beigetragen hatte. Die Angelegenheit wurde noch weiter kompliziert durch die Trunksucht seines Vaters; das Trinken hatte nämlich zur Folge, daß man nicht damit rechnen konnte, daß er sich irgendwann vernünftig verhalten würde. Eine seiner Eigentümlichkeiten, so hatte mir Dennis gesagt, war eine Konfusion zwischen Männlichkeit und Verstümmelung; er hatte eine Reihe von Unfällen gehabt und hatte hierdurch ein Holzbein (einige Unfälle empfand Dennis als bewußt herbeigeführt oder durch seine Neigung zu Unfällen verursacht).

An dem Nachmittag, als die Eltern in Fredericksburg ankommen sollten, waren wir alle im Wohnzimmer versammelt und warteten. An der Haustür schellte es; ich fragte Dennis, ob er seine Eltern zuerst allein begrüßen wolle; er sagte jedoch »nein«. Er zog mich in die Diele, dann drückte er sich verlegen hinter mich, und ich öffnete die Tür.

Ich hielt vor Überraschung den Atem an. Dennis ist mehr als 1,80 groß; der gewaltige, zottige, blondbärtige Mann, der unsere Haustür ausfüllte, war jedoch ein Riese. Er stapfte an mir vorbei ins Haus, ohne sich um gesellschaftliche Formen zu scheren, packte mit seinen mächtigen Händen die Schultern seines Sohnes und starrte ihn forschend an.

»Wie geht es dir, mein Junge?«, fragte er mit einem mißtrauischen Seitenblick zu mir. Seine Augen hatten, wie die von Dennis während einer Episode, den strahlenden, animalischen Glanz des Paranoiden.

Ich wandte mich zurück zur Haustür, um die Mutter von Dennis und seine zehn Jahre alte Schwester zu begrüßen. Beide hatte der riesige, aggressive Mann einfach achtlos stehen gelassen, als er die Initiative übernahm, sich selbst einzuführen, um dann mit Dennis im Schlepptau ins Wohnzimmer zu stürmen.

Die Mutter von Dennis war eine plumpe, eher alltäglich aussehende Matrone in den Vierzigern, mit kühlen, undurchsichtigen braunen Augen und mit einer ruhigen, gelassenen Art. Es war deutlich, daß sie sich über den Mangel an gesellschaftlichem Benehmen ihres Mannes nicht aufregte.

Im Wohnzimmer schaute sich Dennis' Vater musternd um. Er wählte sich dann mit Bedacht einen Platz an der Wand in einer Ecke, von wo aus er alles, was geschah, völlig überblicken konnte. Er fing an zu reden; ein lauter, polternder Strom von Worten kam aus seinem Mund, kaum auf eine Antwort wartend; gleichzeitig war er die ganze Zeit dabei, uns alle mit verborgenem Argwohn abzuschätzen. Ich sah, wie seine Augen voll Verwirrung über die saubere Gestalt und das glattrasierte Gesicht von Dennis wanderten. Als er mich anschaute, war mir klar, daß er sich bedroht fühlte, und er fing bald an, sich mit »diese Frau da« an mich zu wenden.

Die anderen Kinder beobachteten ihn mit Unbehagen. Dennis, der solange stehengeblieben war, bis seine Mutter, seine Schwester und ich uns hingesetzt hatten, wählte sich jetzt einen Stuhl zwischen Moe und mir.

Ich leitete zu einem ernsthaften Gespräch über. »Dennis hat eine Menge mit Ihnen zu besprechen«, erklärte ich seinen Eltern. »Es hat sich viel verändert, seit Sie ihn das letzte Mal gesehen haben.«

Es war schwierig für Dennis, anzufangen. Dann versuchte er, unterstützt von Moe und mir, seinen Eltern von seiner Krankheit, seinen Ängsten, seiner Einsamkeit und ihrem Anteil an seinem pathologischen Zustand zu berichten. Dann sagte er: »Ich glaube, das Wichtigste, worüber ich mit euch zu sprechen habe, ist die Art der Beziehung, die mir jetzt mit euch möglich ist.«

»Ganz, wie du es wünschst, mein Sohn«, sagte sein Vater.

Dennis fuhr unsicher fort und erklärte, daß er kaum Gefühle für seine Mutter aufbrächte. Er erinnere sich ihrer kaum. Aber er sagte ihr, daß er ihre Kooperation mit mir sehr schätze, da sie mir Informationen gegeben habe, die ihm geholfen hätten, gesund zu werden.

»Meine Gefühle dir gegenüber«, wandte er sich an seinen Vater, »sind um vieles wichtiger für mich.« Er versuchte seinem Vater beizubringen, daß ihre gegenseitige Beziehung zu seinem Krankwerden beigetragen hatte, und daß er deshalb jetzt, um gesund zu werden, einen neuen Vater brauche. Andererseits würde er jedoch auch gerne weiterhin Kontakt mit seinem ursprünglichen Vater haben, dieser müßte allerdings von anderer Art sein, als sie ihn vorher gehabt hatten.

»So, wie es für dich am besten ist, Sohn«, sagte der große Mann. »Ich habe dich immer geliebt. Und du wirst immer mein Sohn bleiben.«

Dennis, dem jetzt die Tränen kamen, stand spontan auf, ging durch das Zimmer zu seinem Vater, und beide umarmten sich.

Der erste Teil des Besuches endete so in diesem überraschend freundschaftlichen Ton; die Familie von Dennis ging zurück zu ihrem Hotel und wollte am Abend wiederkommen.

Einige Stunden später, kurz bevor sie wieder bei uns sein sollten, kam für Dennis ein Telefonanruf von seinem Vater. Ich ahnte Verdruß und ging mit ihm und hörte zu, während er den Anruf annahm.

Ich hatte keine Schwierigkeiten, Dennis' Vater zu verstehen. Er hatte getrunken und schrie – normalerweise schon mit einer lauten Stimme redend – jetzt in lautester Tonart. Er verlangte, daß Dennis allein zu ihm käme. Dennis blieb unerbittlich und erklärte, daß er dies nicht tun würde, sondern daß er, wie geplant, wieder in unser Haus kommen sollte.

Sie brüllten sich gegenseitig an; das Gebrüll gipfelte darin, daß Dennis seinen Vater anschrie: »Du bist jetzt dreitausend Meilen gereist, um mich zu sehen, dann kannst du wohl, verdammt noch mal, auch noch die paar beschissenen Meilen hierher kommen! Ich lasse mich nicht von dir tyrannisieren!«

»Was hast du gesagt?«, donnerte der Vater durchs Telefon. »Du hast mich einen Schwanzlutscher genannt!«

»Das habe ich nicht!«, protestierte Dennis.

»Warum hast du mich so beschimpft? Das ist, verdammt, keine Art für einen Sohn, so mit seinem Vater zu sprechen!«

»Ich habe dich nie so genannt!«, schrie Dennis zurück. »Ich habe dieses Wort noch nie in meinem Leben benutzt!«

Dennis hatte mir erzählt, daß sein Vater Dinge, die er sich einbildet, als Trick benutze, um Streit anzufangen. In der Vergangenheit hatte Dennis immer nachgegeben. Jetzt aber setzte er sich zur Wehr und widersprach der Anschuldigung. Dennis hatte gelernt, das Spiel seines Vaters nicht mitzuspielen.

Ich nahm Dennis den Telefonhörer ab und versuchte den brüllenden, wütenden Mann zu beruhigen. Nach einem kurzen erfolglosen Wortwechsel legte ich auf.

An diesem Abend kamen die Mutter und die Schwester von Dennis allein zu uns. Ich hatte mit Ungeduld auf das Gespräch über die Säuglingszeit von Dennis und sein Heranwachsen gewartet. Mich brachte aus der Fassung, wie wenig seine Mutter wußte. Auf die meisten meiner Fragen, wie zum Beispiel, wann sie mit der Reinlichkeitserziehung begonnen hatte oder ob er Darmkatarrh gehabt hätte usw., sagte sie: »Ich weiß wirklich nichts darüber. Da müssen Sie seinen Vater fragen.« Dann erklärte sie mir, daß sie seinerzeit, als sie ins Krankenhaus ging, um ihr nächstes Kind zu bekommen, ganz plötzlich das Haus verlassen mußte, und daß Dennis, der bei Nachbarn geblieben war, sich geängstet habe. Als sie dann nach Hause zurückkam, habe er sich wütend und ablehnend verhalten; so war es leicht für sie gewesen, ihn der Obhut seines Vaters zu überlassen, während sie ihre ganze Aufmerksamkeit dem neuen kleinen Mädchen widmete. Sie schien vom Verhalten ihres Sohnes oder seiner Entwicklung wenig oder gar nichts in Erinnerung zu haben.

Andererseits war sie nicht bereit, ihn aufzugeben. Betrübt erzählte sie mir, sie habe gehofft, als sie die Reise nach Virginia unternahmen, daß wir einverstanden wären, ihn »zurückzugeben«.

»Ich brauche sie zu sehr«, erklärte Dennis seiner Mutter. »Ich liebe sie mehr als irgend jemand andern. Ich möchte gern, daß sie mich adoptieren.«

»Dich adoptieren?« Seine Mutter wandte sich zu ihrer Tochter, die während des ganzen Gesprächs stumm danebengesessen hatte. »Wie würde dir das gefallen?«

Das kleine Mädchen rutschte unruhig hin und her und murmelte dann: »Nicht sehr, ich glaube nicht . . .«

Während wir zusammen im Fernsehraum saßen, kamen noch einige Telefonanrufe von Dennis' Vater. Er verlangte jedesmal mit Dennis zu reden. Wenn die Kinder, die die Anrufe entgegennahmen, sich weigerten, uns zu stören und Dennis ans Telefon zu rufen, verfiel er in Drohungen.

»Wenn ihr meinen Sohn nicht ans Telefon holt«, brüllte er schließlich John an, der den letzten Anruf entgegengenommen hatte, »komme ich gleich herüber und fege das ganze beschissene Haus von dem beschissenen Hügel herunter!«

Nach ein paar Minuten kam er an und stapfte in das Haus, ohne auch nur ans Anklopfen zu denken. Wir saßen immer noch miteinander in dem kleinen Fernsehraum, den er bei seinem vorigen Besuch nicht kennengelernt hatte, deshalb fand er uns nicht. Er unternahme einen Rundgang durch das Wohnzimmer, das Eßzimmer und die Küche, ohne irgendwen von seiner Familie anzutreffen; dann machte er, offensichtlich durch die ganze Angelegenheit irritiert, eine Pause. Diesen Moment machte sich Moe zunutze; er lotste ihn aus dem Haus auf den Parkplatz und versuchte, ihn zur Vernunft zu bringen.

Einige Augenblicke später rief mich einer der Parkwächter an, die den nahegelegenen Battlefield-Park beaufsichtigen und die oft zu uns für einen kurzen Besuch und eine Tasse Kaffee hereinkommen.

»He, Jacqui«, sagte er, »wir kamen gerade bei eurem Haus vorbei und sahen Moe mit einem Kerl im Hof, der sich ausgesprochen verrückt benimmt. Wir fragten uns, ob ihr Hilfe braucht.«

»Wir haben einige Schwierigkeiten«, gab ich zu.

»Es gehört zwar nicht zu unserem Zuständigkeitsbereich«, sagte der Parkaufseher, »aber ich helfe gerne und sorge dafür, daß die Stadtpolizei vorbeikommt.«

»Bitte veranlassen Sie nichts, bevor ich mich mit Moe verständigt habe«, sagte ich ihm. »Ich sage Ihnen Bescheid, wenn wir Hilfe brauchen.«

Ich zögerte, die Spannung noch dadurch zu steigern, daß ich Verstärkung schickte; dann kam ich jedoch zu dem Schluß, daß etwas getan werden müßte, und schickte einen der großen Jungen nach draußen.

Bald kamen alle drei ins Haus zurück, angeführt von dem tobenden Mann, der immer noch darauf bestand, daß er seinen Sohn sehen wolle. Sie kamen zu uns in den Fernsehraum.

Dennis versuchte, mit seinem Vater zu reden. Er entschuldigte sich, daß er ihm gegenüber ausfällig geworden war. Sein Vater ging jedoch nicht im geringsten auf seine Bemühungen ein, Frieden zu schließen, und beharrte – betrunken wie er war – auf der Beschuldigung, daß Dennis ihn mit beleidigenden Ausdrücken beschimpft habe.

»Und ich hatte geglaubt, daß alles gut ging«, sagte am Ende Dennis traurig im Gedanken an den vorherigen Besuch.

»Gut? Ich kam mir vor wie in der Hölle!«, schnaubte sein Vater. »Du hast mich auf diesen Stuhl da gepackt und zugelassen, daß diese Leute da mir den dritten Grad verpaßt haben; sie haben meine Augen mit grellem Licht geblendet und mir Lügen erzählt . . .«

Moe versuchte mit wechselndem Erfolg, unseren unbändigen Gast zu beruhigen; es schien uns, daß der Vater von Dennis irgendwie für Moe etwas übrig hatte, während er mir gegenüber offensichtlich feindselige Gefühle hatte. Während der Versuche von Moe, ihn zu besänftigen, wandte er sich zwischendurch an Dennis und sagte: »Er ist in Ordnung, ja, das ist er. Aber er ist in den Fängen dieser verdammten, beschissenen Jüdin!«

»Sagen Sie so etwas nochmal, und ich schmeiße Sie raus!«, drohte Moe. Jetzt war auch er wütend, und es sah so aus, als ob es zu Gewalttätigkeiten käme. Ich bereute schon, daß ich das Angebot des Parktwächters, Hilfe zu schicken, abgelehnt hatte.

Dem Vater von Dennis lag jedoch überhaupt nichts daran, mit Moe zu kämpfen. Er war hinter seinem Sohn her. Plötzlich kehrte er sich zu Dennis um, hielt ihm seine Riesenfäuste drohend unter die Nase und sagte: »Du hast mich beschimpft. Laß es uns jetzt austragen!«

Offensichtlich war Dennis nicht bereit zurückzuweichen. Ich sprang zwischen sie und blockte den Angriff ab, indem ich meine Arme um Dennis' Hals schlang. Zur gleichen Zeit packte Moe seinen Vater.

Nachdem wir so den Kampf verhindert hatten, schafften wir es, die Eltern von Dennis und seine Schwester aus dem Haus und auf ihren Weg zu bringen; mit dieser chaotischen Szene endete der Besuch.

Heute wären wir nicht mehr bereit, uns oder eines der Kinder in eine solche verheerende Begegnung hineinmanövrieren zu lassen. Bevor ein Kind zu uns kommt, sorgen wir dafür, daß die Eltern wissen: sobald es gesundet, hat seine Loyalität uns gegenüber den Vorrang gegenüber den Beziehungen zu seiner früheren Familie.

So grotesk dieses Elternpaar uns auch erschien – Moe und ich mußten einsehen, daß sie tatsächlich keine atypischen Eltern von schizophrenen Kindern waren. In der Regel fanden wir eine ernsthafte Störung in der Beziehung der Mutter zu ihrem Kind vor: Indifferenz oder Ablehnung. Wir fanden auch sehr häufig, daß einer von den Eltern oder beide selbst ernsthaft gestört waren. In 50% der Familien war einer der Elternteile in einer psychiatrischen Klinik gewesen.

Am Anfang, als wir zunächst Dennis und dann Rosita und John aufnahmen, hatten wir noch keine Vorstellung von der Stärke und Dauerhaftigkeit der Bindung, auf die wir uns mit den Kindern einließen. Ich hatte mich oft gegen den Tag gewehrt, an dem sie uns verlassen würden, um wieder zu ihren ursprünglichen Familien zurückzukehren.

Heute jedoch wurde mir zum erstenmal bewußt, daß es diesen Tag, wenn die Kinder gesund werden und gesund bleiben sollten, nie geben dürfe.

VI.

Einer der Gründe dafür, daß die Familie von Elisabeth die Ernsthaftigkeit ihrer Krankheit nicht erkannte, war ihr Verhalten zu Hause. Meistens hatte sie ihren Eltern nur eine Seite ihrer äußerst komplexen Persönlichkeit gezeigt. Elisabeth konnte ausgesprochen »lieb und nett« sein, so daß ihr Verhalten zu diesen Zeiten für jeden mit etwas klinischer Erfahrung eine Karikatur kindlicher Verführungskunst war. Einem Unerfahrenen mochte ein derartiges Verhalten allerdings gefallen. Elisabeths Mutter sagte unentwegt bei jedem Gespräch mit mir an irgendeiner Stelle: »Oh, aber Elisabeth kann das unmöglich getan haben! Sie ist doch ein so gutes Kind!«

Elisabeth hatte eben die Angewohnheit ihrer Eltern, die Realität zu verleugnen, im Übermaß angenommen. Wenn sie auf der Kippe zu einer gewalttätigen Episode stand, deren Herannahen wir an der Art, wie sie zitterte und kicherte, erkennen konnten, pflegte ich zu ihr zu sagen: »Elisabeth, ist etwas nicht in Ordnung?«, worauf sie gewöhnlich antwortete: »Nichts. Überhaupt nichts. Absolut nichts. Ich fühle mich vollkommen wohl!« Und dann ging es gewöhnlich los mit einem krampfartigen Wutausbruch.

Wenn Elisabeth eine Episode ausagierte, sah es anders aus, als wenn Dennis dies tat oder Rosita oder irgendein anderer, den ich schon beobachtet hatte. Bei ihr hatte man tatsächlich den Eindruck eines Krampfanfalls mit Schaum vor dem Mund und offensichtlich unwillkürlichen Muskelverzerrungen. Wenn die Episode vorüber war, hatte sie keine Erinnerung an das, was sie während der Zeit getan hatte, obwohl sie über das, was anfänglich den Wutanfall ausgelöst hatte, sprechen konnte. Es war klar erkennbar, daß sie sich selbst oder einen anderen während einer solchen Episode töten könnte, ohne sich dessen, was sie tat, bewußt zu sein.

Elisabeth war nicht im üblichen Sinn regrediert. Als sie zu uns kam, entsprach ihr Verhalten praktisch in keiner Weise ihrer Persönlichkeit. Sie war andererseits aber auch nicht in den Kindheitszustand eines Babys regrediert wie Dennis. Außer daß sie völlig verrückt war, war schwer zu erkennen, wo sie wirklich war. Sie war ständig von Wahnideen und Phantasien besetzt und oft völlig ohne jeden Kontakt mit der Wirklichkeit. Außer daß sie sehr selbstmordgefährdet war, hatte sie des öfteren plötzlich die Idee, sie könne fliegen oder durch Glas hindurchgehen.

Sie trug ständig einen großen glatten Stein in der Hand und erklärte uns, daß es ihr »Haltestein« sei; sie weigerte sich, ihn aus der Hand zu legen.

Eines Tages fand ich sie zu einem merkwürdigen Halbrund zusammengekauert, ihren Kopf zwischen die Knie gezwängt. »Was, in aller Welt, tust du denn jetzt?«, fragte ich sie. »Ich verwandle mich in einen Stein«, erklärte sie mir, ohne sich im geringsten zu bewegen.

»Warum?«

»Steine fühlen nichts!«

»Aber du bist doch kein Stein«, sagte ich zu ihr. »Du bist ein Mädchen, und du mußt Gefühle haben!«

Nur zögernd rollte sie sich auseinander und schaute mich an; ihre großen Augen schwammen in Tränen. »Ich kann aber auch ein Stein sein!«, machte sie geltend.

»Elisabeth«, sagte ich, »Steine sind leblose Dinge. Sie haben keinerlei Gefühle. Leblose Dinge können nicht fühlen.«

»Das ist richtig«, stimmte sie mir freudig zu. »Deshalb möchte ich ja ein Stein sein!«

»Du bist aber kein lebloses Ding«, sagte ich zu ihr. »Du bist ein Mädchen, und du kannst es einfach nicht vermeiden, Gefühle zu haben! Mädchen haben immer Gefühle!«

»Bin ich das?«, sagte sie betrübt. »Tun sie das?« Wie üblich konnte sie es nicht lange durchhalten, bei einem Thema zu bleiben.

Ein Stein zu sein – oder zu werden –, das war eine ihrer beständigsten Wahnideen. Als wir sie zur Überprüfung zu Dr. Reed in die Klinik brachten, war sie nicht bereit, das Haus zu verlassen, ehe wir ihr nicht erlaubten, ihren Stein mitzunehmen. Sie hielt ihn während der ganzen Untersuchung fest in der Hand.

Ihre Überanpassung war ein anderes Problem; denn Elisabeth war unausweichlich bereit, sich allem, was jemand sagte oder tat, zu fügen. Sie war der perfekte Dummkopf, der das krankhafte Verhalten der anderen Jugendlichen noch verstärkte. Wir hatten zu dieser Zeit vorübergehend noch ein Mädchen aus dem Ort, Susan, bei uns. Diese litt an der so vielen Schizophrenen gemeinsamen Fehlwahrnehmung, daß sich zwischen ihnen und der übrigen Welt ein durchsichtiges Hindernis befände (das Glaswand-Syndrom). Susan nannte dies ihren »Plastikbeutel«; wenn sie wütend wurde oder in Angst geriet, zog sie sich in diese imaginäre Struktur zurück und weigerte sich, zu irgendeinem von uns in Beziehung zu treten. Eines Tages, als Susan erregt war, verkündete sie: »Ich nehme jetzt meinen Teddybär und gehe in meinen Plastikbeutel und komme niemals wieder heraus.«

Elisabeth griff diesen Vorschlag sofort auf. »Oh, das ist eine gute Sache!«, antwortete sie enthusiastisch. »Dann kann dich niemals jemand verletzen!«

Susan war durch diese Reaktion verwirrt; sie wiederholte irgendwie fragend »– und komme niemals wieder heraus?«

Elisabeth nickte zustimmend. »Dann wirst du in Sicherheit sein«, ermutigte sie Susan. »Wirklich, nur du und dein Teddybär. Wie herrlich!«

»Wenn du mich liebtest, würdest du nicht wünschen, daß ich für immer in einen Plastikbeutel hineingingke!«, antwortete Susan verstimmt.

Elisabeth war verwirrt und erstaunt, daß alle wegen dem, was sie zu Susan gesagt hatte, wütend auf sie waren.

»Aber sie wollte es doch«, jammerte Elisabeth. »Sie sagte doch, sie wollte es tun!«

»Du bist für die Dinge verantwortlich, die du sagst und tust«, erklärten wir Elisabeth.

»Ich bin verantwortlich?«, fragte sie mit äußerstem Erstaunen. Dies war offensichtlich eine völlig neue Vorstellung für sie; es war eine Vorstellung, auf die sie noch oft schmerzhaft stoßen sollte, bevor sie gesund wurde.

Elisabeth mußte unter ständiger Überwachung gehalten werden. Unsere Aufgabe, für sie zu sorgen, brachte uns dazu, unser System der Überwachung und des Festhaltens, das wir heute noch benutzen, zu entwickeln. Einem Kind wurde die Aufgabe zugeordnet, jederzeit bei ihr zu sein, sie zu beobachten und, sofern irgend etwas geschehen sollte, um Hilfe zu rufen. Das ist das, was wir »Selbstmord-Überwachung« nennen – im Gegensatz zur »Wohnraum-Überwachung«, bei der die Kinder oder Jugendlichen mit Verhaltensproblemen nur dann überwacht werden müssen, wenn sie sich außerhalb der Wohnräume befinden – eine Tätigkeit, die ein Mitarbeiter oder ein älteres Kind für mehrere Kinder gleichzeitig ausüben kann.

Elisabeths Versuche, sich selbst zu töten, ereigneten sich Tag für Tag. Sie erschienen uns ohne jede Beziehung zu irgend etwas, das gerade geschehen war, oder auch nur zu ihrer augenblicklichen Stimmung; dies machte es so schwierig, sie vorauszusehen. Üblicherweise folgten die selbstmörderischen Anwandlungen auf Vorfälle, bei denen sie wütend war. Aber der Anlaß, der sie erregt hatte, konnte Stunden (oder sogar Jahre) davor zurückliegen. Später begriffen wir, daß dieses selbstmörderische Verhalten mit ihren Regungen zu töten in Zusammenhang stand. Oft, wenn sie erregt war, wandte sie ihre Wut lieber gegen sich selbst als gegen andere.

Für ihre Größe war sie außerordentlich stark. Wenn sie erregt war, biß und kratzte sie und verletzte sich selbst und jeden, der in ihrer Nähe war. Es brauchte normalerweise sechs starke Leute, um sie auf einem Stuhl festzuhalten. Sie konnte wie wahnsinnig fünfzehn oder zwanzig Minuten lang kämpfen, um sich dann zu beruhigen und uns zu berichten, was gerade vorgegangen war.

Obwohl sich Elisabeth häufig damit vergnügt hatte, andere zu verprügeln, wurde sie selbst – welche Ironie – gepeinigt von der Aussicht, selber geschlagen zu werden. Wir alle brachten ihr sozusagen buchstabierend die Regeln unserer Hausordnung bei, aber sie mußte sie für sich selbst ausprobieren und herausfinden, ob wir wirklich meinten, was wir sagten.

Als sie zu uns kam, hatte sie bereits ein langes Register von Diebstählen hinter sich. Die Halbwüchsige hatte schon periodisch Streifzüge durch Kaufhäuser unternommen und bei einer solchen Gelegenheit Waren im Werte von hundert Dollar mitgenommen. Sie stahl schon seit Jahren.

Ich wünschte, ich würde nicht stehlen. Ich muß mich dann deshalb wie ein schrecklich schlechter Mensch fühlen. Einmal habe ich meiner älteren Schwester erzählt, daß ich eine Menge Plunder aus einem Juweliergeschäft gestohlen hätte; ich habe ihn ihr sogar gezeigt, in der Hoffnung, sie würde es meinen Eltern erzählen. Ich wünschte, daß sie wüßten, was ich tat, so daß sie mich davon abhalten würden. Aber sie sagten niemals auch nur ein Wort ...

Es ist für uns eine fortwährende Überraschung, festzustellen, wie wenig Kindern der Mittelschicht jemals eingeschärft worden ist, nicht zu stehlen. Dabei scheint es mir viel einfacher, einen Fünfjährigen fürs Stehlen zu bestrafen (die meisten Kinder durchlaufen im Alter von fünf bis sechs Jahren eine Periode des Stehlens) als zu sagen: »Das ist nicht

nett, mein Lieber« und dann später einem Vierzehnjährigen gegenüber-
zustehen, der stiehlt. Als Moe und ich dann endlich die Eltern von
Elisabeth kennenlernten und mit ihnen die Diebstähle besprachen, sagten diese: »Wir wußten davon; aber wir dachten, sie würde da schon
rauswachsen. Es gibt viele Kinder, die durch derartige Phasen hindurchgehen.«
Dies war ein weiterer Punkt, an dem die Eltern einen ganzen Aspekt des
Verhaltens ihrer Tochter verleugneten.
»Was würdest du tun, wenn ich etwas stehlen würde?«, fragte mich
Elisabeth eines Tages, nachdem sie mehrere Monate mit uns gelebt hatte
und gerade anfing, sich etwas angemessener zu verhalten. »Stimmt das
wirklich, daß du mich schlägst, wenn ich stehle?«
»Ja«, antwortete ich ihr. »Zuerst würde ich dich schlagen, dann würde
ich dafür sorgen, daß du die Dinge in das Geschäft zurückbringst und
dich beim Inhaber entschuldigst.«
Es war mir klar, daß Elisabeth mich sehr bald testen würde, um zu
sehen, ob das, was ich sagte, auch stimmt. Es war nur Tage nach unserem
Gespräch, als ich drei der Mädchen zum Einkaufen mitnahm.
Ich nehme in der Regel eines oder mehrere Kinder mit, wenn ich
Besorgungen mache. Sie mögen es, wenn sie aus dem Haus herauskom-
men, und sie sind zudem eine gewisse Zeit mit mir allein, was sie
brauchen. Auch empfinde ich es gut für die Ortsbevölkerung, uns
zusammen als eine Familie zu sehen und zu beobachten, wie meine
Kinder sich benehmen.
Ich hatte bis dahin noch nie eine Schwierigkeit mit ihrem Verhalten in
der Öffentlichkeit gehabt und ich sah auch diesmal keine voraus. Unser
Haus wird nach strengeren Regeln als die meisten geführt, und die
Kinder wissen alle, was ich von ihnen in der Öffentlichkeit erwarte. Ihre
Wut, ihre Feindseligkeiten und ihre Aufsässigkeiten werden üblicher-
weise zu Hause ausgetragen.
Später an dem Tag, nachdem wir wieder zu Hause waren, gerieten
Elisabeth und eines der anderen Mädchen, die mit mir aus gewesen
waren, in starke Erregung. »Ich bin schlecht! Ich bin so schlecht!«,
stöhnte Elisabeth. »Bitte, laß mich sterben!«
Wir gaben dem anderen Mädchen ein Medikament und brachten es ins
Bett. Später wurde sie von sich aus wieder soweit wach, daß sie ins
Wohnzimmer stolperte; sie berichtete uns, was geschehen war.
Am Nachmittag hatte sie Elisabeth in dem Geschäft beobachtet, wie sie

eine Puderdose nahm und bei sich versteckte. Als die Kinder dann alleine waren, hatte sie Elisabeth des Diebstahls beschuldigt und ihr gesagt: »Wenn du es nicht erzählst, dann werde ich es tun!«

»Ich erzähle es«, versprach Elisabeth.

Der Nachmittag ging vorüber, und das Mädchen geriet mehr und mehr in Erregung, weil sie auf Elisabeths Geständnis wartete. In der Zwischenzeit hatte jedoch Elisabeth den Diebstahl als das Ereignis, das ihren Gefühlen, »so schlecht zu sein«, vorausgegangen war, völlig vergessen.

Als ich sie schließlich mit dem Diebstahl konfrontierte, schaute mich das liebe Kind unschuldig an: »Oh«, sagte sie, »habe ich das getan?« Als wir die gestohlene Puderdose unter ihren Sachen fanden, erinnerte sie sich plötzlich wieder an den Diebstahl. »Ich wollte sie«, erklärte sie. »Ich nahm sie einfach, weil ich sie wollte!«

Ich brachte das immer noch ungläubige Mädchen in mein Zimmer und verpaßte ihr eine ordentliche Tracht Prügel. Sie schrie nicht, aber sie wiederholte hinterher immer wieder: »Oh weh! Oh weh! Ich habe nicht geglaubt, daß du mich tatsächlich schlagen würdest!« Ihre wirklichen Eltern hatten sie, wie sie uns sagte, niemals auch nur für irgend etwas bestraft. Sie hatten ihr erklärt, wie abscheulich Eltern seien, die ihre Kinder schlagen. »Sie zwangen mich immer nur, mich böse und schuldig zu fühlen«, sagte sie. »Sie haben niemals dafür gesorgt, daß ich mit etwas aufhörte!«

Am nächsten Tag ging ich mit ihr in das Geschäft zurück und ließ sie dem Geschäftsführer, der eine eiserne Miene zeigte, mit einer Entschuldigung die gestohlene Ware zurückgeben. »Ich will nicht, daß du noch einmal in mein Geschäft kommst, wenn deine Mutter nicht dabei ist«, erklärte er ihr.

Wir besprachen den Vorfall bei der nächsten Zusammenkunft der Familiengruppe. Die Kinder kamen einstimmig zu dem Schluß, daß sie es künftig für richtig halten wollten, über einander zu berichten, um damit eine Unstimmigkeit, wie sie zwischen den beiden Mädchen entstanden war, zu vermeiden. Keiner würde von den anderen als Klatschbase angesehen, wenn er über das Verhalten eines anderen berichtete. Sie alle wußten, daß jeder einzelne von ihnen in den Gesundungsprozeß jedes anderen einbezogen war. Der Wunsch jedes einzelnen, allmählich immer stärker, gesund zu werden.

Elisabeth hat nie wieder gestohlen. Es war allerdings offensichtlich, daß sie noch nicht durch die Periode, die elterlichen Reaktionen auf Fehlverhalten zu testen, hindurch war. Wir fragten uns, was sie als nächstes tun würde.

»Es wird etwas sein, wofür ich zuständig bin«, vermutete Moe. »Sie wird es darauf anlegen, von beiden Elternteilen verhauen zu werden, bevor sie wirklich überzeugt ist, daß wir hinter dem stehen, was wir sagen.«

Elisabeth wählte sich als Gelegenheit, um Moe zu testen, das Ausreißen. In Wahrheit dachte sie überhaupt nicht daran, uns zu verlassen. Sie wußte aber, daß dies etwas war, um das sich Moe immer kümmerte. Beim Frühstück eines Morgens im Juni kündigte sie an, daß sie es tun werde.

»Wenn du wegläufst, weißt du, was du dafür bekommst, oder etwa nicht?«, erinnerte Moe sie. »Eine tüchtige Tracht Prügel von mir.«

Elisabeth lächelte. Das war genau das, was sie hören wollte. Sie war gewillt, Moes Autorität zu testen – genauso, wie sie es angekündigt hatte. Um ganz sicher zu sein, erzählte sie uns, daß sie in Richtung Golfplatz gehen würde.

Sie hatte sich einen trägen, sommerlichen Samstagnachmittag ausgesucht. Moe war zu Hause. Auch die meisten unserer Nachbarn waren an diesem Tag zu Hause und genossen ihren Rasen, ihre Gärten und den Park.

Elisabeth wartete bis zum späten Nachmittag, als unser Haus relativ ruhig und die meisten unserer Kinder beschäftigt waren; dann, mit einem Winken und einem übermütigen Lachen, schoß sie barfuß durch die Hintertür hinaus.

Als sie davonsprang mit ihrem langen Haar, das hinter ihr herflog wie ein Segel im Wind, gab eines der Kinder Alarm, und eine ganze Schar donnerte zur Verfolgung hinterher.

Elisabeth warf einen Blick über die Schulter zurück, voller Spaß an der Jagd, dann hopste sie – wie ein Faun, der von Fels zu Fels springt – quer durch die Grundstücke hinter den Häusern der Nachbarn, durch Blumengärten, spielerisch, im Zickzack, ohne Ziel, mit zurückgeworfenem Kopf und lachend. Sie hüpfte durch den benachbarten Garten, dann in den Wald und dann durch eine anliegende Weide, die zu einer Farm gehört. Elisabeth lag nichts daran, ihre Verfolger abzuschütteln, sondern nur daran, sie in einem unüberwindlichen Abstand zu halten. Elisabeths Ziel war das Ende.

Als sie die andere Seite der Viehweide erreicht hatte, kam sie an eine

Steinmauer, über die sie mit Leichtigkeit kletterte. Sie ließ sich einfach fallen und fand sich in einem sorgfältig gepflegten Garten hinter einem Haus im georgianischen Stil. Gerade in diesem Augenblick befanden sich die Eigentümer, wohlhabende ältere Leute, in ihrem Garten und spielten mit Freunden, die zu Besuch da waren, eine gemächliche Partie Krickett.

Wie Elisabeth mitten in ihr Spiel hereinplatze, blickten sie erschrocken auf; dann holten sie überrascht tief Luft, als die Verfolgerschar atemlos hinter ihr her über die Mauer purzelte. Als Elisabeth sah, daß ihre Verfolger sie beinahe eingeholt hatten, stieß sie ein vergnügtes Lachen aus, sprang über das nächste Pförtchen und rannte aus dem Garten in die Einfahrt, darauf die Straße hinunter und dann durch ein Maisfeld.

Während sie das zweite Feld erreichten, überholte plötzlich Dennis im Spurt die anderen, kam Elisabeth immer näher und legte ihr, als er neben ihr war, seinen starken Arm um die schlanke Taille. Er ergriff sie und zwang sie, stehenzubleiben. Beide stürzten sie im Ringkampf zu Boden.

Dann waren auch die anderen Kinder da. Sie hielten Elisabeth, die keinen Widerstand mehr leistete, fest, während Rosita nach Hause kam, um mich zu holen.

Rosita führte mich zu der wartenden Gruppe. Dabei kam ich bei den älteren Nachbarn vorbei, die immer noch in ihrem Garten standen und die Jagd mit beachtlichem Interesse beobachteten. Als ich die Kinder erreichte, übergaben sie mir Elisabeth; ich begleitete sie nach Hause, wo sie auf ihren Vater wartete. Dennis ging auf dem Rückweg die Strecke entlang, die sie gelaufen waren, um die Nachbarschaft zu beruhigen.

Moe nahm Elisabeth ins Arbeitszimmer, setzte sich und hielt ihr eine lange Predigt über das Ausreißen und warum dies gegenüber den anderen Familienmitgliedern so selbstsüchtig ist; sie entschuldigte sich und weinte ein wenig, und Moe hielt und tröstete sie. Dann, als sie ruhig und fügsam war und offensichtlich dachte, die Angelegenheit sei erledigt und er habe die Tracht Prügel vergessen, sagte Moe: »Okay, Süße, jetzt komm!«

Elisabeth machte ein ellenlanges Gesicht. »Oh, Papa!«, protestierte sie, »du wirst doch nicht –?«

»Und ob ich das tun werde!« Moe legte sie übers Knie und verhaute sie gründlich.

Elisabeth weinte danach etwas stärker und erklärte, sie würde niemals wieder davonlaufen, und sie hat es auch nicht mehr getan. Sie hatte herausgefunden, wie ernst es war, von beiden Elternteilen bestraft zu werden, und es war das erste Mal, daß sie glauben konnte, daß wir für sie sorgen und uns mit ihren »Unarten« befassen würden.

Für Moe war es nicht so leicht wie für mich, Strafen zu verhängen. Ich war jeden Tag mit den Kindern zusammen, während er nur die Abende und die Wochenenden mit ihnen verbrachte, da er ganztags außerhalb des Hauses tätig war. Ich war ihnen rund um die Uhr ausgesetzt; dies und fortwährende Krisen hatten mir über das Unwohlsein in der Rolle des Zuchtmeisters hinweggeholfen. So tat ich einfach, was ich für nötig hielt, um mit einer Situation fertig zu werden, ohne mir lange den Kopf darüber zu zerbrechen, ob es das »Best«-mögliche war, das ich tun konnte. Moe hatte dagegen immer noch Gewissensbisse bei seinem Vorgehen. Er gestand mir, er empfinde sich manchmal immer noch mehr wie ein »Sozialarbeiter, der Vater spielt«, als daß er sich wie ein wirklicher Vater fühle.

Wir beide arbeiteten unter einer unverkennbaren Belastung: wir wußten, daß einem bei den eigenen Kindern die Zeit zu Hilfe kommt, um Fehler wettzumachen – daß jedoch bei unseren kranken Kindern die Botschaften, die wir ihnen übermittelten, und die Bestrafungen, die wir austeilten, zu 90% richtig sein mußten, da sie diesen Weg nie noch einmal gehen würden. Dies war ihre letzte Chance – eine Verantwortung, die jedem von uns gelegentlich zum Albdruck wurde.

Etwa zur gleichen Zeit, als wir Elisabeth aufnahmen, bekam Moe eine Anfrage aus einer völlig unerwarteten Richtung: ein naher Freund rief ihn wegen seines eigenen Sohnes an.

Moe kannte den Jungen, Mark, seit Kindesbeinen. Ich hatte ihn kennengelernt, als wir seine Eltern besuchten. Weder Moe noch ich hatten gewußt, daß der Junge in Schwierigkeiten war.

Die Familienmitglieder machten den Eindruck, eng miteinander verbunden zu sein. Die Eltern waren offensichtlich stolz auf ihren Sohn und hatten uns eine Menge über seine Leistungen erzählt. Im Jahr vorher hatten sie ihn voller Glück aufs College geschickt. Mark war ein gutaussehender Junge, von etwas düsterer, brütender Wesensart, mit dichtem schwarzgelocktem Haar und dunkelbraunen Augen. Er hatte eine gewisse Begabung für Musik und Schauspiel und von Seiten seiner Mutter ein »Goldjunge«-Skript. Es sprach alles dafür, daß er eine spannende und erfolgreiche Zukunft vor sich hätte.

Genau das Gegenteil traf ein. Mark hatte nicht mehr zu bieten als Hunderte von anderen Jungen aus anderen Mittelschichts-Familien, die allein und verloren, in einer großen Stadt leben. Weit davon entfernt, der Goldjunge aus den Träumen seiner Eltern zu sein, war er eben nur eines dieser verlorenen Kinder in einem kleinen Zimmer an einer riesigen unpersönlichen Universität. Er hatte Angst, und er fühlte sich einsam. Er geriet in Panik. Als er mitten im Semester seine Eltern anrief und ihnen seine Ängste mitzuteilen versuchte, gingen sie jedoch nicht darauf ein und schlugen ihm auch nicht vor, nach Hause zu kommen. So blieb er. Und je länger er dort blieb, desto kränker, ängstlicher und verwirrter wurde er.

Als Marks Vater Moe anrief, war der Familie bereits klar geworden, daß es ihrem Sohn nicht gut ging. Er besuchte keine Vorlesungen mehr. Er war entschlossen, das College zu verlassen, seine Gitarre zu nehmen und durchs Land zu vagabundieren. Sie fragten uns, ob wir ihn uns einmal ansehen wollten. Als wir damit einverstanden waren, überredeten sie Mark, einmal zu einem Besuch bei uns vorbeizukommen. Er sah gut aus, als er hereinkam, aber schon bevor er ging, verfiel er in Halluzinationen und signalisierte sehr dringend, daß er krank war. Die Untersuchung ergab tatsächlich, daß er paranoid schizophren war.

Als wir dies Marks Eltern mitteilten, fragten sie uns, ob wir ihren Sohn aufnehmen würden. Wir sagten ihnen, daß wir Mark wirklich gerne helfen würden. Aber wir sagten ihnen auch, daß wir im Fall seiner Aufnahme auf den gleichen Vereinbarungen bestehen müßten, wie wir sie für unsere anderen Kinder getroffen hatten. Auch wenn sie eng mit uns befreundet waren, mußten sie bereit sein, uns ihren Sohn völlig zu überlassen; es wäre möglich, daß ihre Beziehung zu ihm nicht mehr die gleiche wie früher sein würde.

Es war verständlich, daß Marks Eltern sich über seine Krankheit aufregten und verzweifelt dafür einsetzten, daß er wieder gesund würde. »Es ist völlig gleich, was es kostet«, versicherten sie uns. »Wir sind mit allem einverstanden. Wenn ihr ihm nur helft.«

»Aber wenn er wirklich gesund wird«, warnte ich seine Mutter, »wird er vielleicht zu unserer und nicht mehr zu eurer Familie gehören.«

»Das macht nichts«, sagte sie. »Tut nur alles, was notwendig ist. Wir wünschen nur eines in der Welt für ihn: daß er wieder gesund wird!«

Moe und ich erklärten uns bereit, Mark aufzunehmen – wir beide mochten ihn sowieso und wollten ihm helfen –, wir taten es aber mit einem gewissen Zögern. Es war schwierig genug, mit fremden Eltern umzugehen und zu versuchen, ihnen verständlich zu machen, was wir tun mußten; die Aussicht, nahen Freunden erklären zu müssen, wie sie versagt hatten, ihren Sohn angemessen zu beeltern, war dagegen eine Situation, die wir gar nicht mochten.

Für eine geraume Zeit, nachdem wir Mark aufgenommen hatten, wollte Moe einfach der Wahrheit über den Zustand des Jungen nicht ins Gesicht sehen. Er hatte den Vater von Mark so gerne, daß er die Tatsache nicht annehmen mochte, daß sein Freund zu der Krankheit des Jungen beigetragen haben könnte. Wochenlang wollte er nicht wahrhaben, wie krank Mark wirklich war.

Am Ende war ich gezwungen, es mit ihm auszutragen. »Schau dir sein Verhalten an und erklär mir, was du davon hältst«, verlangte ich.

»Ich glaube, er ist krank«, gab Moe zu.

»Moe, er ist sehr krank«, erklärte ich ihm. »Du kannst es nicht leugnen, wie viel du auch von seinen Eltern hältst. Dieses Kind ist krank. Und du wirst ihm nicht helfen können, bevor du die Tatsache annimmst, daß er es ist.«

»In Ordnung«, Moes Stimme war voller Resignation. »Du hast recht. Ich vermute, ich habe es einfach nicht glauben wollen.«

»Bevor du es nicht glaubst, und bevor du nicht bereit bist, sein Vater zu sein, wird er nicht gesund werden«, warnte ich ihn.

In gewisser Weise schien es für Moe anmaßend, von seinem Freund die Vaterrolle für Mark zu übernehmen; wir hatten jedoch selten einen Jungen erlebt, der so nach männlichem Beeltern hungerte. Mark regredierte nicht, aber er brauchte uns und unser Haus, um ihn vor einer Welt, mit der er nicht fertig wurde, zu schützen.

Als kleines Kind hatten ihn seine Eltern mit nach Israel genommen und in einem Kibbuz gelebt. Wir wissen nicht, was dort mit ihm geschehen ist; jedoch datierten sein nur oberflächliches Sich-Einlassen auf andere Menschen und die Entstehung von Asthma, das er als ein Spiel einsetzte, um die Bemutterung sicherzustellen, aus dieser Zeit. Aufgrund seiner schwachen Beziehung zu seinem Vater hatte er Schwierigkeiten hinsichtlich seiner sexuellen Identität. Er fühlte sich äußerst unfertig und unzulänglich. In der Oberschule war er von einem älteren Mann, einem Lehrer, gerade zu der Zeit sexuell verführt worden, als er auf der Suche nach dem Aufbau seiner sexuellen Identität war. Diese Erfahrung hatte sein eben erst aufkeimendes männliches Selbstvertrauen erschüttert. Zu diesen Erfahrungen kamen die Erwartungen und der Ehrgeiz der Eltern, die zu erfüllen er völlig unfähig war. Beide Erfahrungen zusammen hatten ihn in seinen Gefühlen verwirrt, verunsichert und voller Angst zurückgelassen. Neben der Bearbeitung seiner emotionalen Probleme brauchte er dringen eine Vaterfigur, der er vertrauen und nacheifern konnte.

Endlich war Moe imstande, seine Beziehung zu Mark als Vater unbefangen zu gestalten. Es fiel ihm leicht, mit dem Jungen in väterlicher Weise zu reden und so entwickelte sich nach und nach zwischen ihnen eine innige kameradschaftliche Verbundenheit, die für beide Teile von Bedeutung war.

Jeden Abend, wenn Moe in unsere Zufahrt einbog, raffte er unwillkürlich seine Kräfte zusammen, um gefaßt zu sein für »egal welche Art von Hölle, die heute abend noch auf mich wartet«. Da wir uns so intensiv auf den krankhaften Zustand eines jeden einlassen, gleicht jedes Eintreten in unser Wohnzimmer einem knietiefen Waten in mächtigen Emotionen von Haß, Wut, Angst – und auch von Liebe. Moe wußte nie, was ihm bevorstand, ehe er die Tür geöffnet hatte. Und er war sehr beunruhigt, ob er auch fähig war, mit jeder Situation, die sich ihm stellte, angemessen umzugehen.

Eines Abends kam er nach Hause und fand ein völliges Chaos vor: Elisabeth war im Erregungszustand und einige Kinder versuchten, mit ihr fertig zu werden; Tom brüllte Dennis an, weil dieser durch Überschreien alle anderen derart in Angst zu versetzen suchte, daß sie sich ihm unterwarfen; eines der Mädchen schlug um sich, während es festgehalten wurde, und Rickey weinte.

»Bring ihn dazu, daß er aufhört!«, verlangte Tom von seinem Vater und wies auf Dennis, der unzweifelhaft zum größten Teil an der Verwirrung schuld zu sein schien. Moe langte Dennis eine, ohne abzuwarten und herauszufinden, was los war. »Hör' auf, die Leute herumzukommandieren«, sagte er.

Dennis war schrecklich wütend. Er beschuldigte Moe, äußerst unfair zu sein, weil er ihn bestrafte, bevor er festgestellt hatte, was wirklich los war. »Ich habe geholfen«, beharrte er, »und du bestrafst mich dafür!«

Später, nachdem sich alle beruhigt und wir unser Abendessen hinter uns hatten, saß Moe draußen auf den Treppenstufen in der späten Frühlingsdämmerung. Mark saß neben ihm. Moe dachte über das nach, was geschehen war.

»Ich habe es nicht richtig gemacht«, murmelte er laut vor sich hin. »Eine Situation wie diese erzeugt in mir das Gefühl, total unfähig zu sein. Ich hatte das Gefühl, ich müßte etwas tun – und zwar schnell. Aber ich wartete nicht, um erst einmal herauszufinden, was überhaupt los war. Ich habe ihm einfach eine heruntergehauen – so, wie ich es mit einem eigenen Kind getan hätte – einfach unter dem oberflächlichen Eindruck, daß er eine Menge Aufregung verursacht habe. Ich überlege mir, ob ich das Recht habe, ein Kind einfach so abzukanzeln und ihm eine herunter-zuhauen, einfach so . . .«

»Aber Vater«, unterbrach ihn Mark sanft, »wenn du es nicht tust, wer soll es sonst tun? Du bist unser Vater, und du hast das Recht. Da gibt es keinen anderen. Du bist die letzte Instanz.«

Moe starrte Mark lange an; dann, wie er später berichtete, »saßen die einzelnen Teile des Puzzles plötzlich am richtigen Platz und ergaben ein Bild. Mir war jetzt deutlich, daß ich, wenn dieser Junge – oder irgendei-nes der anderen Kinder – gesund werden sollte, bereit sein mußte, ihn so zu lieben, wie ein Vater seinen eigenen Sohn liebt – und ihm eine zu kleben, wenn ich denke, er braucht es, und ihn in den Arm zu nehmen, wenn mir danach zumute ist. Anders würde er es nie schaffen. Wenn er und die anderen Kinder bereit waren zu glauben, daß ich ihr Vater sei und die Rechte eines Vaters hätte, wie kann ich es dann noch bestreiten? Wenn sie an mich glauben, und ich an sie glaube, würden wir es alle überstehen, auch dann, wenn es mir mal passieren sollte, daß ich auf eine Situation falsch reagiere . . .«

Moe umarmte Mark dankbar, straffte die Schultern und lächelte. Das war der Wendepunkt für ihn, der Augenblick, in dem er sich vom »Sozialarbeiter, der Vater spielt« in einen Ganztags-Vater verwandelte. Danach verschwendete er keine Zeit und keine Energie mehr darauf, sich darüber zu beunruhigen, ob er immer das Richtige tat. Er tat einfach das wirklich Beste, so wie er es wußte.

Die Kinder wußten sogar besser als Moe und ich, daß wir für sie ihre letzte Chance darstellten. Sie versuchten, uns über unsere Tiefpunkte hinwegzuhelfen, indem sie alle eine wachsende Anteilnahme füreinander an den Tag legten. Dennis war jetzt schon soweit gesund, daß er uns in beträchtlichem Maße im Umgang mit den kränkeren Kindern helfen konnte. Wenn er sich fehlverhielt, war es immer nur gegen mich gerichtet. Rosita konnte auch manchmal helfen, obwohl ich mich auf sie nicht in der gleichen Weise verlassen konnte, da ihr Verhalten eher schwankend war. Doch die anderen Kinder mochten sie und sprachen gut auf sie an.

Während ihres Klinikaufenthalts hatte Rosita mit einer Reihe anderer kranker Kinder Freundschaft geschlossen; darunter war ein sechzehnjähriges Negermädchen. Sie hieß Shirley und lebte in einer ländlichen Gegend von Virginia, nicht weit von uns. Ich hatte bisher Shirley noch nicht kennengelernt, obwohl Moe sie für kurze Zeit, während wir in Charlottesville lebten, behandelt hatte. Man hatte sie aus dem Krankenhaus entlassen, und sie war nach Hause zu ihrer Familie zurückgekehrt.

Eines Nachmittags kam ich von einer Besprechung in der Klinik zurück und fand das Haus in Aufruhr.

»Shirley liegt unter Rositas Bett«, informierte mich Tom, »und keiner von uns kann sie herausbekommen.«

Rosita hatte mir erzählt, daß sie an diesem Tage den Besuch von Shirley erwartete, und so überraschte es mich nicht, das Kind im Hause zu finden. Aber ich verstand nicht, was dieses Sich-Verbergen unter dem Bett bedeuten sollte. Ich wußte kaum mehr, als daß sie schizophren war.

Ich ging in das Schlafzimmer der Mädchen und spähte, mich auf Hände und Knie stützend, unter Rositas Bett.

Ganz hinten an der Wand duckte sich ein hübsches, pausbäckiges schwarzes Mädchen mit großen, glänzend braunen Augen, einem weichen gefühlvollen Mund und schwarzem Kraushaar. Ich sprach sie an, um sie zu beruhigen, und sagte ihr, daß sie hervorkommen solle.

Sie reagierte nicht.

Ich blieb dabei, mit ihr zu reden, schmeichelte ihr mit sanften Worten und streckte meine Arme aus. Als ich das stumme schwarze Kind ansah und merkte, wie sich meine Arme instinktiv weiteten, um sie aufzunehmen, wußte ich, daß ich die Mutter dieses Kindes sein könnte. Es war eine ganz natürliche Reaktion. Es gibt einfach einige Kinder, von denen ich in dem Augenblick, in dem ich sie sehe, weiß, daß ich sie in meine Arme nehmen und sie bemuttern könnte.

Nie zuvor hatte ich mich von einem schwarzen Menschen physisch angezogen gefühlt. Meine Kontakte zu Schwarzen waren sehr beschränkt. Die Anziehung durch dieses Mädchen war für mich jedoch wirklich und intensiv. Ich wußte, daß ich sie lieben konnte.

Es vergingen noch einige Minuten, während denen ich sie beruhigte;

dann endlich ließ sie sich von mir anfassen und unter dem Bett hervorziehen. Ich saß eine Weile auf dem Boden, wiegte sie in meinen Armen und besänftigte sie. Die ganze Zeit starrte sie mich an. Ihre braunen Augen waren etwas unscharf, und sie unterbrach ihr Schweigen nur durch ein gelegentliches »mmm«, »ymmmm«. Als sie sich in meinen Armen entspannt anfühlte, ließ ich sie gehen. Sie stand auf und ging, um mit Rosita zu spielen; ich hatte den Eindruck, daß sie den Rest des Wochenendes genoß.

Danach fand ich Shirley öfters im Haus. Ich erlebte jedesmal, wenn ich sie traf, den gleichen Gefühlsaustausch zwischen uns. Ich wurde von dem Kind sehr stark angezogen. Eine Tatsache, die sie wahrzunehmen schien, die sie erwiderte – und gleichzeitig fürchtete. Einmal, nachdem sie uns besucht hatte und wieder nach Hause gegangen war, fand ich einen Zettel unter meine Schlafzimmertür geschoben:

Dank dir, daß du erlaubst, daß ich komme, um euch zu besuchen.
Ich hatte eine Menge Spaß und verstand auch ein wenig mehr über mich
selbst. Auch wenn es schwierig ist, daran zu denken, einige der Dinge
anzunehmen, will ich sicherlich einen Versuch unternehmen. Dank dir,
daß du mir das Gefühl gibst, erwünscht zu sein, geliebt und etwas Gutes.
ICH LIEBE DICH

Shirley gewann die Zuneigung aller unserer Kinder und wurde eine vertraute Begleiterin unserer eigentlichen Familie. Sie fühlte sich bei uns allen zu Hause und besuchte uns, so oft sie konnte. Auch in der High-School in Charlottesville, auf die sie ging, hielt sie sich zu unseren Kindern. Dennis war sehr stolz auf Shirley in der Art eines »großen Bruders«, und sie betete ihn offensichtlich an. Ich mahnte sie allerdings zur Vorsicht: es war mir recht, wenn sie mit ihm bei uns zu Hause zusammen war; andererseits wollte ich es aber nicht, daß sie ihn im College traf. Ich war mir der Rassenspannungen in Virginia bewußt; deshalb warnte ich Shirley besonders, Dennis nicht in seinem Zimmer in Charlottesville aufzusuchen. Eines Tages jedoch ließ sie meine Warnung außer acht.

Ich bin jetzt im Zimmer von Dennis. »Gehe niemals ins Zimmer des
Jungen«, hat Jacqui gesagt. Ich bin aber trotzdem hingegangen. Denn
Dennis hat mich eingeladen, zu ihm zu kommen. Er ist mein bevorzugter
großer Bruder, und er sagte mir, wenn ich ihn besuchen käme, würde er

mir Guitarre-Spielen beibringen . . . Jetzt zeigt er mir gerade, wie ich sie
halten muß – einfach so. Seine Hände liegen auf meinen. Da, die Musik
erklingt jetzt aus den Saiten – so schön, daß es mich glücklich macht. Ich
liebe Dennis . . .

Einer der Freunde von Dennis rief mich an: ein Hilferuf.
»Es wäre besser, Sie kämen schnell. Da ist etwas passiert zwischen
Dennis und Shirley. Sie sitzt hier wie eine Statue. Sie gibt keinem von
uns eine Antwort.«
Ich ließ alles stehen und liegen und fuhr sogleich nach Charlottesville. In
Erwartung meiner Ankunft war Dennis verschwunden. Ich fand Shirley;
sie saß auf der Couch in einem Nachbarzimmer und einige Jugendliche
versuchten, ihr zu helfen. Sie saß völlig still, reglos und starrte ins Weite
mit ausdruckslosen großen Augen, ohne zu blinzeln. Als ich sie ansprach, gab sie keine Antwort. Sie sah mich nicht an, und sie schien auch
nicht zu wissen, daß ich da war. Ihr Blick ging durch mich hindurch,
ohne mich wahrzunehmen.
Ich versuchte ohne Erfolg, sie dazu zu bewegen, mit mir zu sprechen. Sie
aber verharrte in ihrer Reglosigkeit und nahm nichts zur Kenntnis. Sie
war offensichtlich nicht in der Lage, mir zu sagen, was geschehen war.
Ich schickte die Jungen los, um Dennis zu suchen und ihn hierher zu mir
zu holen.
Dennis wurde endlich aufgetrieben und man sagte ihm, daß seine Mutter
ihn erwarte. Er kam an, einfältig, schuldbewußt, völlig verschreckt und
sehr beschämt, da wir auch ihn davor gewarnt hatten, Shirley gast-
freundlich aufzunehmen. Er erzählte mir, daß Shirley auf sein Zimmer
gekommen sei, um eine Guitarrenstunde zu nehmen. Sie hatte gut
gespielt. Er hatte sie ergriffen und versucht, ihre Stirne zu küssen. Er
bestand aber darauf, daß es sich nicht um einen sexuellen Kontakt
gehandelt habe.
Shirley war bei seiner Berührung erstarrt und hatte sich seitdem weder
bewegt noch gesprochen. Dennis rief nach Hilfe. Die Jugendlichen
stellten fest, daß es jetzt nur eines gäbe, nämlich mich zu holen, als sie
erschrocken wahrnahmen, daß sie Shirley nicht aus ihrer Episode herausholen konnten.
Zum erstenmal wurde mir klar, daß Shirley eine Katatonikerin war. Ich
wußte nicht, was ich machen sollte. Ich hatte noch nie mit Katatonikern
zu tun gehabt. Ich wußte nicht, wie man sie aus diesem starren Schwei-

gen, aus diesem Gelähmtsein herausholen könnte. Offensichtlich war aber, daß ich mir etwas einfallen lassen mußte. Und zwar schnell. Ich blickte von der erstarrten Shirley hinüber zu Dennis. Er zitterte vor Angst. Ich wußte, daß sein Umgang mit der Heterosexualität noch immer so neu und verletzbar war, daß er ganz leicht und in nicht wieder gut zu machender Weise durch eine einzige schlimme Erfahrung gestört werden konnte.

Ich schickte Dennis und die anderen Jungen hinaus, um draußen zu warten. Als sie gegangen waren, wandte ich mich wieder Shirley zu.

»Ich hatte dir gesagt, daß du nicht ohne Erlaubnis auf das Zimmer des Jungen gehen sollst«, sagte ich mit nachdrücklichem Ernst. »Und nun bist du hier. Irgendwas muß daraufhin geschehen!«

Ich zog ihren steifen, gar nicht widerstrebenden Körper über meine Knie und fing an, sie kräftig zu verhauen. Mit jedem Schlag konnte ich die Energie spüren, die wieder in sie einströmte. Ich schlug so lange, bis sie vor meiner Hand auswich und zu weinen begann.

»Bitte hör auf, ich will wieder gut sein!«, japste sie.

Das Schweigen war gebrochen. Als ich sie losließ, stand sie vor mir, ihr Gesicht naß von Tränen, und rieb sich ihren Hintern mit beiden Händen. Sie weinte immer noch, aber sie war jetzt wach, ihre Augen waren auf mich konzentriert, und sie wartete offensichtlich, was ich jetzt sagen oder tun würde. »Ich hatte ein vernünftigeres Verhalten von dir erwartet, Shirley«, schalt ich. »Ein sechzehnjähriges Mädchen gehört nicht in das Zimmer eines Jungen, wenn sie nicht darauf eingestellt ist, daß er einen Annäherungsversuch probiert. Du hast das herausgefordert. Das ist dein Fehler. Du bist verantwortlich für das, was geschehen ist. Ich will nicht, daß so etwas noch einmal vorkommt.«

»Ich will es nicht wieder tun, ich verspreche es«, schluchzte Shirley und rieb sich mit den Fäusten die tränennassen Augen. Jetzt, da sie sich angemessen bestraft fühlte, war die lähmende Angst von ihr gewichen, und sie verhielt sich normal.

Ich brachte sie zu ihrem Haus und fuhr dann zu uns zurück. Während der Heimfahrt überdachte ich, was ich gerade getan hatte. Mir wurde klar, daß es wahrscheinlich eine der ungewöhnlichsten therapeutischen Begegnungen war, die es für einen Therapeuten geben konnte. Ich dachte beunruhigt daran, was geschehen würde, wenn das hübsche schwarze Mädchen nach Hause kam und berichtete, wie die weiße Therapeutin sie geschlagen hatte, weil ein weißer Junge ihr gegenüber einen Annäherungsversuch gemacht hatte. Wie konnte ich das jemals erklären?

Moe regte sich auf, als er merkte, daß ich nach Hause kam, ohne Dennis mitzubringen, Er meinte, daß ich den Jungen in dem angstvollen Zustand, in dem er war, nicht hätte alleine lassen sollen. Er hatte recht. Dennis hatte sich, nachdem ich ihn verlassen hatte, ein Motorrad geliehen und war absichtlich auf einen geparkten Lastwagen gefahren, so daß er sich am Bein verletzte. Als ich am nächsten Tag, nachdem wir von dem Unfall gehört hatten, zurückfuhr, um ihn nach Hause zu holen, entdeckte ich, daß er nichts unternommen hatte, um das Bein behandeln zu lassen; es war böse verletzt und geschwollen. Auf der Heimfahrt gab er zu, daß er sich diese Verletzung absichtlich zugefügt hatte. Am Vortag war er sehr erregt darüber gewesen, daß ich zwar Shirley für den Zwischenfall bestrafte, es aber versäumt hatte, auch ihn zu bestrafen. Ich hatte den Zwischenfall, da er sexuelle Untertöne hatte, als eine Vater-Sohn-Angelegenheit betrachtet. Ich erklärte deshalb Dennis, daß er eher ein Gespräch mit seinem Vater als mit mir über die Angelegenheit brauche. Es war nun Moes Sache, Dennis eine Skriptanweisung für seine zukünftigen Begegnungen mit Mädchen zu liefern.

Dennis gab auch zu, daß er sich ausgerechnet hatte, angesichts der Verletzung würde ich ihn davor bewahren, sich auf eine Auseinandersetzung mit seinem Vater einlassen zu müssen. Ich lehnte dies ab und wies Dennis darauf hin, daß das unausweichliche Gespräch mit seinem Vater wahrscheinlich besser laufen wird, wenn er es vermeiden würde, mürrisch dabei zu sein.

Dennis war voller Angst, als wir zu Hause ankamen. Moe machte ihm klar, daß die Konfrontation möglichst sofort erfolgen sollte. So blieben wir an diesem Abend, nachdem alle anderen zu Bett gegangen waren, zu dritt noch auf, und Moe und Dennis hatten eine lange späte Sitzung. Ich war mit dabei, griff aber nicht ein.

Ich hatte gedacht, daß Moe gegenüber dem Jungen vielleicht explodieren würde; aber er ging sehr behutsam mit Dennis um; offensichtlich war er bestrebt, die unsichere sexuelle Identität des Jungen nicht zu zerstören. Dennis weinte ein wenig, sonst aber kam er mit dieser Auseinandersetzung mit seinem Vater ganz gut zurecht. Moe gab ihm klare Botschaften: Sexualität ist in Ordnung; er soll anderen Menschen dabei nichts zuleide tun und er soll kranke Mädchen in Ruhe lassen.

Wir hatten vor kurzem beschlossen, daß Dennis mit Autofahren anfangen könne; Moe nahm diese Erlaubnis jetzt auf unbestimmte Zeit zurück. Dennis regte sich über diese Einschränkung auf, diskutierte aber nicht darüber. Er schien mehr mit der Tatsache beschäftigt, daß noch etwas emotional Ungelöstes zwischen seinem Vater und ihm zurückgeblieben war. Ein paar Tage lang schloß sich Dennis eng an mich an, und wir sprachen sehr viel miteinander, wobei am Ende auch ans Tageslicht kam, was ihn beunruhigte. Er hatte in seinem freien Verhalten gegenüber Shirley Moes Freiheit im Umgang mit den kranken Mädchen nachgeahmt. Wir sprachen dann lange über den Unterschied zwischen einer väterlichen Zuwendung und einer sexuellen Beziehung. Es war das erste Mal, daß Dennis zu verstehen schien, daß er – selbst wenn er wieder völlig gesund wäre – immer noch ein Jugendlicher von zwanzig Jahren ist, und nicht ein fünfundvierzigjähriger Mann.

In den nächsten zwei Wochen sahen wir nichts mehr von Shirley. Doch dann, eines Morgens, erhielt ich einen Anruf von einer befreundeten Therapeutin, die in Charlottesville lebt.

»Shirley ist gerade bei mir«, sagte sie zu mir. »Sie ist in einem sehr schlechten Zustand, und sie hat mich gebeten, sie zu dir zu bringen.«

Dann gab mir meine Freundin einen kurzen Überblick über das, was geschehen war. Am Abend vorher waren die Eltern von Shirley in Gegenwart der Kinder in einen heftigen Streit miteinander geraten. Im Verlauf des wütenden Kampfes hatte die Mutter den Vater durch ein Glasfenster gestoßen. Der Arm der Mutter war böse zerschnitten; Rücken und Kopf des Vaters waren voller Schnitte; es hatte eine Menge Blut und Aufregung gegeben.

Shirley war dermaßen in Schrecken geraten, daß sie in die Nacht hinein weglief. Als sie ein Telefon fand, rief sie einfach den nächsten vertrauenerweckenden Erwachsenen an, den sie kannte; es war zufällig meine Freundin, und sie bat diese um ihren Schutz.

Es war mitten in der Nacht. Meine Freundin und ihr Mann standen jedoch sofort auf und fuhren zu der Stelle, an der Shirley nach ihren Angaben auf sie warten wollte. Sie fanden sie und nahmen sie zu sich in die Wohnung.

Ich riet meiner Freundin, sich mit der Polizei in Verbindung zu setzen und zu erklären, was geschehen war, und Shirley dann zu mir zu bringen. Sie fuhr am nächsten Tag herüber nach Fredericksburg und übergab mir ein sehr krankes, sehr aufgebrachtes und sehr verängstetes Mädchen.

111

VII.

Als in unserem Freundeskreis bekannt wurde, daß wir Shirley in unser Haus aufgenommen hatten, erging über uns ein Trommelfeuer von besorgten Anrufen und Briefen. Wir lebten in einem Viertel mit weißen Bewohnern der Mittelschicht in einem der Südstaaten und zu einer Zeit, als Rassenspannungen das Land erschütterten. »Was du bisher gemacht hast, ist schon außergewöhnlich«, warnte uns ein Freund, ein Berufskollege in derselben Stadt, »aber die Idee, auch noch das Rassenproblem draufzuhäufen, ist einfach lächerlich! Du wirst so viel Widerstand bekommen, daß du nicht mehr in der Lage sein wirst, überhaupt noch arbeiten zu können!«

Da gab es jedoch Shirley, die schon wußte, daß ich ihre Mutter sein würde, die auf meinen Schoß kletterte und saugende Bewegungen mit ihrem Mund machte, und die sich mit drängenden Babyhänden an mich klammerte. Ähnlich wie Dennis ging Shirley zurück in ihre frühe Kindheit in verwirrter, ungereimter Schrittfolge. Gleich ihm pflegte sie nicht einzuschlafen, bevor ich nicht kam und ihr den Gute-Nacht-Kuß gab.

Anders als Dennis regredierte Shirley sogar noch weiter zurück in die Babyzeit – zurück in einen Zustand vor der Geburt, in jene frühen Augenblicke, in denen das Leben beginnt und das Baby noch sicher im Leib der Mutter geborgen ist, ruhig und bewahrt, genährt und von jeder Bedrohung abgeschirmt – sogar vor der Irrationalität ihrer Mutter und ihrer Verantwortungslosigkeit; außerhalb der Reichweite ihrer Wut, beschützt von einer gütigen Natur.

Ich weiß nicht, was Geboren-werden für Shirley das erste Mal, als es mit ihr geschah, bedeutete. Als sie jedoch aufwuchs, fand sie sich in einer verarmten Negerfamilie, in der es in keiner Hinsicht je genug gab, um durchzukommen. Shirleys früheste Erinnerungen sind: hungrig und ungenährt, voller Angst und ohne Zuwendung, wütend und mißhandelt zu sein. Sie wuchs auf mit dem sich unentwegt wiederholenden Gedanken: »Ich wollte, ich wäre nie geboren.«

Das Problem, Katatoniker wie Shirley zu behandeln, besteht darin, sie

112

davon zu überzeugen, daß es einen Gewinn für sie bringt, noch einmal geboren zu werden. Dies zu erreichen, kann sehr schwierig sein; denn der Patient muß, bevor er sich selbst erlaubt, noch einmal geboren zu werden, überzeugt davon sein, daß die Welt nicht der feindliche, häßliche Ort ist, als den er sie bisher erfahren hat, und daß das Bemuttern nicht jene zufällige Beziehung ist, wie er sie bisher erlebt hat. Wir wußten damals noch nicht, wieviel Liebe, Fürsorge und gute familiäre Erfahrungen nötig sein würden, bis Shirley bereit wäre, ihre Angst aufzugeben und die Entscheidung zu treffen, daß sie für sich einen Platz in der Welt finden könnte.

Shirley war nicht die ganze Zeit so in sich zurückgezogen wie jene stummen, Wachspuppen ähnelnden Gestalten, die man regunglos in den Nervenkliniken herumsitzen sieht und die anscheinend so völlig ohne jeden Kontakt mit ihrer Umwelt sind. Sie hatte katatone Episoden; es gab aber auch andere Zeiten, in denen sie aktiv und ausdrucksfähig war. Da sie so gern in die Schule gehen wollte, bewerkstelligten wir es, daß sie am Morgen mit den anderen Schulkindern aufstand und für einen halben Tag die Schule besuchte. Sie war zu sehr regrediert, um lesen zu können; sie konnte aber den Aufgaben folgen, wenn andere Kinder sie ihr vorlasen. In der Mitte des Nachmittags jedoch tobte sie gewöhnlich, wobei sie festgehalten wurde, oder sie war in einem finsteren Schweigen in sich verschlossen; sie pflegte sich dann in einen Schrank oder eine Ecke zurückzuziehen, und dort saß sie dann, mit ihren verschwimmenden Augen auf Unendlich gerichtet.

Das erste Mal, als Shirley die Szene ihrer Empfängnis und Geburt agierte, beobachtete sie der Kreis der Kinder mit Faszination – und mit einigem Schrecken –, wie sie pantomimisch ihre Geburt und den Eintritt in die Welt spielte. Das runde rote Samtpolster vom Sofa wurde zum Penis ihres Vaters. Das gebogene geteilte Sofa war ihre Mutter. Sie stieß das Polster, den Geschlechtsverkehr darstellend, unter dem Sofa hin und her, dann krabbelte sie in die dunkle Ecke neben dem Sofa und wurde vor unseren Augen zu einem Fötus: zusammengerollt zu einer Kugel, hilflos und doch von der Umwelt abgeschirmt. Dann schließlich begann sie mit dem langen quälenden Ringen, sich krümmend und windend und nach Luft schnappend, als sie aus dem Geburtskanal auftauchte und Luft anstelle des Fruchtwassers ihren Mund füllte; und am Ende kam sie in der Außenwelt an, heulend und wütend.

Danach, während wir noch saßen und sie anstarrten, verdutzt durch die lebendige klare Szene, konzentrierten sich plötzlich Shirleys Augen, die während der Pantomime geschlossen waren oder in der Fantasie verschwammen, zu einem scharfen, harten Blick. Sie spähte verzweifelt umher nach einem Fluchtweg; dann, bevor wir uns aufraffen konnten, um sie festzuhalten, sprang sie mit einem jähen Satz aus ihrer fast hockenden Stellung in der Mitte des Raums über die Couch, über die Köpfe derer, die darauf saßen, aus dem Zimmer hinaus und den Gang hinunter, bevor wir begriffen haben, was sie tat.

Glücklicherweise war unser Schwiegersohn, John Christy, zu spät gekommen und hatte sich auf einen Stuhl außerhalb des Kreises gesetzt. Während wir anderen noch übereinander stolperten, konnte er ihr nachlaufen und sie packen, bevor sie aus der Hintertür hinaus war. Sie kämpfte wie wahnsinnig, aber es gelang ihm, sie so lange festzuhalten, bis einige andere dazukamen. Sich wehrend und weinend, so schleppten sie sie auf meinen Schoß. Warme Milch war bereits vorbereitet; ich hielt sie und fütterte sie, bis sie ruhig in meinen Armen lag.

Ich wünsche mir, daß du mich hältst, aber ich bin so voller Angst. Wenn du mich berührst, bekomme ich Angst, denn bei der Berührung einer Mutter hatte ich bisher nicht das Gefühl, getröstet zu werden.

Als Shirley das Ausagieren ihrer Geburt wiederholte, fingen wir an, ihr bei der Lösung der für sie angstvollen Frage zu helfen, ob sie existieren oder nicht existieren sollte. Die Beziehung zu mir war vor allem wichtig; während sie jeden anderen abwertete, schaffte sie es stets irgendwie, mich wissen zu lassen, daß sie gesund werden könnte, wenn ich dabei bliebe, sie zu lieben und lange genug für sie zu sorgen. Ein Baby muß von der Mutter begrüßt werden, die es hält und liebt und füttert und ihr durch all die intimen Zeichen des Bemutterns beweist, daß die Welt die Möglichkeit eines warmen und liebevollen Platzes bietet, und nicht ständig ein feindlicher und angsterregender Ort ist.

Die Schwierigkeiten, die Shirley mit dem Essen hatte, waren der Grund, daß ich damit anfing, eine Flasche zu benutzen, um die regredierten Kinder zu füttern. Bei Dennis war mir das nicht aufgefallen; bei Shirley jedoch konnte das Bedürfnis nicht übersehen werden: wir hätten sie nicht anders füttern können. Als Ungeborene saugte sie zwar, konnte aber überhaupt nicht schlucken; die neugeborene Shirley dagegen schluckte, wenn wir ihr eine Babyflasche anboten. Ich kaufte einen Vorrat an Babyflaschen und fing an, Milch aus Trockenmilchpräparaten zu bereiten, die schnell warm gemacht werden konnte. Später fanden wir heraus, daß dieses Symbol des Nährens für viele der Kinder tröstend war, und begannen es freimütig einzusetzen, wenn es einer zu wünschen schien.

Shirley wechselte häufig die Darstellung ihrer Geburtsszene aus gegen das gleicherweise erschreckende Ausagieren – auch in Pantomime – des grauenhaften Kampfes zwischen ihren Eltern in der Nacht, als sie von zu Hause weglief.

Sie war eines Tages dabei, im Schlafzimmer der Mädchen mit dem Staubsauger den Teppich zu reinigen, als sie plötzlich ihre Schwester Barbara, die vor kurzem zu unserer Familie dazugekommen war, rief: sie solle kommen und ihr zusehen. Shirley wirkte merklich aufgeregt; sie legte den Staubsauger in der Mitte des Zimmers ab und verkündete der verwirrten Barbara: »Das ist mein Vater!«

Dann begann sie den Kampf wieder durchzuspielen. Sie sprang von einer Position zur anderen, indem sie zuerst ihren Vater spielte, der ihre Mutter angriff, dann ihre Mutter, die dem Angriff auszuweichen versuchte, und endlich ihr eigenes kleines entsetztes Selbst, das verzweifelt zu entkommen suchte. Sie verbarg sich unter dem Tisch. Dann zerrte ihre Mutter sie hervor und benutzte sie als Schild gegen die Schläge des Vaters, worauf der Vater anfing, Shirley zu schlagen.

Shirley packte eine der Röhren des Staubsaugers und begann, sich wütend auf den Arm zu schlagen: »Das ist mein Vater«, schrie sie. »Er tötet mich!«

Barbara war entsetzt und hatte keine Ahnung, was sie tun sollte. Zunächst hatte sie gedacht, Shirley würde nur so spielen, aber dann wurde ihr klar, daß das Spiel tödlich ernst war. Unsicher versuchte sie, ihre Hand auf Shirley zu legen, um sie zu besänftigen. Shirley schlug wütend nach ihr, sprang dann auf das Bett, rollte sich in die Fötus-Lage und zog die Decke über ihren Kopf.

Barbara lief davon und rief um Hilfe.

Als sie es am Ende schafften, Shirley aus dem Bett herauszuziehen und auf den Boden zu legen, schlug sie wild um sich gegen jeden, der sie berührte.

Und während der ganzen Zeit weinte sie erbarmungswürdig: »Ich will mich! Ich will Shirley. Wo ist Shirley? Bitte holt mir Shirley!«

Wenn wir es nur gekonnt hätten. Das Selbst jedoch, das Shirley suchte, war noch nicht verfügbar, weder für sie, noch für einen von uns.

Von Zeit zu Zeit verletzte sich Shirley, indem sie mit Messern oder Glasscherben auf ihre Arme einhackte. Einmal erwischte sie einer der Jungen draußen am Mülleimer, als sie sich heftig mit dem gezackten Rand einer geöffneten Konservendose den Arm zerhackte.

Trotz der ständigen Überwachung hatte sie häufig Erfolg und brachte sich tiefe Wunden an ihren Armen bei; heute hat sie eine lange Reihe von Narben zwischen Handgelenk und Ellenbogen. Es sah nicht so aus, als ob sie versuchte, sich zu töten; aber wenn es ihr gelang, sich zu verletzen, betrachtete sie ihr Blut mit krankhafter Faszination.

Wir sind nie dahinter gekommen, was wirklich zwischen den Eltern von Shirley vorgefallen war. Wir wußten nur, daß sie sich ständig zwischen beiden Elternteilen hin und her gerissen fühlte. In ihrer Phantasie hatte Shirley den Eindruck, ihre Mutter versuche ständig, sie zu töten, weil ihr Vater sie mehr liebe; großenteils resultierte ihre Panik und ihr Ausreißen aus der Bemühung, der Rache ihrer Mutter zu entkommen. Abends hatte sie Angst vor dem Einschlafen, weil sie befürchtete, es würde sie jemand umbringen.

Shirleys Phantasien über ältere Männer im Alter ihres Vaters hatten alle etwas mit Sex und Mord zu tun. Zuweilen fügte sie in ihre Pantomime eine Szene ein, in der sie von einem älteren Mann belästigt wurde. Ihre Beziehung zu Moe war am Anfang sehr verworren. Offenbar wünschte sie seine Liebe und Aufmerksamkeit. Da sie jedoch keine Erfahrung von einer gesunden Vaterrolle besaß, zeigte sie ihre Gefühle für ihn, indem sie sich verführerisch gab. Wenn Moe nicht bereit war, auf ihre Annäherungsversuche einzugehen, wurde sie wütend auf ihn.

Ich möchte, daß du mich so berührst, wie du meine Schwestern anfaßt. Ich wünsche mir, daß du mich hältst und streichelst. Aber ich fürchte dich. Ich fürchte alle Männer. Und vor Vätern habe ich die allergrößte Furcht.

Shirley war mittelgroß, rundlich und gut proportioniert. Ihr Körper ließ nur wenig ahnen von ihrer außerordentlichen physischen Kraft und Beweglichkeit. Ihre Kraft war keine Äußerung ihrer Psychose, wie es für viele der Kinder zutraf. Sie war beim Spielen ebenso stark und kräftig wie in den Zeiten, in denen sie erregt war. Sie war manchmal unersetzbar, um das Ausagieren anderer Kinder aufzufangen. So demütigend es für die Jungen war, Shirley konnte es mit jedem von ihnen aufnehmen, und wir brauchten immer mehrere, um sie unter Kontrolle zu bekommen. Mit Shirley geschah es, daß Moe sich letztlich in der mißlichen Lage sah, die er bei Dennis befürchtet hatte: bei ihrem ersten ernstlichen Zusammenstoß wollte sie sich auf keinen Fall von ihrem Vater bestrafen lassen; sie bemächtigte sich seines Gürtels – triumphierend und sehr zu Moes Verlegenheit.

Shirley hatte offensichtlich ihr Vergnügen an solchen Zwischenfällen und provozierte Moe ständig. Mir gegenüber war sie zahmer. Einige Male, als es den Jungen nicht möglich war, die Tobende zu bändigen, konnte ich sie unter Kontrolle bekommen. Obwohl sie jeden anderen, der sie festzuhalten versuchte, ohne Zögern biß, schlug, trat oder sonstwie verletzte, ging sie nie das Wagnis ein, mir etwas anzutun. Mein Wohlergehen war offensichtlich zu wichtig für ihr Überleben.

Manchmal kapitulierte Shirley einfach vor der Welt, die sie verwirrte und in Angst versetzte; wenn dann nicht jemand schnell genug zur Hand war, um einzugreifen, dann war sie auf und davon und raste ziellos durch die Straßen, über die Landstraße, in die Stadt. Wir befürchteten alle, daß Shirley sich entweder vorsätzlich töten oder durch einen Unfall umkommen würde, bevor wir sie einfangen und in Obhut nehmen konnten. Einmal, als die Jungen sie aus dem Auge verloren hatten, wurde ein patrouillierender Polizeiwagen auf sie aufmerksam; er hielt an und die Polizisten fragten, was los sei. Als Dennis erklärte, daß sie versuchten, ein krankes Mädchen zu fangen, bevor es sich selbst Schaden zufügte, beteiligte sich die Polizei an der Jagd. Sie fand Shirley, wie sie auf den Gleisen der Eisenbahn entlangstürmte.

Ein anderes Mal – sie hatte unsere Möglichkeiten physischer Ausdauer erschöpft; Moe und die Jungen mühten sich mit ihr ab, um sie in die Notstation der Klinik zu bringen, um sie dort medikamentös zu beruhigen – riß sie sich los, sprang aus dem Auto und begann die Straße entlang zu rennen; alle anderen jagten hinter ihr her. Sie hatten sie fast erreicht, als ein anderes Auto voll von Farbigen vorbeifuhr, die die Schar der Weißen sahen, die ein fliehendes schwarzes Mädchen verfolgten. Mit quietschenden Bremsen hielten sie neben Shirley, offensichtlich bereit, sie zu verteidigen. Für einen spannenden Moment sah es nach dem Ausbruch eines Rassenkrawalls aus.

Da ergriff Shirley die Situation: »Ihr fahrt weiter, hört ihr!«, schrie sie, »ihr laßt uns in Ruhe. Das geht euch nichts an!«

Verwirrt schauten die Farbigen noch eine Weile zu; dann fuhren sie langsam davon.

Das Zusammensein von zwei so wilden, verrückten Mädchen wie Shirley und Elisabeth im gleichen Hause und zur selben Zeit machte uns fast mehr zu schaffen, als wir bewältigen konnten. Jede von ihnen war flink wie ein junges Reh und sie waren beide selbstmordgefährdet. Der Hauptunterschied zwischen ihnen bestand damals darin, daß Elisabeth zu keinem angemessenen Verhalten, auf das sie zurückgreifen konnte, fähig war, während Shirley sich, wenn sie nur wollte, zusammenreißen konnte. So verrückt sie zu Zeiten auch war, verhielt sich Shirley im Klassenzimmer jedoch immer ruhig und gesittet. Auch ohne lesen zu können, war sie durchaus imstande, den Lehrstoff in sich aufzunehmen – was uns später ganz deutlich vor Augen geführt wurde, als sie zu jedermanns Überraschung mit Auszeichnung ihr Klassenziel erreichte.

Wenn sie sich stark genug dazu fühlte, konnte sie sich auch selbst mitten in einem Erregungszustand unter Kontrolle bekommen und notfalls sinnvoll handeln. Ich saß eines Abends nach dem Essen in dem großen Schlafzimmer, das die Mädchen miteinander teilten (wir haben in den Zimmern der Jungen und Mädchen Stockbetten stehen), und unterhielt mich mit Elisabeth, Shirley und Rosita, während draußen ein heftiger Gewittersturm tobte. Plötzlich gingen alle Lichter aus.

Als wir noch ringsum nach Kerzen und Streichhölzern suchten, hörten wir den leichten Tritt dahineilender Füße, denen andere eilige Schritte folgten. Am Ende des Ganges gab es dann einen lauten Krach und mehrere Schreie.

Wir rannten in das Badezimmer der Mädchen; einer der Jungen war uns mit einer Taschenlampe voraus. Elisabeth und Shirley lagen auf dem Boden, im Ringkampf ineinander verschlungen und rollten auf lauter Glassplittern hin und her, während Shirley um Hilfe schrie.

Als wir sie auseinandergerissen und wieder auf die Füße gestellt hatten, sahen wir, daß sich beide Mädchen böse geschnitten hatten. Später, nachdem sie verbunden waren und sich beruhigt hatten, erfuhren wir die ganze Geschichte.

»Als alle Lichter ausgingen, dachte ich, Mensch, wenn ich jetzt Lust hätte, mich umzubringen, wäre es genau der richtige Zeitpunkt dafür!«, erklärte Shirley und blickte Elisabeth mit einer seltsamen Grimasse an. »Ich hatte nur gerade in diesem Augenblick keine Lust dazu. Da hörte ich Elisabeth aus dem Zimmer laufen, und ich wußte ganz genau, was sie vorhatte. So lief ich hinter ihr her ...«

Als Shirley das Badezimmer erreichte, hatte Elisabeth bereits ein Glas gepackt und es über dem Waschbecken zerschlagen. Sie war gerade dabei, ihre Handgelenke mit einem spitzen Splitter aufzuschlitzen, als Shirley in den Raum stürzte und auf sie lossprang. Die beiden Mädchen fielen zusammen zu Boden, wobei das Glas unter ihnen zersplitterte. Das war die Seite von Shirleys Persönlichkeit, die sie so unendlich liebenswert machte – daß sie sogar zu solchen Heldentaten fähig war, um das Leben eines Menschen, den sie liebte, zu retten, obwohl sie ihr eigenes Leben so gering achtete.

Leider blieben diese gewalttätigen Ausbrüche nicht unbemerkt. Bis zu diesem Zeitpunkt wußten die Ortsbewohner nicht sehr viel von dem, was wir taten. Shirleys Davonlaufen jedoch und mehrere Vorkommnisse, in die andere Jugendliche verwickelt waren, lenkten die Aufmerksamkeit allmählich auf unser Haus. Berichte, mit denen Tom und Rickey aus der Schule nach Hause kamen, bestätigten uns dies.

»Die anderen Kinder fragen mich dauernd, warum ich so viele verrückte Brüder und Schwestern habe«, beklagte sich Rickey.

»Es geht das Gerücht, ich lebe mit einer Schar von Hippies zusammen«, fügte Tom mit einem Lachen hinzu. Bei Tom klang es wie ein Kompliment. Ich wollte mich jedoch vergewissern.

»Stört es dich?«, fragte ich ihn.

»Mich nicht«, sagte Tom mit einem Achselzucken. »Ich werde mehr beachtet und ich habe mehr Kinder, mit denen ich spielen kann, als wenn nur Rickey und ich allein da wären.«

»Und wie ist es mit dir?«, wandte ich mich an Rickey. »Geht es dir auch so?«

»Manchmal schon«, sagte Rickey obenhin in mannhafter Nachahmung der Laissez-faire-Haltung seines älteren Bruders. »Es ist ganz nett, die anderen Burschen zum Ballspielen um mich zu haben. Aber manchmal sind sie auch eine Plage!«

Tom versuchte, mit seinem Bruder zu diskutieren: »Du kannst nicht beides haben, Rick.«

»Das weiß ich schon.« Rickey ging vor sich hin brummend davon.

Toms Gleichgewicht war stabil, bei Rickey wußte ich jedoch, daß es nicht so war. Er schwankte zwischen dem Spaß an zusätzlichen Spielkameraden und der Verlegenheit, wenn ihn die Kinder in der Schule ihretwegen aufzogen.

Ich kam zu dem Entschluß, daß wir uns öfters als Familie unter den

Ortsbewohnern sehen lassen müßten. Je mehr die Leute sahen, daß wir uns in der Öffentlichkeit manierlich benehmen, um so weniger würden wir für sie eine Bedrohung darstellen. Für unser Ansehen in der Öffentlichkeit waren die Szenen am schlimmsten, wenn wir gezwungen waren, tobende und schreiende Jugendliche in die Klinik zu schaffen. Wie sehr wünschte ich, es gäbe eine bessere und wirksamere Möglichkeit, um mit dieser Schwierigkeit fertigzuwerden.

Nicht lange nach meinem Gespräch mit Tom und Rickey besuchte uns eines Abends Dr. Reed, um mit mir und Moe über das gleiche Thema zu reden. »Ich fürchte, ihr müßt ein paar Änderungen vornehmen«, erklärte er uns. »Im Ort gibt es einfach zu viele Gerüchte und zu viel Geschwätz über euch und die Kinder.«

Don erzählte uns, daß die Stadt mit Gerüchten überschwemmt sei: wir wären eine Kommune von Hippies; wir würden einer Drogenszene Tor und Tür öffnen; wir wären eine kommunistische Verschwörung. Wir erklärten Don, aus unserer Sicht sei das schlimmste Problem, daß wir, sobald ein Jugendlicher hochgradig erregt war und eine medikamentöse Behandlung benötigte, keine andere Möglichkeit hatten, als ihn in die Notaufnahmestation der Klinik zu bringen; und das müßte manchmal unter den Augen von Dutzenden neugieriger Zuschauer geschehen und gerade dann, wenn der Jugendliche in seinem schlimmsten Zustand zu sehen ist. »Jedesmal wenn einer von ihnen außer Kontrolle geraten ist, gibt es für uns nur die eine Möglichkeit, ihn auf dem ganzen Weg bis zur Klinik gewaltsam zu bändigen«, klagte ich. »Praktisch kommt das einer öffentlichen Schaustellung gleich.«

»Ihr braucht euch nicht derartig bloßzustellen«, meinte Don. »Das nützt weder euch noch den Ortsbewohnern.« Er dachte einen Moment nach. »Ich glaube, ich weiß, wie wir es machen können. Ihr könnt jedes der Kinder in die Patientenkartei der Klinik eintragen lassen. Die meisten von ihnen sind sowieso Nachsorge-Patienten. Dann sind sie unter denen registriert, für die ich verantwortlich bin – und das gibt auch den Ortsbewohnern die Gewißheit, daß sie angemessene medizinische Betreuung erhalten. Außerdem könnt ihr mich, da ich sie kenne, in Notfällen anrufen. Ich kann dann Beruhigungsmittel bzw. Konzentrate verschreiben. Die wirken schnell und damit dürften die meisten Fahrten in die Klinik überflüssig werden. Ihr könnt die Kinder direkt hier zu Hause medikamentös beruhigen.«

Dies erwies sich als einer der wesentlichen Wendepunkte für unsere

Möglichkeiten, die Kinder zu betreuen. Nachdem uns jetzt jederzeit wirksame Medikamente zur Verfügung standen und wir sie selbst anwenden konnten, gab es nur noch wenige Situationen, mit denen wir nicht innerhalb unserer eigenen vier Wände fertig werden konnten.

Ein anderes Problem war die Hilfe im Haus. David Rohrer, der den Sommer über bei uns gearbeitet hatte, mußte im September ins College zurück; wir standen damit vor mehreren organisatorischen Schwierigkeiten. Wir überlegten uns, ob Dennis die Aufgaben von David übernehmen könnte. Als er im vergangenen Frühjahr in Charlottesville leben mußte, war er nicht glücklich gewesen und erleichtert, als er im Sommer nach Hause zurückkehren konnte. Wir wußten, daß er sich nicht danach drängte, zurückzugehen und in der Schule zu leben. Wie immer waren wir entschlossen, ihn so leistungsfähig wie möglich zu halten. Wir wollten deshalb nicht, daß er die Schule aufgab und zu Hause blieb. Wenn er jedoch, so überlegten wir, Verantwortung im Hause übernahm, konnte er sich bei uns geborgen und sicher fühlen und gleichwohl sein Bestes leisten.

Dennis gefiel der Vorschlag, und wir kamen überein, daß er zu ein oder zwei Vorlesungen nach Charlottesville fahren und außerdem im Haus helfen würde.

Wir kamen zu dem Schluß, daß es für mich nicht mehr sinnvoll war, noch zu arbeiten. Ich gab deshalb meinen Arbeitsplatz an der Nervenklinik auf. Ferner entschloß ich mich, obwohl ich weiterhin eine kleine Privatpraxis in Washington D. C. betrieb, meine Zeit fast ausschließlich den Kindern und dem intensiven Studium der Schizophrenie zu widmen.

Noch ehe jedoch unser Haushalt reibungslos funktionierte, kursierte bereits eine Unterschriftensammlung bei unseren Nachbarn, die das Ziel hatte, uns zu vertreiben. Der Stadtinspektor erschien eines Morgens in Moe's Büro und erklärte ihm, daß wir die Vorschriften des Bebauungsplanes übertreten hätten, weil nämlich das Gebiet, in dem wir lebten, als Wohngebiet ausgewiesen sei und wir eine Anstalt betrieben.

»Es tut mir leid, Herr Schiff«, sagte der Inspektor zu Moe, »aber es sieht so aus, als ob Sie ausziehen müssen.«

»Das fällt uns überhaupt nicht ein!«, knurrte Moe. »Erst muß die Behauptung bewiesen werden; und ich erkläre Ihnen, daß wir keine Anstalt sind. Wir sind eine Familie. Sie können kommen und sich selber davon überzeugen.«

»Sie müssen zugeben, es ist eine ziemlich ungewöhnliche Familie«, lächelte der Inspektor. »Sie haben eine ganze Menge mehr Kinder als die meisten Familien –«. »Aber es sind unsere Kinder«, behauptete Moe stur. »Wir sind keine Ärzte. Wir sind ihre Eltern. Jemand wird das vor Gericht beweisen müssen, daß wir nicht eine Familie sind; vorher höre ich mir keine Eingabe an!«

»In Ordnung, Herr Schiff«, der Inspektor hob beruhigend seine Hand. »Ich habe eine Menge Gutes über das, was Sie tun gehört. Ich werde einen Bericht darüber machen, daß Sie keinerlei Berechtigung sehen, Sie zum Auszug zu zwingen. Wir werden abwarten, was Ihre Nachbarn dazu sagen.«

In dieser Situation kamen unsere Freunde zum Vorschein. Zum erstenmal erhielten wir aktive Unterstützung von der Ortsgemeinde. Viele Leute in Fredericksburg, darunter die Gesellschaft für geistige Gesundheit, mehrere Behörden und unsere Freunde von der episkopalen St. Georgs-Gemeinde, Pfarrer Faulker und seine Frau, setzten sich öffentlich für das ein, was wir taten. Mary und Tom Faulker unterstützten unsere Arbeit ganz offen und nahmen einen sehr gestörten Jungen, den ich behandelt hatte, in ihr Haus auf. Sie begannen, ihn nach den Richtlinien, nach denen wir mit unseren Kindern arbeiteten, erfolgreich neu zu beeltern.

Außerdem hatten einige der Kinder selbst schon bei Leuten in der Stadt und bei Kaufleuten einen guten Eindruck gemacht. So erzählte mir der Inhaber eines großen Geschäftes: »Ich habe es gerne, wenn Ihre Kinder in mein Geschäft kommen, Frau Schiff. Sie benehmen sich viel besser als sonst die Teenager. Wir brauchen nicht auf sie aufzupassen.«

Im Gegensatz zu dem, was unsere Freunde befürchtet hatten, bekamen wir keine Schwierigkeiten mit den Ortsbewohnern, weil eines unserer Kinder schwarz war. Shirley selbst allerdings geriet in einen hochgradigen Erregungszustand, als 1968 Dr. Martin Luther King ermordet wurde und darauf die wütenden Aufstände folgten. In Fredericksburg gab es einen Umzug zum Gedenken an Dr. King, der mit einem Gottesdienst in der St. Georgs Kirche beendet wurde. Wir entschlossen uns, mit der ganzen Familie daran teilzunehmen. Ich hielt Shirley während des Umzugs und des Gottesdienstes ganz eng bei mir und sie schien auch in Ordnung zu sein. Als wir jedoch zurück nach Hause kamen, war sie in höchster Erregung.

Sie hatte die fixe Idee, daß sie jetzt von allen Schwarzen, die sie mit uns zusammen gesehen hatten, gehaßt wurde, weil sie zu einer weißen Familie gehörte.

»Sie werden herkommen und uns alle töten!«, schrie sie.

Wir versuchten sie zu beruhigen, aber sie wollte sich nicht trösten lassen. Sie war derartig verstört, daß wir das Gefühl hatten, wir müßten jemand anderen finden, der sie beruhigen könnte. Wir riefen eilig einen schwarzen Geistlichen an, der sich aktiv um politische Fragen kümmerte, und erklärten ihm, was geschehen war. Er ließ alles stehen und liegen und kam sofort zu uns.

»Sicher ist Jacqui deine Mutter«, sagte er zu Shirley. »Daß sie deine Mutter ist, kann ich daran sehen, daß sie diejenige ist, die sich um dich kümmert. Die Hautfarbe macht da keinen Unterschied. Niemand will dich von deiner Mutter wegnehmen. Niemand, ob schwarz oder weiß.«

Er erklärte ihr dies immer wieder und tröstete sie. Und irgendwie gelang es diesem großen, ruhigen schwarzen Mann, daß Shirley in ihm einen Vertreter der gesamten schwarzen Rasse sah, der ihr die Erlaubnis gab unser Kind zu sein.

Beide, die schwarze und die weiße Gruppe der Einwohner, fanden es in Ordnung, daß wir Shirley aufgenommen hatten. Die Jugendgruppe der St. Georgs-Gemeinde – sie ist eine der traditionsreichen und der konservativen alten Gemeinden in Fredericksburg – steuerte zu ihrem Unterhalt bei.

Nicht lange nach dem fehlgeschlagenen Versuch, uns zu vertreiben, bekam eines unserer Kinder, der kleine David, eine Blinddarmentzündung und mußte operiert werden. Ich rief den Chirurgen in unserer Nachbarschaft, dem es unangenehm war, uns als Nachbarn zu haben. Er nahm die Operation selbst vor und behandelte später auch andere Kinder von uns. Ich nehme an, daß er bei seinen Besuchen und dadurch, daß er mich und die Kinder kennenlernte, herausfand, daß die Wirklichkeit dessen, was tatsächlich in unserem Hause vorging, völlig anders war, als die wuchernden Phantasien, die aus dem Geschwätz herrührten.

Wir wissen nicht, welcher Grund den Ausschlag gab. Aber die ganze Sache schlief am Ende wieder ein, und wir blieben, wo wir waren.

Am Ende des Sommers war unser Haushalt um noch ein weiteres Kind gewachsen – unser Sohn Chucky hatte seinen Besuch der Sonderschule an der Westküste beendet. Er kam in den Osten, um in seine Familie zurückzukehren und wieder in die öffentliche Schule zu gehen. Chucky war zwar ein liebenswerter, bezaubernder Junge, aber nun kam er in eine Familie zurück, die ganz anders war als die, die er verlassen hatte, und deshalb machte ich mir ernsthaft Gedanken darüber, wie er darauf reagieren würde: auf ein Haus voller Brüder und Schwestern, die wir in seiner Abwesenheit aufgenommen hatten.

Zum Glück für uns alle hat Chucky einen angeborenen Schuß von Takt und Gewandheit. Er akzeptierte die Familie sehr schnell und löste das Problem für uns alle, indem er sich einfach ohne Getue oder Aufregung in die Hausgemeinschaft einfügte. Die Kinder schienen alle froh, diesen neuen attraktiven Bruder um sich zu haben, und zu unserer Erleichterung versuchte Chucky nicht, die Stellung irgendeines anderen zu untergraben. Auch schien ihn die Krankheit der anderen Kinder nicht zu belasten. Augerdem sah er keine Veranlassung – so wie Tom –, sich selbst in den Heilungsprozeß der anderen Kinder einzubringen. Ich fragte mich, ob dies eine dauerhafte Reaktion von Chuckys Seite sei.

Von allen Kindern war wohl Dennis bei der Ankunft von Chucky am unbehaglichsten zumute gewesen. Je gesünder Dennis wurde – und er machte schnelle Fortschritte –, um so mehr betrachtete er sich selbst als den »großen Bruder« der Familie. Zu diesem Zeitpunkt hatten er und Tom eine befriedigende Beziehung miteinander aufgebaut, in der Tom Dennis als einen älteren Bruder akzeptierte. Offensichtlich jedoch bewegte Dennis sehr die Sorge, daß Chucky diesen Status in Frage stellen könnte. Es war eine große Erleichterung für Dennis, daß Chucky nicht daran interessiert zu sein schien, mit ihm um die Position des rangältesten Kindes in der Familie zu konkurrieren. Und Dennis schien sich in der unangefochtenen Rolle des ältesten Sohnes zu entspannen.

Bis er mich schlug.

VIII.

Heute weiß ich überhaupt nicht mehr, worüber Dennis und ich uns gestritten haben. Er war mir in unser Schlafzimmer gefolgt; Moe spielte den Schiedsrichter, während Dennis und ich eines der endlosen hitzigen Streitgespräche führten, die unsere Beziehung zu dieser Zeit charakterisierten. Ich lag auf dem Bett ausgestreckt, während Dennis neben mir saß. Als er wütend etwas schrie, setzte ich mich plötzlich auf, und bevor uns klar war, was geschah, hatte er mich geschlagen und meine Brille zertrümmert.

Moe packte ihn – aber es war nicht mehr nötig. Dennis wirkte sehr kindlich und verwirrt und sagte zu seinem Vater: »Ich habe nichts gemacht! Ich habe sie nicht geschlagen!«

Dieses Verhalten sollte sich, wie wir herausfanden, als typisch erweisen, wenn Dennis mich während des nächsten Jahres mehrere Male unerwartet schlug. Hinter diesen Angriffen schälte sich als Muster heraus, daß Dennis, wenn er über etwas wütend war und er und ich miteinander argumentierten, etwas wahrnahm, was in Wirklichkeit gar nicht geschah (bei dem obigen Vorfall dachte er, als ich mich plötzlich aufsetzte, daß ich ihn schlagen wollte); damit rechtfertigte er dann seinen Ausbruch. Nachdem er mich geschlagen hatte, konnte er sich nicht erinnern, daß er es getan hatte, und war verwirrt und fürchtete sich. Er wollte auch nicht die Verantwortung für die Fehlwahrnehmung, die das Ereignis ausgelöst hatte, übernehmen. Ständig rechtfertigte er sich mit Äußerungen wie »Ja, sie tut eine Menge blöder Dinge« oder »Wie hätte ich das wissen können?«

Im Lauf der Zeit wurde mir klar, daß es mindestens einen Gewinn für Dennis gab, wenn er mich schlug: nämlich daß er sich hinterher schuldig und zerknirscht fühlte. In gleicher Weise hatte er damals in Schuldgefühlen geschwelgt, als er mich mit der Schaufel schlagen wollte und ich ihn getröstet hatte. Selbst während er darauf beharrte, mich als die Ursache für das Geschehene zu bezeichnen, klammerte er sich an mich und bat um Verzeihung und versicherte mir, daß so etwas nicht noch einmal geschehen würde; er flehte mich an, ihn nicht zu verstoßen. Eine

Zeitlang gab ich nach, tröstete ihn und nahm ihn vor Moe in Schutz, indem ich die Anschuldigung von Dennis, daß ich etwas falsch gemacht hatte, oder seine Erklärungen, daß derartige Dinge nicht noch einmal vorkommen würden, hinnahm.

Das manipulative Schuldbewußtsein wurde jedoch nach einer Weile durchsichtiger. Da Dennis bei allen anderen Gelegenheiten gut funktionierte und mich dennoch gelegentlich schlug, wurde uns deutlich, daß er keine Anstalten machte, das Problem zu bearbeiten. Ich hörte auf, an seine Schuldgefühle und sein Zerknirschtsein zu glauben. »Wenn dir unsere Beziehung wichtig wäre, würdest du daran arbeiten«, erklärte ich ihm.

»Oh, ich gebe mir doch solche Mühe!«, pflegte er zu beharren. »Du kannst mich nicht aufgeben. Ich brauche dich so sehr!«

Mit dem Gefühl des Verführt- und Ausgenutzt-Werdens wartete ich auf das nächste Mal.

Indessen war Dennis in beinahe jeder anderen Hinsicht völlig verläßlich und eine große Hilfe für uns alle. Ähnlich wie Tom besaß er ein Einfühlungsvermögen für pathologisches Verhalten.

Moe und mir machte damals große Kopfschmerzen und ziemliche Sorge, daß Elisabeth darauf bestand, die Beziehungen zu ihrer ursprünglichen Familie aufrechtzuerhalten. Sie blieb weiterhin mit ihren Eltern, ihrem Bruder und ihren Schwestern eng verbunden. Eines Morgens stürmte sie herein und suchte mich, wobei ihre Augen vor Aufregung funkelten.

»Was meinst du, was los ist?« Sie schwenkte einen Brief vor meiner Nase. »Meine Schwester wird heiraten! Und ich werde zu der Hochzeit gehen!« Dann, als ich auf ihre Begeisterung nicht einging, schwankte ihre Stimme: »Ich darf doch gehen? Darf ich, Mama? Bitte!«

»Ich glaube nicht«, sagte ich sanft und strich ihr die Haare von den Wangen zurück. »Du bist für so eine Sache noch nicht so weit.«

»Aber ich möchte es doch nicht versäumen!«, wimmerte Elisabeth, und ihre Augen schwammen in Tränen. »Bitte, Mama, ich möchte doch so sehr gerne gehen!«

Mir war nicht wohl dabei, Elisabeth etwas zu versagen, was sie offensichtlich so sehr wünschte. Dazu bekam ich einen Anruf von ihrer Mutter.

»Wir alle möchten dringend, daß Elisabeth für die Hochzeit nach Hause kommt«, sagte sie zu mir. »Sie werden sie doch bestimmt dafür nach Hause lassen. Alle ihre Verwandten warten darauf, sie zu sehen. Ich verspreche, wir werden uns bestimmt gut um sie kümmern. Es bedeutet so viel für uns alle . . .«

»Ich glaube nicht, daß Sie es verstehen«, fing ich an – und merkte an der Tatsache, daß ich ins Erklären geriet, daß ich bereits schwankend geworden war. »Elisabeth ist sehr krank. Sie bedarf ständiger Beobachtung.«

Ihre Mutter bestand darauf: »Wir können hier auf sie aufpassen. Und wir werden uns bestimmt sehr gut um sie kümmern! Es handelt sich doch nur um zwei Tage, und wir sind sicher genug Leute hier, um nach ihr zu sehen . . .«

»Bitte, Mama, bitte!« Elisabeth stand neben mir und hüpfte vor Aufregung auf und ab. »Ich möchte so gerne hin . . .«

»Sie darf niemals allein gelassen werden –«, warnte ich.

»Oh, wir würden gar nicht daran denken, sie einmal allein zu lassen«, versicherte mir ihre Mutter.

»Sie müssen alles aus dem Badezimmer entfernen, besonders alle Gläser und Messer, und alles, was sie sonst benutzen könnte, um sich was anzutun . . .«

»Ich werde das jetzt gleich tun«, sagte sie. »Es ist so gut von Ihnen, Frau Schiff. Sie ahnen nicht, was das für uns bedeutet!«

Mir wurde klar, daß ich nachgegeben hatte, und ich versuchte hastig die Situation zu retten. »Was halten Sie davon«, schlug ich vor, »wenn Dennis mit zur Hochzeit kommt? Sie könnte ja anfangen zu schreien, wie Sie wissen! Er würde die Anzeichen erkennen und nahe bei ihr bleiben; wenn Sie sich sonst noch um sie kümmern, könnte es gehen.«

»Das wäre wunderbar!«

Ich wehrte vorsichtig ab: »Sind Sie sich wirklich im klaren, wie vorsichtig Sie sein müssen? Sie kann, wenn sie erregt ist, jederzeit Selbstmord begehen oder jemand anderen töten.«

»Natürlich.« In ihrer Stimme war ein Unterton von Lachen, als ob meine Anweisungen wirklich zu simpel waren, um geglaubt zu werden.

Die Eltern holten Elisabeth ab. Wir vereinbarten, daß Dennis zur Hochzeit dazukäme. Noch einmal versicherten sie mir, daß sie sich um sie kümmern würden. Dazu kam, daß wir auf Dennis, abgesehen von seinen damaligen Gefühlen mir gegenüber, in einer solchen Situation zählen konnten; er würde sie auffangen.

Wenn es Schwierigkeiten gibt, nahm ich an, wird es während der Hochzeit selbst sein. Spät in der Nacht klingelte das Telefon.

Mich erschreckte die Stimme Elisabeths. »Mama, bist du's?«

»Ja Elisabeth. Ist was nicht in Ordnung?«, fragte ich. Mir setzte der Atem aus. Ich wußte, ich hätte sie auf keinen Fall gehen lassen dürfen.

»Ja, ich dachte, es ist besser, ich rufe dich an«, sagte Elisabeth mit sehr erregter Stimme. »Ich bin nämlich allein im Haus, zusammen mit den kleinen Kindern und ich fürchte, daß ich meine kleine Schwester umbringen könnte.«

»Wo ist deine Mutter?«, fragte ich. »Wo sind deine Eltern?«

»Sie sind zum Abendessen ausgegangen und haben mich zum Kinderhüten dagelassen. Aber ich habe Angst . . .«

»Wann wollten sie wieder zurück sein?«, fragte ich.

»Ich schätze, in etwa einer Stunde«, antwortete Elisabeth. »Mama, was soll ich tun?«

»Es war richtig, daß du mich angerufen hast«, versicherte ich ihr. »Wir lassen uns etwas einfallen.«

Ich wußte, daß es bei Elisabeth nicht zum Ausbruch kam, wenn andere Leute dabei waren. »Wie alt ist dein Bruder?«, fragte ich sie. »Kannst du ihn ans Telefon holen?«

Ich konnte mich an den Jungen nur vage erinnern – ein langer, dürrer Dreizehn- oder Vierzehnjähriger, der gar nicht den Versuch zu machen brauchte, Elisabeth zu bändigen, wenn sie gewalttätig wurde.

Glücklicherweise hatte der Junge die Situation schon zutreffend erfaßt. »Was soll ich tun?«, fragte er mich.

»Nimm deine kleine Schwester und gehe mit ihr sofort zu wem in der Nachbarschaft«, wies ich ihn an. »Sorg dann dafür, daß ein verläßlicher Erwachsener, möglichst ein Mann, in euer Haus kommt, damit Elisabeth sich nichts antut. Wenn kein Mann da ist, dann sieh zu, daß jemand die Polizei ruft. Erkläre ihnen, daß sie selbstmordgefährdet ist. Jetzt hol Elisabeth wieder ans Telefon, ich will versuchen, mich so lange mit ihr zu unterhalten, bis Hilfe kommt.«

Während wir uns mit Elisabeth am Telefon unterhielten, schickten wir jemanden weg, um die Polizei in der Stadt, in der ihre Familie lebte, anzurufen (aufgrund dieser Krise ließen wir sofort hinterher ein zweites Telefon in unserem Hause installieren). Der Bruder von Elisabeth hatte es jedoch geschafft, genau das zu tun, was ich gesagt hatte; einige Augenblicke später kam ein fremder Mann ans Telefon. Ich erklärte ihm die Angelegenheit, und er versprach, bei Elisabeth zu bleiben, bis ihre Eltern zurückkämen.

Später rief ihre Mutter mich an. »Wir waren nur für einen Moment ausgegangen«, sagte sie. »Ich verstehe gar nicht, warum Elisabeth sich so aufgeregt hat!«

In meiner Wut wurde mir klar, daß diese Frau auch nicht ein Wort von dem, was ich ihr sagte verstanden hatte. Sie wollte einfach nicht die Tatsache wahrhaben, daß eine Gefahr bestanden hatte.

Elisabeth überstand die Hochzeit gut. Nachdem sie jedoch wieder zu Hause war, erlebten wir mehrere Episoden, in denen sie kreischend und tobend ihre Wut gegenüber ihren Eltern herausließ: daß sie sie dermaßen vernachlässigt hatten und so blind gegenüber ihren Bedürfnissen waren. Es war das erste Mal, daß sie phantasierte, sie zu töten. Da ihr Kontakt mit der Wirklichkeit immer noch so zerbrechlich war, glaubte sie manchmal, daß die Eltern infolge ihrer »schlechten« Gedanken tatsächlich tot seien.

»Ich habe sie umgebracht. Ich habe es tatsächlich getan«, darauf bestand sie eines Abends. »Alle zusammengeschlagen und voller Blut. Einen nach dem anderen habe ich sie alle umgebracht! Oh – ich bin so schlecht! Was wird jetzt aus mir? Ich sollte ebenfalls sterben!« Nur ein hastiger Anruf spät am Abend bei ihrer Familie konnte Elisabeth überzeugen, daß sie halluzinierte und daß die Eltern lebten.

Nach diesem Vorfall lehnten wir Besuche bei den eigenen Familien eindeutig ab; denn offenkundig war ein Kind nicht imstande, zwischen zwei Elternpaaren hin und her gerissen gesund zu werden.

Berichte über unsere Erfolge mit den Kindern waren zu vielen unserer therapeutischen Kollegen gedrungen. Sie zeigten ein großes Interesse an dem, was wir taten, und begannen sich Gedanken zu machen, wie sie eigene Patienten nach unserer Art von Therapie behandeln konnten.

Kurz bevor Shirley in unsere Familie kam, hatte uns der Chefpsychologe einer staatlichen Klinik, der mich gut kannte, nahegelegt, einen seiner Patienten aufzunehmen: einen Jungen, der eine wesentlich schwierigere Entwicklung hinter sich hatte als die anderen, die wir bis dahin aufgenommen hatten. »Wenn ihr beiden glaubt, ihr könnt Schizophrene heilen«, sagte er, »dann habe ich einen für euch. Ich fordere euch heraus, es zu versuchen!«

Michael war erst zweiundzwanzig Jahre alt; aber er hatte fast die Hälfte seines Lebens in einer psychiatrischen Anstalt verbracht. Seine Eltern hatten sich scheiden lassen, als er noch klein war, und seine Mutter war arbeiten gegangen, um sich selbst und dem Kind einen Unterhalt zu schaffen. Immer noch ein kleines Kind, wurde Michael von einem Babysitter zum nächsten weitergeschoben. Um beständige Pflege und Bemutterung betrogen, entwickelte er sich früh zu einem gestörten Kind. Als er anfing, seine Frustrationen destruktiv auszuagieren, wurde er von daheim entfernt und im Alter von zwölf Jahren hospitalisiert. In der Klinik hatte er sich seitdem durch den täglichen Umgang mit den anderen Patienten angewöhnt, wesentlich kränker und um vieles verrückter zu sein, als er tatsächlich war. Leider werden in den meisten Kliniken Schizophrene nur noch kränker.

Als Moe sich das erste Mal den Jungen angesehen hatte, berichtete er mir, daß leicht zu erkennen war, was der Arzt über ihn gesagt hatte. Nach neun Jahren in der Klinik war er ein gutes Stück auf dem Wege vorangekommen, kaum mehr als eine ausgewachsene Kartoffel zu sein. Er fürchtete sich zu sehr vor den anderen Patienten, um auch nur zu wagen, ihnen in die Quere zu kommen. Deshalb verbrachte er die meiste Zeit auf einem Stuhl sitzend, während sein Kopf zwischen den Knien herabhing.

Ich habe Angst vor den Verrückten, aber sie kümmern mich nicht, wenn ich sie nicht anschaue. Normalerweise liege ich den ganzen Tag herum und schlafe oder starre die Wände an, oder schaue in den Fernseher. Ein Arzt kommt einmal in der Woche und stellt ein paar Fragen, und das ist die ganze Behandlung, die es gibt. Manchmal breche ich Zigaretten in zwei Hälften und rauche sie so lange, bis sie meine Finger wirklich bösartig verbrennen. Oder ich gehe in den Waschraum und lasse das Wasser so lange laufen, bis es kochend heiß wird, dann fülle ich das Becken damit und stecke meine Hände hinein und beobachte, wie sie rot werden. Oder ich nehme eine Rasierklinge und schabe mir die Haare von Armen und Beinen und schneide mich. So habe ich was zu tun.

Groß, dürr, bleich im Gesicht und mit kahlgeschorenen roten Haaren sah Michael wie ein Untermensch aus – wie jemand aus einem Frankenstein-Film. Er bekam mehr als fünfzig Tabletten pro Tag. Jedesmal, wenn er in einen Erregungszustand geriet, erhöhte man seine Dosis. Don Reed erklärte uns, daß er an den Entzugserscheinungen sterben könnte, wenn er die Medikamente nicht regelmäßig bekam.

Vom Nikotin waren seine Lippen braun gefärbt und aufgesprungen. Meist hing ihm die Zunge aus dem Mund und seine Haut war durch einen der schlimmsten Fälle von Akne, die ich je gesehen hatte, entstellt.

Ich hatte seinerzeit gedacht, daß Dennis entsetzlich ausgesehen hatte. Aber Michael war wirklich jenseits von dem, was man glauben kann. Dazu stank er noch schrecklich. Außer dem uns vertrauten schizophrenen Geruch war hier noch der Gestank von den vernachlässigten Entzündungen und Geschwülsten. Man hatte ihn in der Klinik einfach nicht sauber gehalten. Auch hatte man ihn nicht zu regelmäßigen Übungen angehalten. Sein dürrer Körper war schlaff, ohne Spannung in den Muskeln und ohne merkliche Kraft.

Manchmal stehe ich auf und schwinge meine Arme um mich herum, und vielleicht springe ich auch für eine Weile auf und ab, und ich verziehe meinen Mund zu grotesken Fratzen.

Michaels Diagnose lautete auf Katatonie. Wir entdeckten jedoch, daß wir eine Reaktion aus ihm herauslocken konnten, wenn wir es nur lange genug versuchten, eine Antwort aus ihm herauszubekommen: »Ich weiß nichts davon« oder »Ich bin durcheinander«.
Er wirkte außerordentlich in sich verschlossen. Als wir später erfuhren, in welchem Maße er tatsächlich von den vielen anderen Patienten verstört war, schien es uns verständlich, daß er die meiste Zeit mit hängendem Kopf zwischen den Knien verbrachte. Es war eine vortreffliche Position, um nichts von dem wahrzunehmen, was auf ihn zukam.

Ich spreche mit den anderen nicht, weil ich mich vor ihnen fürchte. Ich rede statt dessen mit mir selbst.
Als sie mich fragten, ob ich gern mit ihnen nach Hause ginge, sagte ich ja; aber ich fürchtete mich auch davor. Ich habe so lange in der Klinik gesteckt, daß die Idee, sie zu verlassen, mir Furcht einjagte. Zumindest weiß ich hier, was los ist ...

Als wir ihn bei uns aufnahmen, schlug unser Freund Don Reed Krach: »Das ist jetzt wirklich zu viel!«, protestierte er. »Glaubt ihr denn, ihr könnt Wunder tun?«
Wir waren uns nicht sicher, wie wir ihn behandeln sollten. Einige Wochen lang ließen wir ihn in unserem Haus einfach mit hängendem Kopf herumsitzen; wir ließen es geschehen, daß er sich mit Zigaretten verbrannte, wie er es in der Klinik getan hatte.
Dann waren wir uns einig, daß es so nicht weiterging. Was sollte es bringen, wenn wir Michael gestatteten, weiterhin so in sich verschlossen

zu bleiben, während er doch statt dessen lernen konnte, sich mitzuteilen? Wir begannen an allen Fronten gegen sein Verschlossensein vorzugehen.

»Wir machen das nicht mehr mit«, erklärte Moe Michael. »Du mußt herumgehen. Du mußt antworten, wenn dich jemand anspricht. Wenn ich dich mit hängendem Kopf herumsitzen sehe, bekommst du Hiebe von mir.«

Michael blickte Moe mit dem ersten Anflug von Interesse an, den wir bei ihm zu sehen bekamen.

Er antwortete nicht, aber er hörte auf, mit hängendem Kopf herumzusitzen. Als Moe das nächste Mal Michael antraf, wie er sich mit einer Zigarette verbrannte, gab er ihm eine Tracht Prügel. Michael hörte auf, sich zu verbrennen.

Anfangs war Michael zu schwach, um Hausarbeiten zu erledigen oder sonst körperliche Tätigkeiten auszuüben. Schritt für Schritt jedoch begann er seine Kräfte zurückzugewinnen. Dr. Reed reduzierte stufenweise seine starke Dosis an Medikamenten, bis er am Ende nur noch abends eines nehmen mußte. Wir benutzen Medikamente nur, wenn es wirklich notwendig ist, um ein Kind, das eine psychotische Episode hat, zu beruhigen; oft jedoch finden wir bessere Mittel, damit fertig zu werden. Tranquilizer, auf die sich die Kliniken verlassen, geben wir so wenig wie möglich, damit das Kind wach und munter ist und wir sein krankhaftes Verhalten direkt angehen können.

Am schlimmsten war, daß Michael während seines langen Klinikaufenthalts jegliche Motivation, gesund zu werden, eingebüßt hatte. Moe, ich und die anderen Kinder mußten ihn ständig ermuntern, bevor er sich dann endlich entschloß, selbst wieder zur Menschenrasse gehören zu wollen. Als er anfing, wieder Beziehungen zu anderen Menschen aufzunehmen, entdeckte Michael ganze Bereiche in sich, von denen er nicht einmal wußte, daß sie existierten. Er entdeckte Freude daran, anderen Menschen zu helfen. Er mochte, wenn man ihn brauchte.

Nachdem er ungefähr acht Monate mit uns gelebt hatte und es ihm langsam besser ging, fragte ich ihn, ob er nicht einmal wegen seiner Haut einen Hautarzt aufsuchen wollte. Denn Michael gewann jetzt, nachdem er einmal angefangen hatte, Beziehungen zu anderen aufzunehmen, mehr Interesse an seiner eigenen Erscheinung. Ihm gefiel es, zum Arzt zu gehen und mit einer Behandlung zu beginnen. Durch die Behandlung seiner Haut wuchs auch wieder sein natürlich gekraustes rotes Haar, und er nahm ein paar Pfund an Gewicht zu. Wir freuten uns alle, als wir entdeckten, daß unser »Untermensch« von Klinikpatient sich als ein gutaussehender Junge entpuppte.

Der erbarmungswürdige Zustand, in dem Michael war, als wir ihn zu uns nahmen, erbitterte mich gegenüber der Pflege in den Kliniken. Es gibt keinen Grund, ein Kind einfach zehn Jahre lang herumsitzen zu lassen. Niemand hat einen Gewinn von einer solchen Umgebung. Die Patienten leben in dieser düsteren Welt doch nur, weil ihre Familien nicht mit ihnen fertig werden, oder weil sonst niemand da ist, zu dem sie gehen könnten. Die Klinik ist somit in erster Linie eine Verwahranstalt, die dem Patienten ein Obdach bietet, aber keinerlei Chance, wieder gesund zu werden.

Ich habe eine Klinik besichtigt, von der man sagt, sie habe eine gute Kinderstation. Dort gibt es einen Raum, in den all die Kinder gesteckt werden, die sich einkoten. Jeden Tag werden die Kinder nur mit der Unterhose bekleidet in den leeren Raum gebracht, wo sie dann ihre ganze Zeit damit verbringen, sich selbst, die anderen und die Wände zu beschmieren. Zu den Mahlzeiten werden sie herausgeholt, geduscht und gefüttert und dann wieder eingepfercht.

Als ich das zum erstenmal sah, fragte ich einen vom Klinikstab: »Warum macht ihr das so?«

»Es sind alles Einkoter; wir haben uns deshalb entschlossen, sie alle in einen Raum, in dem sie es tun können, zusammenzustecken.«

Wie ich feststellte, verbrachten die Kinder so jeden Tag ohne Behandlung und erhielten keine weitere Zuwendung. Als ich nach der Begründung für eine derartige Behandlung fragte, wurde mir erklärt, daß es zu schwierig sei, sich noch auf andere Weise um sie zu kümmern.

Aber wieviel Kot kann eigentlich ein Kind an einem Tag produzieren? Ich fand, sie könnten doch während des ganzen langen Tages etwas Konstruktives tun, wenn man sie sofort, wenn sie Stuhlgang gehabt hatten, säuberte und sie nicht in ihrem eigenen Mist wie eingepferchte Tiere herumstehen ließ.

Eine Alternative dazu wäre gewesen, mit den Kindern den Gang auf die Toilette einzuüben. Das ist bestimmt nicht so schwierig. Auch nicht mit einem regredierten Schizophrenen. Ich habe jedoch Zweifel, ob man dies auch nur einmal der Schwester, die für die Aufsicht verantwortlich war, erklärt hat.

In den meisten staatlichen Kliniken gibt es einfach nicht genug Thera-

peuten, um die Patienten zu behandeln. Darüber hinaus sind die Therapeuten, auch wenn sie einen Patienten regelmäßig sehen, selten bereit,
die Art der Behandlung anzubieten, die der Patient wünscht und
braucht. Unsere Tochter Barbara hatte in der Zeit, in der sie in einer
Klinik Tagespatientin war und regelmäßig vom Arzt besucht wurde, ihn
angebettelt, sie zu bemuttern; der Arzt hatte dies jedoch abgelehnt und
Barbara erklärt, daß sie »ein pathologisches Bedürfnis nach Liebe« hätte.
Als es ihr nach langer Zeit endlich möglich war, mit ihren Gefühlen in
Kontakt zu kommen und zu weinen, befahl ihr eine Schwester, »ruhig
zu sein«.

Einige Kliniken behaupten, sie hätten bei Schizophrenen mit der
Schockbehandlung Erfolg. Unsere Tochter Bunny, die zahlreiche
Schockbehandlungen erhalten hat, beschreibt diese folgendermaßen:

*Diese gräßliche Maschine. Man hat ihnen geholfen, den armen, hilflosen
Menschen. Ich kann es nicht ertragen, die Verwüstung zu sehen oder
über sie nachzudenken und über die Leute, die sagen, »ja, es hat
geholfen«; sie sagen das nur deshalb, weil sie den Gedanken nicht
aushalten können, daß das alles für die Katz war, durch das sie hindurch-
gegangen sind ...*

Nach all unseren Erfahrungen ist die Schockbehandlung wahrscheinlich
ein tragischer Fehler. Die physischen Folgen können Gehirnschäden,
Gedächtnisverlust und geistige Verwirrung sein. Psychisch ist der
Schock geeignet, einen Patienten in der Altersphase, in der er in seiner
Regression gerade ist, zu fixieren. Es kann so aussehen, daß sich Schizophrene nach der Schockbehandlung besser verhalten – und das aus
dem gleichen Grund, wie ein kleines Kind sofort ruhig ist, wenn man es
schwer bestraft hat: man hat es buchstäblich in ein annehmbares Verhalten hineingeschockt. Sie sind aber nicht weniger krank. Der krankhafte
Zustand wird einfach zugedeckt, und wenn der Patient einem Streß
ausgesetzt ist, bricht er wieder zusammen.

Bunny hatte mehr Erfahrung mit stationären Klinikaufenthalten als alle
anderen unserer Kinder, mit Ausnahme von Michael. Ich hatte schon
nach ihr gesehen, als sie nach einem Selbstmordversuch in der Klinik
lag.

*Kein Schlaf ist möglich. Angst weit über das hinaus, was ich je gekannt
habe. Nichts ist groß genug, stark genug, um mich zu verbergen. Ich
habe das Gefühl, als ob ich stürze ...*

Ihr Mann hatte von Bunnys Bruder, der an der Westküste lebte, die Methode der Transaktionsanalyse kennengelernt. Er hatte mich als den TA-Therapeuten angesprochen, der Bunny am nächsten wohnte, und mich gebeten, sie aufzusuchen. Der Arzt, der Bunny damals behandelte, schrieb mir einen Brief und warnte mich; weder meine für sie aufgewandte Mühe würde sich lohnen – noch die eines anderen. Dies war einer von vielen Klinikaufenthalten, und sie hatte nie auf eine Behandlung angesprochen. Offensichtlich meinte der Arzt, daß sie wertvolle Zeit in Anspruch nähme und einen Klinikplatz, den man jemand anderem mit mehr Aussicht auf Erfolg geben könne, da es ihm unausweichlich erschien, daß ihr letzten Endes der Selbstmord gelingen würde. Die Klinik fand sich bereit, sie einige Wochen zu behalten, wenn ich nach ihr als ambulanter Patientin in meiner Praxis sehen würde.

Ihr Mann fuhr sie von der Klinik in meine Praxis.

Sie war eine schlanke, mädchenhaft aussehende junge Frau mit einer Fülle schwarzer Haare, die ihr blasses Gesicht einrahmten. Ihr Körper wirkte merkwürdig unförmig unter einem losen, fließenden Kleid, das ihre Arme bis zu den Handgelenken bedeckte und bis zum Boden reichte. Ihr Gesicht war rund und sehr bleich. Dünne Venen schimmerten durch die Haut ihrer zerbrechlich wirkenden Hände.

Mein erstes Gespräch mit Bunny verlief ohne jeden Zusammenhang. Sie redete in verworrenen, entstellten Symbolen, und ich versuchte, sie zu interpretieren; eines von dem, was sie sagte, verstand ich: Vögel, Kühe, Monde, Zäune.

Sie sprach mit mir durch ihre Augen – diese sandten ratlose Botschaften aus von ihrer Krankheit; sie hatten Kampf und Verzweiflung längst hinter sich gelassen, und sie sprachen von ständiger Angst. Sogar Angst vor mir. Ihr schmollender und wütender Mund erzählte mir noch etwas anderes: wie verbittert sie war über alle und jeden, wie alle sie vernachlässigt hätten, und daß die Versuche, sich zu töten, wohl ein häßliches, wütendes Spiel sein könnten. Ich muß vorsichtig sein, dachte ich mir, als ich entdeckte, wie wütend sie auf Therapeuten war. Sie könnte sich mir zum Trotz selbst töten.

Was kann das wohl sein, vor dem ich soviel Angst habe? Ich möchte am liebsten schreien; und manchmal meine ich, ich zerspringe einfach in zwei Teile . . .
Was tut mir so weh? Warum muß ich sterben? Doch mein Dilemma kann

nur durch meinen Tod aufgehoben werden. Ich verstehe einfach nicht,
wie wir überleben – wie das Leben weitergeht und wie die Zeit vergeht,
während jeder von uns von Schmerz oder Verzweiflung durchbohrt
wird . . .
Oh, bitte, laß doch etwas Gutes aus diesem Zusammentreffen heraus-
kommen. Ich möchte wohl wissen, was sie von mir denkt. Verachtet sie
mich, wie die Ärzte, die schon zuviel von mir gesehen haben?
Ich wage nicht zu hoffen. Aber ich wünsche wirklich, mein Leben hätte
einen Wert. Einmal habe ich einen Schimmer davon erblickt, und ich
brauche diesen Schimmer wie ein Foto, das mir hilft, eine vermißte
Person zu finden und zu erkennen – eine Bunny, die dieses Leben leben
soll, das ich um mich herum habe hängen lassen . . .

Bis jetzt waren die Mädchen, mit denen ich gearbeitet hatte, altersmäßig
jung – zwischen fünfzehn und zweiundzwanzig. Obwohl sie aussah wie
ein zerbrechliches Kind, war Bunny beachtlich älter. Sie war schon
mehrere Jahre verheiratet – wahrscheinlich war dies der einzige gesunde,
unabhängige Schritt, den sie getan hatte, obwohl die Heirat an sich der
ungeheuerlichen Macht ihrer Krankheit nicht widerstehen oder sie auf-
halten konnte.
Soweit die Eintragungen in der Klinik es auswiesen, war sie seit ihrem
elften Lebensjahr krank. Es begann mit Dickdarmkatarrh. Weder Psychotherapie noch andere medizinische Indikationen hatten geholfen. Mit
einundzwanzig Jahren wurde ihr der Dickdarm entfernt. Ileostomie ist
für einen so jungen Menschen eine seltene Operation, aber offensichtlich
war der Dickdarmkatarrh zusammen mit den schizophrenen Sympto-
men so weit fortgeschritten, daß ihre Ärzte keine andere Wahl mehr
sahen; so wurde die Operation durchgeführt mit der Folge, daß Bunny
auf die Dauer behindert blieb. Zu der Operation kam hinzu, daß ihr bei
einer Gelegenheit eine große Menge Cortison verabreicht worden war,
die allerhand Nebenwirkungen hatte, u. a. eine schmerzhafte Arthritis,
die ihr, seit ich sie kenne, ständig Beschwerden gemacht hat.
Bunnys Vater und Mutter waren nicht fähig, mit ihrer Krankheit fertig
zu werden; sie hatten mit Ärger darauf reagiert, so daß Bunny schon
früh die Botschaft erhielt, daß ihr Leben wertlos war. Von beiden
Elternteilen her besaß sie ein Selbstmord-Skript, und sie hatte dement-
sprechend seit Jahren unentwegt ihren Tod gesucht. Daß sie damit
keinen Erfolg hatte, war einfach einer dieser seltsamen Einfälle des

Schicksals – denn immer schaffte es jemand, sie in ärztliche Obhut zu bringen, bevor sie ihren letzten Atemzug tat. Wenn man nur nach ihren Klinikaufzeichnungen ging – Ileostomie, Kreislaufkollaps, Drogenmißbrauch, Alkoholismus, aufgeschnittene Adern –, dann mußte sie schon unzählige Male dem Tode nahe gewesen sein.

Nach meinem ersten Gespräch mit Bunny wußte ich, daß ich es irgendwie fertig bringen würde, sie zu behandeln. Ich mochte ihren Mann John Christy und hatte Vertrauen zu ihm, einem schlanken, ernsthaften, bärtigen jungen Mann, der voll Zuneigung zu seiner Frau war. Ich wußte von ihm, daß ich auf ihn zählen konnte, daß er jede Behandlung, die wir ihr zuteil werden ließen, unterstützte. Bis jetzt war er offensichtlich der einzige Mensch gewesen, der daran glaubte, daß Bunny leben und gesund werden konnte. Jetzt waren es zwei.

»Wenn Sie daran denken, diese Patientin zu übernehmen«, warnte mich der mit der Behandlung von Bunny gerade neu beauftragte Psychiater, »dann sind Sie ebenso verrückt wie sie!«

IX.

Im Hinblick auf das Alter von Bunny, ihren physischen Zustand und die zusätzliche Komplikation durch ihre Ehe, zog ich es zuerst nicht in Betracht, sie neu zu beeltern, wie wir das mit den anderen Kindern taten.

Als ich mit ihr zu arbeiten begann, plante ich, sie versuchsweise nur in meiner privaten Praxis zu behandeln. Bunny jedoch unternahm nur ein paar Tage, nachdem sie aus dem Krankenhaus entlassen worden war, einen erneuten Selbstmordversuch mit Hilfe einer Üderdosis Drogen; sie landete in der Intensivstation des Medical College von Virginia. Es wurde mir dadurch deutlich, daß, wenn ich für sie etwas tun wollte, dies auf einer Basis erfolgen mußte, die mehr Schutz bot als eine ambulante Behandlung.

Der Psychiater, der sie in der Klinik behandelte, empfahl John, daß er Bunny zu ihrem eigenen Schutz in eine staatliche Klinik einliefern sollte. John lehnte dies ab. Statt dessen kam er zu mir, um zu überlegen, wie wir ihre tägliche Behandlung durch mich planen konnten.

Ich merkte, daß mir das Vertrauen von John ebensosehr naheging wie Bunnys Situation. Es war etwas sehr Zwingendes und Werbendes in dem Wunsch dieses jungen ruhigen Mannes, daß seine Frau wieder gesund würde, und in seinem Vertrauen zu meiner Fähigkeit, sie zu heilen.

In der Regel ist bei einer Ehe, in der ein Partner krank ist, die Ehe selbst verdächtig, da der Ehemann häufig einen gewissen Anteil zur Krankheit seiner Partnerin beiträgt. Ich hatte wie die meisten anderen Therapeuten gelernt, eine Ehe im Blick auf Heilungsversuche als hinderlich anzusehen. Dieses Muster schien mir besonders naheliegend für eine Ehe wie die von Bunny und John, in der die Krankheit sich schon beträchtlich durchgesetzt hatte, bevor die Heirat stattfand.

Ich war durch zwei Dinge verwirrt: einmal durch die offensichtliche Ernsthaftigkeit Johns, mit der er wünschte, daß seine Frau wieder gesund würde; und zum anderen durch das Vertrauen, das er in mir erweckte. Ich sprach mit ihm ein wenig darüber und fragte ihn dann direkt:

138

»Warum hast du eine Frau geheiratet, die so krank war?«

»Wirklich – ich weiß es nicht«, versicherte er. Dann schaute er mir in die Augen. »Wenn du jedoch meinst, daß es wichtig ist, dann will ich auch zur Behandlung kommen, und wir werden es herausfinden. Glaub mir, ich werde wirklich alles tun, was für Bunny nötig ist, damit sie gesund wird.«

Ich glaubte ihm. Für jetzt war es genug, daß er mit mir zusammenarbeiten wollte. Später würden wir mehr über seine Gründe herausfinden, Bunny zu heiraten. In diesem Moment war ich zufrieden, daß er ernsthaft wünschte, daß sie gesund würde.

Wir besprachen, wie ich Bunny als eine Patientin behandeln könnte, die tagsüber in unserem Hause lebte; damit würde sie während der Zeit, in der er seinem Beruf nachging, unter unserer Obhut sein. John war Reporter bei einer Zeitung in Richmond. Er arbeitete lange und zu ungewöhnlichen Zeiten. Er war jedoch bereit, nach Fredericksburg zu ziehen, um in der Nähe von uns zu wohnen und dann jeden Tag bis 160 km zu fahren – für den Fall, daß ich bereit wäre, Bunny als Tagespatientin anzunehmen.

Ich machte John genau und in allen Einzelheiten klar, welche Rolle auf ihn zukäme, um unsere Behandlung zu unterstützen und um zu gewährleisten, daß es zu keiner Wiederholung des letzten Selbstmordversuchs käme, der Bunny in die Klinik zurückkatapultiert hatte. Ich erklärte ihm, daß wir von ihm erwarten müßten, daß er sich an Bunnys Behandlung beteiligte. Wir wären auf ihn angewiesen, daß er sich angesichts ihrer Selbstmordimpulse schützend einsetzte. Und es läge uns daran, daß er zu unserer ganzen Familie Beziehungen aufnimmt.

»Du wirst dich auf ungewöhnliche physische und emotionale Belastungen einstellen müssen«, warnte ich ihn. »Es wird eine kräftezehrende Erfahrung für dich werden. Und ich kann dir nicht sagen, wann sie zu Ende sein wird. Meinst du, daß du es schaffen kannst?«

»Ich schaffe es«, versicherte mir John. »Ich werde alles Erdenkliche tun, was Bunny die Hospitalisierung erspart.«

John fand eine kleine Wohnung in Fredericksburg, und Bunny zog direkt von der Klinik dorthin. Jeden Morgen um sieben Uhr brachte er sie in unser Haus; dort ließ er sie auf der Couch im Wohnzimmer schlummernd zurück, zusammen mit einem der Kinder, das auf sie achtgab. Irgendwann zwischen dem Abendessen und ein oder zwei Uhr morgens tauchte er wieder auf. Wenn er früh kam, verbrachte er den

Abend bei uns. Dann gingen er und Bunny für die übrige Nacht in ihre Wohnung.

Bunny war, als sie zu uns kam, körperlich entkräftet. Aufgrund ihres schlechten Zustands modifizierten wir den Ablauf ihrer Behandlung. Ich habe herausgefunden, daß im allgemeinen die physisch kräftigsten Patienten am schnellsten gesund werden. Bei Bunny jedoch war das Gegenteil der Fall. Trotz der ständigen Schmerzen und der Frustrationen durch ihre Ileostomie, Arthritis und Lungenentzündung arbeitete sie bei ihrer Behandlung stetig und wirksam mit.

Die erste Hürde, über die wir Bunny bringen mußten, war die Notwendigkeit, sie zu überzeugen, daß ihr Leben lebenswert war.

Sie hatte tatsächlich Anlaß, daran zu zweifeln. Ihre Eltern und später die Therapeuten hatten während ihres ganzen Krankheitsverlaufs Bunnys negatives Selbstgefühle verstärkt.

Einmal, als meine Eltern über das Wochenende weg waren, habe ich mir die Handgelenke aufgeschnitten. Ich tat mein Bestes, um die Wunden am Bluten zu halten. Aber ich starb nicht. Als sie nach Hause kamen und mich im Krankenhaus vorfanden, waren sie wütend. Mein Vater erklärte mir, man würde mich wegen versuchten Mordes anklagen und ich sei echt in der Klemme.

Bunnys Klinikerfahrungen hatten nur dazu gedient, das Selbstmord-Skript, das sie von ihren Eltern erhalten hatte, zu verstärken. Ihre Erinnerung an Krankenhäuser bestand aus Ärzten und Schwestern, die über ihr Bett gebeugt standen und sie wütend beschimpften. Beim Krankenhauspersonal ist es nicht ungewöhnlich, daß sie es den Patienten spüren lassen, daß sie ihn als Last betrachten – betroffen von der Verantwortung, sich um einen Patienten kümmern zu müssen, der sich jeden Moment das Leben nehmen kann. Bunny hörte zufällig, wie eine Schwester sagte: »Klar, in der Lage würde ich mich auch umbringen.« Ein Psychiater bemerkte zu ihr und John im Blick auf die Schmerzen, die Bunny leiden mußte, daß er den Gedanken an Selbstmord für eine der gesündesten Reaktionen hielte, die Bunny an den Tag gelegt hätte. Mehrere Male sorgten gutmeinende Anwälte des Suizids dafür, daß Bunny an Werkzeuge zur Selbstvernichtung herankam.

Wir stellten Bunny unter Selbstmordüberwachung, so daß sie während der Zeit, die sie bei uns verbrachte, ständig von jemandem beobachtet wurde. Außerdem verabredeten wir, mit allen Kräften dafür zu sorgen, daß nichts zu ihr oder über sie gesagt würde, das ihr – wie die Selbstmordbotschaften aus der Vergangenheit – die Erlaubnis gab, sich zu verletzen oder zu töten. Es dauerte allerdings über ein Jahr, bevor ihre Impulse in Richtung auf Selbstvernichtung merklich abzunehmen begannen.

Als Bunny zu uns kam, war ich besorgt darüber, wie wohl Moe auf sie reagieren würde. Er fühlt sich unbehaglich, wenn behinderte Menschen um ihn herum sind. Doch kurz nach Bunnys Ankunft entspann sich – sogar bevor sich ihre Kontakte zu mir klar und beständig entwickelten – spontan eine Beziehung von großer Wärme und Tiefe zwischen Vater und Tochter.

Ich schlafe lange in den Morgen hinein, da ich gewöhnlich den größten Teil der Nacht auf bin; ich stehe nicht auf, wenn Moe am Morgen ins Büro geht. Während ich schlief, wurde es ein Teil von Moes morgendlichem Ritual, Bunny zu begrüßen und sich zu vergewissern, wie sie sich an diesem Tag fühlte. Normalerweise fand er sie auf dem Sofa im Wohnzimmer schlummernd. Wenn die Luft frostig war, zog er die Decke über ihre Schultern, bevor er ihr einen Auf-Wiedersehen-Kuß gab.

Oft fand ich sie dort noch schlafend, wenn ich aufstand, mit einem leisen Lächeln auf ihrem Gesicht von Moes Morgenkuß her.

Niemals hat sich auch nur einer darüber beschwert, daß er sich um Bunny kümmern mußte. Oft wirken Selbstmordpatienten nur negativ und unerfreulich; Bunny aber schaffte es stets, auch als sie äußerst krank war, für jeden um sie herum noch allerhand übrig zu haben. All ihre Wut war gegen sie selbst gerichtet.

Als Bunny Teil der Familie wurde, wuchsen wir alle auch enger mit ihrem bärtigen, leise sprechenden Mann John zusammen. Sein ursprüngliches Versprechen im Blick auf Bunnys Gesundung war unerschütterlich. Es gab hinsichtlich der Therapie seiner Frau kein einziges Ansinnen an John, das er nicht genau so erfüllt hätte, wie wir es von ihm verlangten. Dennoch war mir klar, daß ich es nicht wagen konnte, mich in dieser Situation sicher zu fühlen; ich mußte erst genau wissen, daß Johns Beziehung zu Bunny in keiner Weise in ihrem physischen oder psychischen Kranksein gründete.

Es war unmöglich, Bunny selbst über ihre Beziehung zu John zu befragen. Ihre ursprünglichen Eltern hatten ihr gesagt, daß es keinen Mann gäbe, der jemals eine »verstümmelte Frau« wollte, und sie war voll verzweifelter Furcht, daß John sie am Ende verstoßen würde. So waren wir völlig auf ihn angewiesen, daß er uns von jedem Problem, das zwischen ihnen beiden aufkam, in Kenntnis setzte. Als sich Bunnys Zustand besserte, war John zu der Einsicht gelangt, daß er selbst eine Behandlung brauchte.

Ich habe John nie ernsthaft gestört empfunden; andererseits bin ich überzeugt, Bunny hätte ohne die gemeinsame Erfahrung der Bearbeitung ihrer unterschiedlichen und gemeinsamen Probleme nicht gesunden können. Mich beeindruckten mehr und mehr Johns Integrität und Mut, mit denen er bereitwillig die Traumata seiner eigenen Kindheit offenlegte und sich mit ihnen konfrontierte: die Angst und Verwirrung, die er als Junge erfahren hatte angesichts der Epilepsie, an der sein Vater litt, und dessen Kräfteverfall infolge der Krankheit und schließlich dessen Tod. Seine Motivation, eine Kranke zu heiraten, beruhte zweifellos zum Teil auf seiner Unfähigkeit, als Kind für seinen Vater sorgen zu können; durch diese Heirat konnte er seine Fähigkeit beweisen, jemandem Schutz und Pflege zukommen zu lassen. Seine eigenen Probleme kamen genau zu dem Zeitpunkt ans Licht, als Bunny zu gesunden begann. Zum Glück für beide hatte John den Mut, seinen Problemen ins Gesicht zu sehen und sie zu begreifen, so daß ihm die Freiheit gegeben war, normale, gesunde Anforderungen an seine Frau zu stellen. Seine Gefühle für Bunny waren nicht davon abhängig, daß sie krank blieb.

Als Bunny später imstande war, über ihre Beziehung zu sprechen, bezeichnete sie ihre Heirat als »die einzige gesunde Sache, die ich unternahm«. Die Zeit, die der Heirat unmittelbar folgte, war der erspießlichste Abschnitt ihres Lebens gewesen. Sie war damals besser als je zuvor fähig, mit sich und der Umwelt umzugehen – wahrscheinlich infolge der Trennung von ihrer Mutter. Allerdings brach Bunnys neugewonnene Stärke wieder zusammen, als das junge Paar genötigt war, zusammen mit Johns Mutter in einem Haus zu leben. Ohne wirklich zu wissen warum, wurde sie zunehmend verwirrter und unfähiger, mit dem Leben fertig zu werden. Im Versuch, das Leben dennoch zu bewältigen, begann sie zu trinken. Doch bald geriet das Trinken außer Kontrolle.

Es läuft nur so aus der Flasche, wenn ich müde oder nervös bin oder Angst habe. Ich hoffe und bete, daß jemand kommt, an die Tür klopft und mich rettet. Aber keiner kommt. Ich wünsche mir mehr, als es je einer ahnen kann, etwas wert zu sein. Warum kommt denn keiner?

Als sie bei einem Therapeuten Hilfe suchten, wurde ihnen angeraten, ihr Leben getrennt von der Schwiegermutter zu führen; sie konnten es sich aber finanziell nicht leisten. Mit Bunny ging es schnell abwärts. Es war typisch für ihre Neigung zu einer durchsichtigen Symbolik, daß sie ihre Handgelenke in der Nacht vor dem Muttertag aufschnitt.

Das Hauptproblem in der Beziehung zwischen Bunny und mir ergab sich aus der symbiotischen Bindung, die sie zu ihrer eigentlichen Mutter hatte.

Symbiose ist ein normaler Teil der Kindheit. Ein Baby ist überzeugt, daß die Mutter seine eigenen Gefühle mit ihm teilt und auf seine Gefühle mit völliger Hingabe eingeht. Im Alter von zwei Jahren begreift das Kind, daß es und seine Mutter getrennte Wesen sind. Wenn jedoch seine frühkindlichen Bedürfnisse vernachlässigt wurden, kann es geschehen, daß es sein ganzes Leben lang danach strebt, diese Bedürfnisse durch manipulativ erschlichene Bemutterung erfüllt zu bekommen. Eine symbiotische Beziehung zielt auf die Aufhebung der Persönlichkeitsgrenzen: zwei oder mehr Menschen scheinen die Funktionen einer einzigen Person unter sich aufzuteilen. Infolgedessen kann nur einer von ihnen wütend werden, einer ein Auto fahren oder einer ein Buch lesen. Sie haben den geheimen Vertrag, niemals miteinander in Konkurrenz zu treten, und so kann es auch nie unter ihnen eine Meinungsverschiedenheit geben.

Wahrscheinlich geschieht dann das, was in beiden Fällen, bei Bunny und bei unserer Tochter Barbara, passierte: wenn einem Kind von seiner Mutter die natürliche Liebeszuwendung verweigert wird, versucht es, sich in einer krankhaften Art an die Eltern zu klammern und Teil der Mutter zu werden.

Als Barbara anfangs bei uns war, entwickelte ich eine Abneigung ihr gegenüber, ohne daß ich wußte warum; ich fühlte mich dadurch schuldig und bedrückt. Da ich befürchtete, daß es etwas mit mir selbt zu tun hätte, vermied ich es, mit ihr darüber zu sprechen – bis zu dem Zeitpunkt, an dem unsere Beziehung ernsthaft in Frage gestellt war und das Problem angegangen werden mußte. Jetzt erzählte ich Barbara in einer Gruppensitzung, daß ich ständig Phantasien hätte, sie wolle mich auffressen.

»Das stimmt«, sagte Barbara sofort.

Wir waren alle überrascht.

Jemand fragte sie: »Aber wie?«

Barbara schaute verwirrt – dann sagte sie nach einem kurzen Zögern: »Mit den Zähnen.«

Bunny hatte keine Phantasien, mich zu fressen; sie fürchtete jedoch ernsthaft, daß eine Symbiose mit mir entstünde – so wie sie sie mit ihrer eigenen Mutter gehabt hatte. »Du bist jetzt die Mutter«, erklärte sie mir, »und ich fürchte mich, daß wieder das gleiche geschieht.«

»Ich bin überzeugt, das kann nicht geschehen, ohne daß ich mitspiele«, erklärte ich ihr zuversichtlich, da ich mich durchaus sicher fühlte, daß es keinen auch nur verborgenen Wunsch von meiner Seite nach einer derartigen Beziehung gab. Meine Versicherung stellte sich jedoch als schlecht begründet heraus. Im Laufe der Zeit mußten wir uns mit Erscheinungsweisen ihrer Störung auseinandersetzen, daß z. B. Bunny ihre Periode nur bekam, wenn ich von daheim abwesend war.

Bunnys Erfahrungen mit ihrem Vater (den sie als liebevoll, aber auch als sadistisch empfand), waren ebenfalls nicht gut gewesen; aber sie waren weniger bedrückend als die mit ihrer Mutter. So war es für sie leichter, zuerst eine Beziehung zu Moe aufzubauen statt zu mir.

Obwohl Bunny in unserer Gegend bereits eine bekannte Künstlerin war, erzählte sie nur wenig von ihrer Arbeit. Mit ihrem sehr geringen Selbstwertgefühl bezeichnete sie sich als »eine Person, die zeichnet«. Als sie an Kräften zunahm, ermunterte ich sie, mehr von ihrer Energie für ihr Zeichnen einzusetzen. Ihre Arbeit trug zu ihrer Gesundung bei. Es war übrigens ein Interessengebiet, das sie und Moe teilten. Musik war ein zweites Gebiet, auf dem sie gleiche Interessen hatten; sie vertiefte und stärkte die Verbindung zwischen ihnen.

Bunny und ich sprachen oft darüber, wie es wohl wäre, wenn sie gesund würde. Es war für mich deutlich, daß sie Gesundheit als Fähigkeit, einer schrecklichen Welt entgegenzutreten oder mit ihr fertig zu werden, wahrnahm; als eine Fähigkeit, den Anforderungen anderer Menschen als Beweis ihres eigenen Wertes zu entsprechen. Ich versuchte, ihr eine davon völlig verschiedene Art von Welt darzustellen: eine Welt, in der Menschen lieben und lachen und miteinander spielen. Eine lange, lange Zeit endeten solche Gespräche jedoch damit, daß Bunny immer wieder mit verzweifeltem Ernst versicherte und erklärte, daß sie erst dann schätzenswert sein würde, wenn sie gesund sei.

Ich war überzeugt, daß die Darmentzündung in Bunnys Kindheit, die am Ende die Operation notwendig machte, ein Symptom der tiefen analen Wut war, die Bunny gegenüber ihrer Mutter empfunden hatte: sie hatte darin versagt, ihr die bedingungslose Liebe zu geben, die Babys benötigen, um gesund zu sein. Da Bunny infolge ihrer Konfusion glaubte, daß sie eher die Bedürfnisse anderer Menschen erfüllen müßte, als daß ihren eigenen entsprochen würde, hatten wir keine andere Erwartung an sie, als daß sie sich selbst die Erlaubnis gab, geliebt und umsorgt zu werden.

Symbole sind überaus wichtig für Schizophrene; deshalb nehme ich stets gern Möglichkeiten wahr, auf die Gefühle eines Kindes einzugehen, es als ein Individuum zur Kenntnis zu nehmen, es zu lieben und zu bestätigen. Das bedeutet zum Beispiel, sich oft der Mühe zu unterziehen, ein ganz spezielles Geschenk zu finden – so wie den ein Meter zwanzig großen blauen Teddybär für Eric oder den riesigen Pfefferminzlutscher für Shirley. Bunny bat kaum um etwas; einmal jedoch sagte sie mir schüchtern, daß sie Winterhandschuhe brauche.

Ich erwartete nur Fausthandschuhe oder einfache Wollhandschuhe; aber Mom ging von Geschäft zu Geschäft und fand endlich für mich diese herrlichen fellgefütterten Lederhandschuhe. Ich bin überrascht, daß sie sich so viele Mühe machte, um für mich die perfekte Sache zu finden – da »Dinge« ihr selbst doch so wenig bedeuten. Es ist eine wichtige Feststellung für mich – ein symbolischer Ausdruck dafür, daß ihr daran liegt, sich um mich zu kümmern.

Wir konnten nur schwer verstehen, wie es Bunny gelungen war, derartig pessimistische Äußerungen aus anderen Therapeuten herauszulocken. Bereits am Anfang war es für uns offensichtlich, daß hinter dieser Krankheit und dieser Wut eine sehr besondere Person steckte, hochkünstlerisch, von geistiger Tiefe und vom Geheimnis berührt. Sie zog Menschen ungemein an, war einfühlsam und zugänglich für die Leute um sie herum. Sie war noch nicht sehr lange bei uns, als jemand bemerkte, daß Elisabeths »Haltestein« mit Blumen geschmückt worden war.

»Wie hast du es nur geschafft, ihn ihr wegzunehmen?«, fragten wir Bunny.

»Ich habe sie gefragt, ob sie es gerne sehen würde, wie eine Blume zum Leben kommt«, antwortete Bunny mit ihrem scheuen Mädchenlächeln.

Elisabeth ging es zu dieser Zeit mit einem Mal viel besser – sehr zu unserer Verwunderung. Die Fortschritte von Dennis zeigten eine gewisse Kontinuität – wir hatten relativ genau gewußt, in welchem Stadium er jeweils war und wann er zum nächsten überging. Elisabeth hatte plötzlich ein neues starkes und handlungsfähiges Eltern-Ich entwickelt, das sie sich von uns zu eigen gemacht hatte, und ihre Verrücktheit hatte sich deutlich verringert. Es schien so, als ob sie die ganze dazwischenliegende Entwicklung ausgelassen und einen gigantischen Sprung vom unvernünftigen zum vernünftigen Verhalten gemacht habe.

Kurz nachdem Elisabeth ihr Eltern-Ich entwickelt hatte, klärte sich ihr Denken. Ihre Wahnideen schienen zu verschwinden, sie gab ihre bizarren Haltungen, ihr Selbstmord-Skript und auch viel von ihrer mädchenhaften Naivität auf. Sie begann davon zu reden, daß sie das Haus verlassen und zur Schule zurück wolle. So erfreut wir über die bemerkenswerte Veränderung unserer liebenswerten Tochter waren, die Verwandlung erschien uns doch zu schnell und zu leicht. Obwohl wir nicht genau auf etwas Spezifisches hinweisen konnten, zögerten Moe und ich, sie Pläne für den Auszug aus unserem Hause machen zu lassen.

Elisabeth reagierte auf unser Zögern mit unverkennbarer Angst. »Glaubt ihr nicht, daß ich gesund werde?«, fragte sie. »Was ist los?«

»Natürlich wirst du gesund«, versicherte ich ihr. »Es ist einfach erst eine so kurze Zeit her, daß du noch ein ziemlich krankes kleines Mädchen gewesen bist.«

»Ich bin aber doch fast gesund«, beharrte sie. »Ja, ich fühle mich so anders! Ich möchte so viele Dinge unternehmen!«

Um Weihnachten hatte sie so beachtliche Fortschritte gemacht, daß wir ihr erlaubten, Pläne zu machen, um im Februar für das Frühjahrssemester ins College zu gehen. Bevor Elisabeth das Haus verließ, übergab sie ihren »Haltestein« einem anderen Mädchen, das kränker war als sie.

Während Elisabeth sich unerwartet rasch dem erfolgreichen Abschluß ihrer Therapie näherte, verschlechterte sich Rositas Zustand bis zu dem Punkt, daß unsere Bemühungen, weiter mit ihr zu arbeiten, nichts mehr fruchteten. Sie sprach nicht länger auf unsere Betreuung an, und es gab offensichtlich nichts mehr, was wir tun konnten, um den abschüssigen Lauf zu verändern.

Mit Rosita gaben wir es auf. Dieses Versagen bereitete mir Augenblicke tiefster Niedergeschlagenheit. Ich kann mir nicht helfen, aber ich empfinde, daß ich es war, der ihr gegenüber versagt hat, obwohl ich nicht verstehe wie oder warum. Sie hätte gesund werden müssen. Sie hatte am Anfang große Fortschritte gemacht – nur um sie wieder aufzugeben.

Das Kind in mir glaubt, daß im Lieben eine gewisse Art von Magie steckt – wenn ich Rosita nur genug geliebt hätte, hätte ich einen Weg finden können, um ihr zu helfen, gesund zu werden. Manchmal konnte ich ihren Wunsch nach Gesundheit und Glück spüren – nur um es aus unser beider Hände wieder entschlüpfen zu sehen.

Tom, der Rosita liebte, sagt: »Es war für sie wichtiger, Spiele zu spielen und Menschen zu manipulieren, als daß sie gesund werden wollte.« Aber ich glaube das nicht. Für mich hat diese Erfahrung Parallelen zu der, als ich mein erstes Kind, die kleine Vikki, verlor, die so geheimnisvoll in ihrer Wiege starb. Mir scheint, daß es da etwas gibt, das ich eigentlich hätte wissen oder zur Kenntnis nehmen müssen oder woran ich hätte denken sollen. Als wir von den hebephrenen Jugendlichen mehr im Blick auf »gespaltene Persönlichkeiten« lernten, habe ich oft gedacht: »Hätten wir diese Dinge nur schon am Anfang gewußt . . .«

John, Rositas Bruder, blieb bei uns. Die beiden Kinder waren sich in vieler Hinsicht ähnlich und doch auch recht entgegengesetzt: John ist groß, Rosita klein. John verbarg und bezähmte seine Wut, Rosita war dagegen hartnäckigen Wutausbrüchen unterworfen. Langsam aber stetig ging es John besser. Als er schließlich unser Haus verließ, hatte er einen guten Arbeitsplatz und wollte heiraten und wieder die Schule besuchen. Johns Hochzeit war unsere erste. Und wir hätten auf keinen Sohn stolzer sein können.

Ich habe aber immer und immer wieder darüber nachgedacht: Warum konnte ich Johns Mutter sein und nicht die von Rosita?

Das ist eine Frage, auf die ich nie eine Antwort gefunden habe.

X.

Shirley ging es zu dieser Zeit ebenfalls nicht besser. Wenn wir sie auch nicht mehr jeden Tag in die Klinik schleppen mußten, da uns jetzt direkt Medikamente zur Verfügung standen, blieb doch die Fürsorge für sie eine fürchterliche Belastung für die ganze Familie. Monat um Monat folgten aufeinander ohne ein Anzeichen der Besserung. Das ständige Hin und Her mit ihr nahm uns alle in Anspruch, besonders aber Dennis, der eine Menge Verantwortung für sie auf sich nahm. Da sie immer noch keine gute Beziehung zu Moe hatte, ließ er sie ziemlich viel alleine.

Manchmal hatte es für mich den Anschein, als ob Shirley sich mit Absicht dagegen sperrte, gesund zu werden. Wir erfüllten ihre Bedürfnisse und sorgten dafür, daß sie zu sich kommen konnte; es sah so aus, als ob sie für all die Jahre einen Ausgleich bekam, in denen sich niemand um sie gekümmert hatte. Sie rechnete uns auch vor, daß wir Weiße waren und »vorgaben«, sie zu lieben. Sie bestritt, daß unsere Liebe echt sein konnte. »Ich bin nicht euer Baby!«, schrie sie mich immer wieder an. »Versuch ja nicht mir das einzureden. Ich bin es nicht. Ich bin anders als die anderen. Kannst du das nicht sehen?«

Jacqui, ich brauche dich nicht, um mir weiter Gute Nacht zu sagen, und ich brauche dich auch nicht, um mir zu erklären, daß du mich liebst. Ich weiß doch schon, was herauskommen wird. Ich weiß, daß ich nie die Frau werden kann, die du dir vorstellst, und das weißt du auch. Hör auf, dir was vorzumachen. Es ist nicht deine Schuld. Es ist meine, daß ich mich in ein solches Verhalten verstricke, so daß deine Liebe zur Abneigung wird und in Erbitterung umschlägt. Anstatt daß es Freude macht, mit mir zusammen zu sein, ist das Gegenteil der Fall. Es macht keinen Spaß, mich um sich zu haben – ich gehe euch nur auf die Nerven. Ich bin auch wie keines der anderen Kinder hier, und sie wissen es. Ich bin nicht wie Elisabeth oder Irene. Oder bin ich es? Nein, ich bin es nicht. Versuch ja nicht, mir zu sagen, ich bin es. Gib endlich zu, daß ich ein hoffnungsloser Fall bin und gibt mich auf, bevor es zu spät ist . . .

Mir war klar, daß Shirley in ihrem Inneren, von ihrem Gefühl her wußte, daß ich sie liebte, so wie es mir bewußt war. Doch mit ihrem Verstand konnte sie es nicht annehmen. Sie gab vor, mich zu hassen. Sie tobte mir gegenüber und schrie mich an und provozierte mich ständig, um den Beweis für uns beide anzutreten, daß ich eine unfähige Mutter war. Doch wenn sie gewalttätig wurde und versuchte, andere Menschen zu verletzen, achtete sie darauf, daß sie mir nichts antat. Jedesmal, wenn ich in das Handgemenge mit verwickelt war, war es merkbar abgeschwächt, so daß es nicht das Risiko einer auch nur zufälligen Verletzung gab.

Eines Tages schrie sie mich in der Küche an, als ich mit einem langen scharfen Messer Brot schnitt.

»Laß mich nur das Messer in meine Hände bekommen, und ich werde dich erstechen!«, raste sie.

Ich wandte mich ihr zu, so daß wir einander gegenüberstanden, und händigte ihr wortlos das Messer aus.

Sie starrte es voller Abscheu an, wich vor mir zurück und sank dann heulend und in kindliche Tränen aufgelöst zu Boden.

»Siehst du?«, sagte ich und tröstete sie in meinen Armen, »du brauchst dich nicht davor zu fürchten, daß du mich tötest.«

Ich wußte, daß die Gefahr bei weitem größer war, daß es Shirley gelingen könnte, sich umzubringen.

Ich hasse mich selbst. Ich hasse dich. Ich habe einfach den Wunsch, zu töten ... Ich fürchte mich so. Ich will weglaufen. Laß mich weglaufen ...

Es war sehr schwer für mich, die Tatsache anzunehmen, daß Shirley trotz meiner Liebe zu ihr und trotz der beständigen Fürsorge, mit der ich sie umgab, immer noch sterben wollte. Einmal, nachdem sie wiederum die Szene vom Streit ihrer Eltern durchgespielt hatte, brachte sie ihrem Arm so schreckliche Schnittwunden bei, daß er aussah, wie der Arm ihrer Mutter in jener furchtbaren Nacht ausgesehen hatte. Mehrmals auch zeigte sie ihren Wunsch zu sterben, indem sie die Nahrungsaufnahme verweigerte. So war ich einmal zu tagelanger Zwangsernährung genötigt.

Eines Nachmittags hatte ich Dennis zurückgelassen, um für ein paar Stunden das Haus zu hüten. Als ich heimkam, fand ich ihn aufgeregt draußen in der Einfahrt auf mich wartend.

»Shirley hat eine ganze Packung Aspirin geschluckt«, berichtete er. »Ich habe den Notarzt gerufen, und sie haben sie ins Krankenhaus gebracht.«

Als Moe und ich im Krankenhaus ankamen, lag Shirley in Krämpfen. Sowie ich den Raum betrat, versuchte sie wie wahnsinnig, sich von mir wegzuwenden und so zu tun, als wäre ich nicht da.

Moe und ich standen über sie gebeugt, klammerten uns hilflos aneinander und beobachteten, wie sich dieses Kind anscheinend in Todesqualen wand; dieses Kind, das wir liebten und um das wir uns so sehr bemüht hatten.

Ich streckte die Hände nach ihr aus und versuchte, mit ihr zu reden und sie zu überzeugen, daß es doch etwas gab, für das es sich lohnte, zu leben.

Shirley warf ihren Kopf auf dem weißen Bettuch heftig von einer Seite zur anderen; ihr rundliches braunes Gesicht war aschfarben und abgehärmt vom Todeskampf. »Ich liebe euch«, würgte sie mit dünner Stimme voller Schmerzen heraus. »Ich liebe euch. Aber ich will sterben. Bitte geht weg und laßt mich sterben!«

»Du kannst nicht sterben, Shirley. Ich werde dich nicht sterben lassen.« Ich beugte mich über ihr Bett, so daß sie meinen Augen nicht ausweichen konnte und meine Worte hören mußte. »Du mußt leben, Shirley. Wir lieben dich, und wir wollen, daß du lebst. Du bist unsere Tochter Shirley. Du kannst das nicht leugnen. Du hast dein Leben noch vor dir. Du hast bis jetzt noch nicht einmal angefangen zu leben. Du kannst jetzt nicht aufgeben. Du mußt weiterleben, Shirley, auch wenn es dir weh tut. Du haßt dich selbst. Wir hassen dich nicht, wir lieben dich. Du bist ein gutes Mädchen. Ein schönes Mädchen. Du mußt leben . . .«

Ich wußte einfach nicht, was – wenn überhaupt etwas – sie jetzt noch erreichte. Ich sprach einfach weiter und sagte, was ich in meinem Herzen empfand. Ich zwang sie, meine Gegenwart zur Kenntnis zu nehmen, anzunehmen, daß ich da war, und zu wissen, daß sie nicht die Freiheit hatte, mir zu entschlüpfen.

Moe sagt, daß ich Shirley ins Am-Leben-Bleiben geredet habe. Ich weiß nicht, was geschah. Was es auch immer war: am Ende ließen ihre Krämpfe nach, und Shirley lebte.

Ich habe versucht, dir zu entkommen, nicht weil ich den Wunsch dazu hatte, sondern weil meine Krankheit wollte, daß ich es tue. Ich habe versucht, ganz in mich hineinzusinken und nie mehr zurückzukehren.

Ich habe versucht, dich weit weg zu stoßen, aber du hast dich nicht wegstoßen lassen. Du hast mich angefaßt. Du hast mein Gesicht, meine Arme und meine Hände gestreichelt. Ich habe schweigend Widerstand geleistet, aber ich konnte nicht lange widerstehen. Plötzlich fühlte ich wieder Leben und Wärme. Ich war nicht länger tot, starr, kalt und in mich verschlossen. Du hast gewonnen, denn du hast bewiesen, daß Liebe mehr Kraft hat als Krankheit. Du gabst mir deine Liebe, und deshalb bin ich zurückgekommen!

Doch als wir sie nach Hause brachten, legte Shirley wiederum nicht mehr Energie an den Tag, um gesund zu werden. Ein Tag folgte dem anderen mit weiteren Mißerfolgen und Enttäuschungen. Nur ganz wenige Zeichen von Fortschritt. Selbst Dennis, ihr erkorener Held, hatte am Ende genug.

»Du verwöhnst Shirley«, warf er mir vor. »Du beschützt sie zu sehr. Sie tut nichts, um gesund zu werden. Sie versucht es nicht einmal. Alle Kinder wissen es. Du weißt es auch.«

Für die anderen Kinder war das die Todsünde: sie konnten einander alles verzeihen – nur nicht, wenn jemand nicht versuchte, gesund zu werden.

Ich hatte Shirley während der ganzen Zeit in Schutz genommen, ich wußte es. Wenn es für mich ein Lieblingskind gäbe, würden vermutlich alle Kinder sagen, es wäre Shirley.

»Du bist ihr gegenüber zu nachsichtig«, warf mir Dennis vor. »Du läßt sie die Tatsache ausnutzen, daß sie dein Liebling ist. Und du bist ihr gegenüber nicht deshalb so nachsichtig, weil es in ihrem wirklichen Interesse liegt, sondern weil du so viel von dir in sie investiert hast. Ich meine, du schuldest es ihr genauso wie uns anderen, sie mit dem, was sie tut, zu konfrontieren und dafür zu sorgen, daß sie damit aufhört. Sie wird nie gesund werden, wenn du sie so weiter machen läßt.«

Ich wußte, daß Dennis recht hatte. Er setzte mir nicht aus irgendwelchen geheimen eigenen Motiven zu. Shirley hatte tatsächlich in einem enormen Maße mit ihrer krankhaften Veranlagung zu ringen, die noch dazu vom Rassenproblem überlagert war. Mir wurde jedoch klar, daß ich zu lange Nachsicht geübt hatte. Wenn ein anderes Kind so wenig Interesse am Gesundwerden gezeigt und uns so viel Mühe gemacht hätte wie Shirley, hätten wir schon lange vorher aufgegeben.

Ich suchte nach einem Weg, Shirley zu konfrontieren, aber ich fand einfach nicht den Punkt, an dem ich anknüpfen konnte – bis ich das nächste Mal sehr wütend auf sie war. Jetzt war ich imstande, das zu tun, was ich tun mußte.

»Ich habe es einfach satt, wie du dich benimmst, und alle anderen auch!«, sagte ich zu ihr. »Niemand kann sich ungestraft ein solches Benehmen leisten, und auch du wirst von jetzt ab nicht mehr damit durchkommen! Entweder willst du jetzt unser Kind sein und gesund werden und das, was wir für dich tun, annehmen, oder du kannst zu deiner alten Familie zurückgehen!«

Shirley hatte mit dem Ausdruck dumpfer Wut zugehört. Bei den Worten »zu deiner alten Familie zurück« verspannte sich ihr Gesicht in augenblicklichem Schrecken. Vor dem Tod hatte Shirley keine Angst, aber vor der Zurückweisung. Die Möglichkeit, lebend in die Welt zurückgeschickt zu werden, aus der sie zu uns gekommen war, war für sie unvorstellbar.

»Dann bringe ich mich um«, drohte sie.

»Das ist deine Sache!«, erklärte ich ihr.

Shirley machte wütend kehrt und stürmte aus dem Zimmer.

Ich ging ihr nach bis zur Tür des Mädchenschlafzimmers. Sie öffnete den Schrank, riß einen Koffer heraus und begann zu packen. »Dennis wird dich nach Charlottesville zurückbringen, wenn du fertig bist«, sagte ich. Ich drehte mich um und ging in mein Zimmer zurück.

Bis zum Abendessen hatte Shirley das Haus noch nicht verlassen. Sie hatte ihren Koffer gepackt und saß schmollend herum und ging mir und allen anderen aus dem Wege. Beim Abendessen saß sie schweigend da, auf ihrem Gesicht lagen Haß und Verzweiflung im Widerstreit. Sie wollte mit keinem von uns sprechen, und als Elisabeth die Hand nach ihr ausstreckte und versuchte, sie zu berühren, schlug Shirley wütend nach ihr.

Am nächsten Morgen war Shirley immer noch bei uns. Sie war jedoch mürrisch in sich verschlossen und nicht ansprechbar. Erst am Abend dieses Tages, als sich die Familie im Wohnzimmer zu einer Gruppensitzung versammelt hatte, redete sie endlich.

Wir saßen im Kreis, und sie blickte von einem Gesicht zum anderen, offensichtlich noch immer uneins mit sich selbst; sie vermied es, mir in die Augen zu sehen, und biß sich mit ihren scharfen weißen Zähnen immer wieder auf die Lippen.

»Ich will nicht fort«, sagte sie mit leiser Stimme.

»Wenn du bleibst, dann wirst du an dir arbeiten müssen«, sagte ich zu ihr. »Du wirst uns beweisen müssen, daß du wirklich gesund werden willst.«

»Ich will es«, sagte sie, immer noch mit gesenktem Kopf und immer noch, ohne mir in die Augen zu sehen. »Ich verspreche, mich mehr anzustrengen.«

Das genügte, und sie gewann einen Aufschub.

Von da an ging eine gewisse Veränderung in Shirley vor. Sie blieb weiterhin negativ eingestellt, und es war weiterhin schwierig, mit ihr zurechtzukommen, aber ihr Verhalten war nicht mehr so offenkundig krankhaft. Sie hörte auf mit ihren Selbstmord- oder Selbstverstümmelungsversuchen. Sie übernahm mehr Verantwortung im Hause, und sie zeigte allmählich größeres Interesse am Aufbau von Beziehungen außerhalb der Familie. Es war offenkundig, daß die Beziehung zu mir Shirley am meisten zu schaffen machte – die aber auch mit höchster Wahrscheinlichkeit das krankhafte Verhalten auslöste.

Als Shirley im Frühjahr 1968 die Oberschule abschloß, waren wir mit ihr derselben Meinung, daß ihr trotz des immer noch vorhandenen krankhaften Verhaltens eine Trennung von mir gut tun könnte. Sie sollte versuchen, sich in einer Umgebung einzurichten, in der sie genötigt wäre, gesunden Erwartungen zu entsprechen. Shirley fand Aufnahme in einem kleinen College, ungefähr 120 km von uns entfernt. Wir kamen zu dem Schluß, daß ihre anscheinend bemerkenswert hohe Motivation für akademische Leistungen der Schlüssel sein könnte für ihr Vorankommen. Daher begannen wir, uns auf Shirleys Weggang ins College einzustellen.

XI.

Unser zweites Jahr ging über in das dritte. Die ersten Kinder, die neu-beeltert worden waren, gingen in die Welt hinaus. Wir achteten jetzt auf Anzeichen von Instabilität in ihren neuen Persönlichkeitsstrukturen. Elisabeth und Mark besuchten in Charlottesville die Schule; Dennis wollte sich ihnen im Herbst anschließen.

Unsere erste Gruppe von Kindern wurde erwachsen – es gab aber immer neue Kinder. Für jedes Kind, das das Haus verließ, schien es drei neue zu geben. Ich begann das Klingeln des Telefons zu hassen und das Lesen der täglichen Post zu fürchten. Ich hatte bis jetzt noch kein Mittel gefunden, um mich vor den Kindern abzuschirmen, die so vieles brauchten und so verzweifelt nach Hilfe verlangten.

Ich hatte einen Traum. In dem Traum nahm ich an einer Fachtagung teil. Während in meinem Zimmer eine Party stattfand, ging ich in das Badezimmer und legte mich in die Badewanne. In der Badewanne voller Wasser begann ich plötzlich, Babies zu bekommen. Zuerst kam ein robuster Junge, von dem ich wußte, daß es Mark war. Dann ein Mädchen, Irene. Dann zum Schluß ein sehr mageres Baby, viel kleiner als die ersten beiden mit einem Büschel krauser Haare – unzweifelhaft unser letztes Kind, Geoff. Wie wild jonglierte ich mit den drei Babies, um sie über Wasser zu halten. Ich dachte daran, die Leute im Nebenraum zu rufen – und fragte mich, wie sie wohl reagieren würden – da erwachte ich.

In der Tat jonglierten wir mit einer großen Anzahl von Kindern ziemlich aufs Geratewohl, zumindest was die gesetzlichen Grundlagen anging. Moe und ich befürchteten, daß die Eigenständigkeit der Familie verloren gehen könnte, wenn wir eine entsprechende »Organisation« aufbauen würden. Nachdem wir viele Pläne gemacht und Rat eingeholt hatten, entstand am Ende jedoch das »Schiff Rehabilitationsprojekt«, das auch gesetzlich anerkannt wurde. Jetzt begannen wir daran zu denken, andere Menschen für die Arbeit, wie wir sie taten, auszubilden und vielleicht weitere Heime, dem unseren ähnlich, zu eröffnen; wir hofften dadurch mehr Jugendlichen helfen zu können.

Wir hofften auch, daß einige unserer Kinder den Wunsch hätten, uns in dieser Aufgabe zu folgen. Dennis legte bereits so viel Wissen über die Schizophrenie an den Tag wie die meisten berufsmäßigen Therapeuten. John Christy hatte sich, wenn wir ihn brauchten, als fähiger Assistent erwiesen. Bunny sprach davon, daß sie sich als Therapeutin ausbilden lassen wollte, wenn sie gesund sei.

Bunny war im Herbst 1967 zu uns gekommen. Im folgenden Frühling war ihre Besserung deutlich sichtbar. Im Sommer wurde ihre Gesundung nach und nach Wirklichkeit.

Was Dennis betraf, setzte er sein Spiel mit mir fort, obwohl es ihm sonst beinahe in jeder Hinsicht gut zu gehen schien. Es sah so aus, als ob noch so viele Anstöße ihn nicht veranlassen konnten, dieses Problem durchzuarbeiten. Unterdrückte Wut kann zum Ausbruch gebracht werden, und dann löst sie sich auf; anale Wut jedoch und die kindliche Wut, die aus den Gefühlen des präverbalen Säuglings stammt, muß aufgedeckt und dann aufgegeben werden. Und Dennis blieb weiterhin unwillig oder unfähig, dies zu tun.

Das Problem beeinträchtigte auch die Beziehungen zwischen Dennis und der übrigen Familie. Die anderen Kinder waren aufgebracht und voller Angst vor der Möglichkeit, daß Dennis mich ernstlich verletzen könnte. Moe fühlte sich hin und her gerissen zwischen seiner Sorge um den Jungen, den wir schon so fest als unsern ältesten Sohn akzeptiert hatten, und seiner Angst um meine Sicherheit.

Bis zu diesem Sommer hatten sich die Vorfälle zwischen Dennis und mir immer so abgespielt, daß niemand sonst hineinverwickelt worden war. Üblicherweise gehörte dazu, daß Dennis mich schlug, um danach Verstörung und Zerknirschung zu zeigen. Als jedoch Moe mehr Druck auf Dennis ausübte, um das Problem einer Lösung näherzubringen, veränderte sich das Muster.

Dennis hatte oft Schwierigkeiten, um Dinge zu bitten, die er haben wollte – wie Geld, ein Auto, Freizeit. Es war typisch für ihn, daß er mir das Problem erzählte und dann darauf wartete, daß ich einen Vorschlag machte. Ein Beispiel: »Ich möchte mir gern in Washington einen Film ansehen«, und meine Antwort wäre: »Gut, du kannst am Freitagabend das Auto haben.«

Deshalb fiel es mir als ungewöhnlich auf, als Dennis eines Nachmittags sagte: »Hättest du etwas dagegen, wenn ich Samstag freinähme?«

Ich sagte, ich wüßte keinen Grund, der dagegen spräche. Mir gefiel, daß

Dennis mehr Initiative zeigte. Als ich jedoch später gegenüber Moe erwähnte, daß Dennis am Samstag nicht zu Hause sein würde, sagte er: »Aber Dennis hat mir doch versprochen, am Samstag etwas für mich zu erledigen.«

Als Moe Dennis deshalb zur Rede stellte, verteidigte er sich mit der Antwort: »Es war nicht meine Idee. Mutter sagte, ich sollte gehen.«

»Das stimmt nicht!«, sagte ich wütend über seinen Versuch, mir die Schuld zuzuschieben.

»Du bist eine verdammte Lügnerin!«, fauchte Dennis mich an. Moe gab ihm eine Ohrfeige.

Dennis wich ans Spülbecken zurück. »Du läßt deine verdammten Hände von mir!«, brüllte er. »Wenn du mich noch einmal anfaßt, trete ich dich in den Hintern.«

Moe gab ihm noch eine Ohrfeige.

Für eine Weile schlugen sie aufeinander ein, dann aber ging Moe zu Boden, wobei sein Kopf gegen die Ofentür schlug. Dennis wich zurück, um ihn mit dem Fuß zu treten, aber ich sprang dazwischen; ich schloß meine Arme um Dennis' Hals und klammerte mich wie verrückt an ihn. Dennis schlug mich mehrere Male, bevor er sich aus meinem Griff lösen konnte, und dann fiel ich zwischen sie.

In diesem Augenblick kamen einige Jungen dazu und griffen Dennis an. Er leistete nur noch geringen Widerstand, offensichtlich froh, verschwinden zu können. Aber er war immer noch furchtbar aufgebracht.

Moe klammerte sich immer noch benommen hin und her schwankend an das Spülbecken, und ich wußte, daß er verletzt war.

»Du verschwindest aus diesem Haus und kommst nicht mehr zurück!«, schrie Moe böse.

Dennis antwortete nicht. Er stand da und schaute uns an, von einem zum anderen, dann schüttelte er die Jungen ab und ging davon. Einige der Jungen folgten ihm.

Ich wußte gleich, daß Moe das, was er gesagt hatte, bereute. Als einer der Jungen und ich ihm ins Auto halfen, um in die Unfallstation des Krankenhauses zu fahren, sagte er zu mir, »Ich habe es nicht so gemeint.«

»Ich werde mit ihm reden«, sagte ich zu ihm.

Ich ging in das Zimmer der Jungen, wo ein bedrücktes Häuflein von Kindern Dennis beim Packen zusah. »Willst du mit mir reden?«, fragte ich ihn. Er war immer noch wütend, aber er nickte; seine Lippen waren fahl und bebten.

Ich ging mit ihm den ganzen Vorfall noch einmal genau durch. Es war das erste Mal, daß ihm seine Gewalttätigkeit bewußt war, und daß er sich daran erinnerte, was er getan hatte. Wir bearbeiteten auch die auslösende Transaktion, in der er um den freien Tag gebeten hatte; er setzte sich zitternd und verwirrt aufs Bett.

»Habe ich ihn verletzt?«, fragte er. »Ist er schwer verletzt?«

Moe hatte eine leichte Gehirnerschütterung. Sie mußte aber nicht stationär behandelt werden. Bis zu dem Zeitpunkt, als er mit der Anweisung für vierundzwanzig Stunden Bettruhe nach Hause kam, hatte sich seine Wut gegenüber Dennis gelegt. Er war erleichtert darüber, daß Dennis bewußt war, was sich abgespielt hatte, und er war nur allzu bereit, eine Entschuldigung anzunehmen.

Diesmal spielte Dennis nicht sein Zerknirschungsspiel. Er schien wirklich beschämt zu sein, und es tat ihm leid, seinen Vater verletzt zu haben. Er war auch nicht auf Gewinn aus in Form von Vergebung oder Beruhigung durch mich oder seinen Vater.

Was er nicht tat, war, sich bei mir zu entschuldigen; er gab auch in keiner Weise irgendein Anzeichen dafür, daß er daran dachte, daß er mir eine Entschuldigung schuldig war. Beide, er und Moe machten mir deutlich, daß sie das Gefühl hatten, ich hätte kein Recht gehabt, mich in ihren Kampf einzumischen. Als Moe Dennis dazu brachte, sich für seine Beschimpfungen mir gegenüber zu entschuldigen, tat dieser das so mürrisch, daß er damit ganz deutlich zu erkennen gab, daß er es nicht wirklich bedauerte.

Immer noch gab es zwischen Dennis und mir etwas, das zutiefst nicht stimmte.

Der Kampf zwischen Moe und Dennis hatte mich sehr nachdenklich gemacht, und ich brütete wie über den Teilen eines Puzzles, wobei es so aussah, als ob es sich um ein unlösbares Geheimnis handelte. Das Muster der früheren Wutausbrüche mir gegenüber, bei denen er Kämpfe heraufbeschwor, um dann anschließend zerknirscht zu sein, und dafür Streicheleinheiten einzuheimsen, war mir klar. Aber dieses Spiel setzte er auch dann noch fort, als es keinen Erfolg mehr hatte. Ich konnte nicht verstehen, warum er gegenüber meinen Gefühlen so gleichgültig war, während er sich gleichzeitig an mich klammerte und darauf bestand, daß er mich brauchte. Warum also war er offensichtlich bereit gewesen, die

Verantwortung für den Streit mit Moe zu übernehmen, und dagegen nicht bereit, irgendeine Verantwortung in dem Spiel mit mir anzuerkennen?

Ich hoffte, daß dann, wenn Dennis zum Studium zurückkehrte, seine Motivation für die Fortsetzung des Spiels abnehmen würde. Im September 1968 ging er – diesmal als Vollzeitstudent – auf die Universität von Virginia zurück. Er, Mark und ein anderer Student kamen überein, miteinander eine Wohnung in Charlottesville zu beziehen. Sie feierten ihren Einzug mit einer Eröffnungsparty, zu der sie mehrere der jüngeren Brüder und Schwestern von zu Hause einluden.

Unter normalen Umständen hätten Moe und ich es nicht zugelassen, daß jüngere Kinder so weit fort von daheim eine Party besuchten; wir hatten diesmal jedoch die Zuversicht, daß ihnen nichts passieren würde, wenn Mark und Dennis mit dabei waren.

Später erfuhren wir, daß auf der Party Marihuana geraucht worden war. Die Drogen stammten weder von Mark noch von Dennis. Sie waren von einem Gast mitgebracht worden. Aber Dennis hatte von ihrem Vorhandensein gewußt und nichts dagegen getan.

Ich war wütend. Einer der Jüngeren, der an der Party teilnahm, hatte bereits eine lange Geschichte mit Drogen hinter sich, und seine Psychose war durch sie gesteigert worden. Dennis wußte Bescheid, wie gefährlich es für den Jungen war, der Versuchung durch Drogen ausgesetzt zu werden. Wir erwarten von den Kindern, daß sie nicht dem krankhaften Zustand eines anderen Vorschub leisten.

Als ich Dennis damit konfrontierte, daß er verantwortungslos gehandelt habe, reagierte er mit einem jähen Wutausbruch. »Es geht dich verdammt nochmal nichts an«, fuhr er mich an. »Es ist meine Wohnung, und ich werde dort tun, was ich will.«

»Sag nicht, daß es nicht meine Sache ist«, widersprach ich. »Wenn du, Mark und die anderen Kinder beteiligt sind, so ist dies ganz sicherlich meine Angelegenheit. Und wir haben auch die Macht, etwas dagegen zu tun. Mark untersteht immer noch unserer Aufsicht –.«

Bevor ich zu Ende reden konnte, sprang Dennis mich an. Er schlug mich nicht, aber er packte mich und riß mich von dem Bett hoch, auf dem wir gesessen hatten, und drohte mir mit erhobener Faust.

»Hör zu, du verdammte Schlampe!«, schrie er, »glaube ja nicht, daß du mir sagen kannst, was ich zu tun habe . . .«

Moe rannte in das Zimmer. Noch bevor er zur Tür hereinkam, hatte

Dennis mich schon losgelassen und benahm sich verstört. Ich wußte, daß dieses Verhalten gleich im Zerknirschungs- und Verführungsspiel enden würde.

»Es muß etwas geschehen«, erklärte ich Moe. »So kann ich nicht weitermachen!«

Ein paar Augenblicke später hatten wir eine Gruppe im Wohnzimmer gebildet, um das Problem zwischen Dennis und mir durchzusprechen. Die Diskussion schleppte sich immer mehr dahin, weil Dennis und ich nicht über den Kern der Angelegenheit zur Übereinstimmung kommen konnten. Immer wieder wollte er nur über die Party reden und war jetzt auch bereit zuzugeben, daß er im Unrecht war. Er entschuldigte sich für seine Verantwortungslosigkeit, die Jüngeren der Gefahr der Drogen ausgesetzt zu haben. Er gab auch seine Nachlässigkeit zu. Aber er tat alles, um der Erörterung seiner Beziehung zu mir aus dem Wege zu gehen.

Ich aber war diesmal entschlossen, daß wir darüber sprechen würden, und daß etwas geschehen mußte.

»Ich bin nicht daran interessiert, über die Party zu reden!«, beharrte ich. »Ich will über das Spiel reden, bei dem du wütend wirst und mich schlägst.«

»Aber ich habe dich doch nicht geschlagen!«, protestierte Dennis.

»Was du sagst, interessiert mich nicht«, erklärte ich ihm. »Das ist das gleiche Spiel. In unserer Beziehung ist etwas grundfalsch. Ich denke nicht daran, den Rest meines Lebens in der Angst vor dir zu verbringen!«

»Ich weiß einfach nicht, was los ist«, schrie Dennis. »Ich kann es nicht aufarbeiten. Ich würde es tun, wenn ich es könnte, glaubt es mir!«

Sein flehender Blick ging im Kreise umher von einem Gesicht zum anderen, und er wußte, daß niemand ihm glaubte. In unserem Hause ist es keinem gestattet zu sagen: »Ich kann es nicht durcharbeiten.« Keiner fand sich zu seiner Verteidigung bereit. Am Ende wandte er sich mir wieder zu. Sein Ausdruck hatte sich verändert. Er war sehr ernst. Als er sprach, klangen seine Worte ganz rückhaltlos.

»Mutter, wenn ich mich daran mache, dann fürchte ich wahrhaftig, daß ich alles verliere. Ich fürchte, ich lande wieder in der Klinik, und das möchte ich nicht.«

»Weißt du, woran du dich zu machen hast?«, fragte ich. Er nickte stumm. »Dann mußt du es tun«, erklärte ich ihm.

»Wir werden auf dich aufpassen, mein Sohn«, sagte Moe zu ihm. »Du mußt uns vertrauen.«

Mit gerötetem Gesicht ließ Dennis wiederum seine Augen im Kreise herumwandern. Wir alle warteten schweigend. Schließlich nickte er und stand auf. Die Kinder schoben die Möbel beiseite, um Platz für sein Ausagieren zu schaffen. Die Gruppe setzte sich wieder, vorne die Jungen, Dennis am nächsten, dahinter die Mädchen auf sicheren Plätzen. Dennis setzte sich in der Mitte des Kreises auf den Boden. Er zog die Schuhe aus und schob sie aus dem Weg. Ich nahm seine Uhr und seinen Gürtel, legte sie beiseite und setzte mich dann ihm gegenüber auf den Boden.

Dennis blickte in der erwartungsvollen Runde umher und sagte mit gespannter, ruhiger Stimme: »Es kann sein, daß ich es nicht schaffe, daß ich darin stecken bleibe.«

»Kannst du uns sagen, was du zu tun gedenkst?«, fragte ich ihn.

»Ich muß versuchen, durch die Wut hindurch an die Angst heranzukommen. Ich weiß, wo das Problem in meinem Kindheits-Ich liegt. Aber ich schaffe es nicht, an der Wut vorbeizukommen. Ich weiß, daß ich dabei bin, sehr winzig und sehr wütend zu werden. Ich kann es jetzt in meinem Kinn und meinem Mund spüren – deshalb vermute ich, daß es oral ist.«

Er senkte die Augen, und ich dachte, er würde jetzt anfangen. Dann blickte er wieder auf und zu mir her.

»Wenn ich es nicht schaffe, hindurchzukommen, wirst du mich dann auffordern, dem Erwachsenen-Ich Energie zuzuführen und es zu aktivieren?«, fragte er. »Ich werde versuchen, darauf zu reagieren. Ich will versuchen, mich zu erinnern.«

»Du wirst es schaffen, durchzukommen, Dennis«, sagte ich zu ihm. »Du hast es geschafft, dich durch eine Menge Dinge hindurchzuarbeiten.«

»Aber diesmal ist es das eine Große«, erklärte er mir. »Diesmal geht es um das, womit alles angefangen hat.«

Dann, fast unmittelbar danach, begann er sich in wütenden Verzerrungen zu krümmen. Innerhalb von Sekunden war er ein Säugling, rot angelaufen und wütend, der in wahnsinniger Babywut auf und ab schlug und zuckte.

Zusammen mit allen anderen sprang ich auf, um ihn festzuhalten. Seine Zähne klappten zusammen mit dem kleinen Finger meiner linken Hand dazwischen. Ich konnte ihn nicht herausziehen und mit Entsetzen wurde mir klar, daß er mir den Finger abzubeißen versuchte. Er ließ ihn erst frei, als man seine Kiefern mit Gewalt auseinanderzwängte.

Der Kampf ging weiter und weiter. Nach fast zwei Stunden, während deren wir alle abwechselnd zum Festhalten von Dennis eingeteilt hatten, war jeder von uns erschöpft. Dennis jedoch sah so aus, als ob er unbegrenzt, weitermachen könnte.

Als Moe und ich uns in der erschöpften Gruppe umsahen, mußten wir zugeben, geschlagen zu sein.

»Du sagst ihm lieber, er soll aufhören«, sagte Moe. »Wir können nicht mehr viel verkraften.«

»Dennis«, sagte ich über ihn gebeugt, »wir schaffen es nicht. Du mußt dein Erwachsenen-Ich aktivieren.«

Er lag schweigend und bewegungslos auf dem Boden. Offensichtlich hatte er die Worte gehört. Aber sein Körper war immer noch angespannt voller Wut. Als ich ihn betrachtete, stieg plötzlich Angst in mir auf. Konnte es sein, daß Dennis recht hatte? Konnte es tatsächlich so sein, daß er nach all dem, was wir mit ihm bewältigt hatten, jetzt dennoch alles wieder verlieren konnte?

Ich sagte mir, daß das nicht möglich war. Er hatte es soweit geschafft, war auf den meisten Gebieten handlungsfähig und ausreichend imstande, für sich selbst zu stehen. Es gab jetzt soviel gesunde Struktur, auf die er zurückzugreifen vermochte. Das alles konnte er sicherlich nicht in einem einzigen Anfall verlieren.

Nachdem eine weitere Stunde vergangen war und Dennis bis jetzt auf nichts, was wir ihm sagten, eine vernünftige Antwort gegeben hatte, sah es so aus, als sei es doch möglich. Ich klammerte mich verzweifelt an Moe, abwechselnd wütend und erschreckt. Ich hatte soviel von mir an diesen Jungen verwandt. Ich hatte versucht, ihm das, was er brauchte, zu geben. Und jetzt sah es so aus, als ob er dabei wäre, wieder krank zu werden – und das nur, um mir weh zu tun.

Wir wußten, daß es sich bei der Wut, die Dennis gerade ausagierte, um die Wut handelte, die er im Alter von elf Monaten empfunden hatte, als ihn seine Mutter ursprünglich verstieß. Jetzt zahlte er es heim, indem er mich verstieß und alles meine Schuld sein ließ. Ich sollte die Ursache dafür sein, daß er wieder krank wurde, gerade so, wie seine Mutter in erster Linie für sein Kranksein verantwortlich war.

Ich stand auf und ging aus dem Zimmer; ich war überrascht, wie schrecklich wütend ich war. Es schien mir unglaublich, daß er nach all

dem, was wir zusammen erreicht hatten, imstande war, mir dies anzutun. Mir war klar, daß ich in seiner Vorstellung zur unfähigen Mutter
gemacht wurde, zu der Person, die »nicht in Ordnung« war.

Moe berichtete mir hinterher, daß er, nachdem ich hinausgegangen war,
sich neben den bewegungslos daliegenden Jungen gekniet und ihn
fortwährend gestreichelt hatte. »Du mußt da hindurch«, erklärte er
Dennis. »Du darfst jetzt nicht aufgeben. Sie hat dich aufgegeben. Du
mußt sie zurückrufen. Du mußt irgendein Zeichen geben.«

Dennis erzählte uns später, daß er es dem Vater zuliebe getan hatte.

Moe hatte etwa zwanzig Minuten lang so mit ihm gesprochen und ihn
gestreichelt, als Dennis endlich einen schwachen Schrei ausstieß, wie ein
Miauen, und einen Arm hob. Als ich dazu gerufen wurde, ließ er es zu,
daß ich ihn in die Arme nahm. Er entspannte sich in ihnen, und die
Babyschreie verwandelten sich in ein erschütterndes Weinen. Dann,
nach einer Weile hörte das Weinen auf, er wandte sich uns zu und
konnte mit uns reden.

Wir wußten jetzt alle mehr als vorher. Ein Teil der Babywut war jetzt
von Dennis aufgegeben worden. Aber wir waren immer noch nicht an
die Angst herangekommen, und wir wußten immer noch nicht, vor was
er solche Angst hatte.

»Auf jeden Fall«, schloß Dennis, »bin ich mit meinem Problem mehr in
Kontakt.« Er wandte sich mir zu, mit ernstem Ausdruck. »Ich kann dir
versprechen, daß ich dich nie wieder schlagen werde. Und was die Angst
angeht – ich weiß, daß ich einen Weg finden muß, um sie aufzuarbeiten.«
Dann berichtigte er sich: »Ich meine, wir werden einen Weg finden
müssen, um sie aufzuarbeiten.«

Es war der Beginn eines langen, mühseligen Prozesses für uns beide, und
wir hätten ihn wohl nie bis zum Ende geschafft, wenn nicht etwas
passiert wäre, was – ganz offensichtlich – wie ein Rückschlag aussah, der
fast alles wieder zunichte gemacht hätte.

Anfang Januar bekam ich einen Alarmanruf; eine Hausgenossin von
Elisabeth rief mich an: »Elisabeth ist ganz schrecklich durcheinander!«

Ich wies sie an, Dennis anzurufen, der ganz in ihrer Nähe wohnte. Kurze
Zeit darauf rief Dennis mich an: »Es sieht sehr schlecht aus«, sagte er.
»Ich bringe sie nach Hause.«

Zwei Stunden später kamen sie an. Als ich Elisabeth sah, wußte ich
sogleich, daß Dennis recht hatte. Sie war aufgelöst und verstört. Ihre

Haut glänzte und ihre Augen waren leer. Als sie sich in meinen Schoß warf, ließ mich der Schizophrenengeruch beinahe zurückschrecken.

Wir warteten. Elisabeth schmiegte sich in meinen Schoß. »Oh, Mama«, sagte sie mit einem leisen irren Kichern. Sie späte im Zimmer umher. »Sie starren mich alle an. Warum schauen mich alle so an?«

»Sie sind beunruhigt, weil du so durcheinander bist«, erklärte ich ihr.

»Erregt? Mama, ich fühle mich prima!«, erklärte sie, lachte und verfiel wieder in ihr Kichern.

Ich streichelte ihr weiches Haar. Sie machte mit dem Mund leise Geräusche und fing an, auf meinen Armen Linien zu ziehen. Zuerst war es ein sanftes Streicheln mit ihren Fingern. Dann begann sie die Fingernägel zu benutzen. »Weiße Linien«, murmelte sie. »Weiß! Weiß!« Die Kratzer wurden tiefer und tiefer.

Plötzlich riß sie mit einem wilden Schrei meine Armbanduhr los und schleuderte sie wütend durch den Raum. »Ich bring dich um«, kreischte sie. »Ich bring dich um! Ich bring dich um!«

Die anderen sprangen auf, um mich zu schützen; indessen brach Elisabeth hysterisch weinend zusammen.

Es vergingen mehrere Tage, bevor wir erfuhren, was geschehen war.

Nachdem Elisabeth uns verlassen hatte, hatte sie nach einigen Monaten angefangen, gelegentlich Kontakte mit ihrer ursprünglichen Familie aufzunehmen. Wir wußten davon; wir hatten aber, da es ihr anscheinend gut ging, gezögert, dies zu verhindern.

»Ihr habt falsch gehandelt! Falsch! Falsch!«, warf sie uns vor. »Ja, wenn ihr mich liebt, warum habt ihr es dann zugelassen, daß ich das tat?« Bei dem, was geschehen war, ging es im Grunde darum, daß sie nicht länger mehr imstande war, den Eltern-Ich-Teil ihrer Persönlichkeit einzusetzen. Sie war wieder völlig das verrückte Kind.

Wenn ihr das passieren konnte, dann war die Stabilität all der Jugendlichen, die wir bisher neu beeltert hatten, bedroht. Die anderen Kinder drängten hastig auf eine Besprechung, um ihre eigene Stabilität zu diskutieren und darüber nachzudenken, wie sie sich selbst vor einer ähnlichen Katastrophe schützen könnten. Nach einer erschöpfenden Analyse ihrer Persönlichkeitsstrukturen und nach der Diskussion der Auswirkungen von Kontakten mit ihren ursprünglichen Familien kamen die Kinder zu dem Schluß, daß – bevor wir nicht mehr von dem wußten, was eigentlich mit Elisabeth geschehen war – niemand von ihnen einen weiteren Kontakt mit seinen Angehörigen riskieren wollte. Einige von ihnen fanden, daß derartige Kontakte nie ganz ohne Gefahr wären; andere wollten einfach nicht ein solches unmittelbares Risiko eingehen.

Wir alle waren im gemeinsamen Bemühen verbunden, Elisabeth zu helfen, daß sie sich stabilisierte und herausfand, was geschehen war. Langsam – es dauerte mehrere Wochen – begann es ihr besser zu gehen, wobei wir nicht sicher waren, warum.

Dann, als es gerade so aussah, als ob sie wieder zur Ruhe käme, verliebte sich Elisabeth.

Sie hatte Norman, einen jungen Rechtsanwalt aus Washington, zufällig durch eine unserer anderen Töchter und deren Mann kennengelernt. Beide waren sich während einer 48-Stunden-Marathon-Gruppe, die ein anderer Therapeut und ich zusammen durchführten, wiederbegegnet. Die intensive Beziehung, die Teil eines Marathon-Erlebens ist, führt häufig dazu, daß Menschen sich außerordentlich gut kennenlernen. Ich war überrascht und beunruhigt, als Elisabeth und Norman eine derart gefühlsstarke Verbindung eingingen, während sie noch ziemlich gestört war. Moe und ich wußten nicht, was wir sagen sollten, als Norman und Elisabeth nur ein paar Wochen später uns erklärten, daß sie heiraten wollten.

Wenn uns nicht die Erfahrung mit Bunny und John zur Verfügung gestanden wäre, hätten wir vermutlich mit einem unerbittlichen »Nein!« reagiert. Ausschlaggebend war für uns, wieweit Norman Elisabeths Krankheit erfaßte.

Er war beides: verantwortungsbewußt und informiert. Er verstand eine Menge von Schizophrenie und war im klaren, wie seine Rolle als Elisabeths Mann eigentlich und richtig aussehen mußte: um sie zu stützen und um an ihrer Behandlung mitzuwirken. Wir hatten nicht den Eindruck, daß er ein Helfer-Spiel spielte oder eigene Anteile in Elisabeths Krankheit einbrachte. »Sie ist eine sehr liebenswerte junge Frau«, sagte er zu uns, »mehr gesund als krank, und ich denke nicht daran, auf sie so lange zu warten, bis sie völlig gesund ist, um zu heiraten. Wir werden einfach mit den Problemen umgehen, so wie sie an uns herankommen.«

Elisabeth und Norman hatten eine wunderschöne Hochzeit im Gemeindehaus der Quäker in Washington D. C. es war keine herkömmliche Hochzeit – im letzten Moment fand Elisabeth ein prachtvolles Spitzenkleid und verzichtete auf das Brautkleid, das sie eigentlich hatte tragen wollen. Die übrige Hochzeitsgesellschaft, auch die Männer, trug lebhafte, moderne Farben. Das Brautpaar bot seinen Gästen als Teil der Zeremonie Brot an, das ich für sie am Vorabend gebacken hatte. Keine Braut hätte glücklicher und lieblicher sein können als Elisabeth, und keine Eltern stolzer als Moe und ich.

Dann, am Tage nach Elisabeths Hochzeit, kam Eric, das zweite unserer hebephrenen Kinder, zu uns, um bei uns zu leben. Als Moe und ich sein Krankheitsbild mit dem von Elisabeth verglichen, waren wir entsetzt und voller Sorge: wir sahen, wie sehr die beiden Kinder sich glichen.

Eric und Elisabeth hatten sich schon gelegentlich vorher kennengelernt, und beide hatten uns berichtet, daß »eine Art von elektrischer Spannung« zwischen ihnen bestehe. Ich wußte nicht, um was es sich dabei handelte; aber was auch immer die »elektrische Spannung« war, ich konnte sie ebenfalls spüren. Die beiden Jugendlichen luden sich unweigerlich gegenseitig auf.

Und dieses Gefühl behagte mir ganz und gar nicht.

XII.

Als ich angefangen hatte, mich mit Elisabeths Krankheit zu befassen, fühlte ich mich von der Verrücktheit überwältigt. Gegenüber meinem kläglichen Wissenstand waren mir die Wahnideen, die Verwirrung und die Gewalttätigkeit als beinahe unüberwindliche Probleme erschienen. Die Arbeit mit Eric ging ich dagegen mit viel mehr Zuversicht an; ich fragte mich ständig, wie ich das, was ich an Elisabeth und den anderen schizophrenen Kindern gelernt hatte, einsetzen konnte, um in die Geheimnisse der Hebephrenie einzudringen.

Wir hatten gelernt, daß Schizophrene skriptgebunden sind. Sie werden das werden, wozu sie bestimmt sind. In der Anfangsphase einer Regression ist ein schizophrener Jugendlicher in besonderem Maße beeinflußbar. Also sagte ich Eric immer wieder, daß er die Fähigkeit hatte, das, was in ihm vorging, mitzuteilen.

»Du weißt, was in deinem Kopf vorgeht«, sagte ich oft zu ihm. »Du kannst alles, was du tust oder fühlst, erklären.«

»Ich kann?«, pflegte er mit einer Elisabeth ähnlichen Naivität nachzusprechen.

»Du kannst es wirklich!«, sagte ich zu ihm. «Du wirst mir eine Menge Informationen geben müssen, damit ich weiß, wie ich dir helfen kann.«

Als wir anfingen, in die Hebephrenie Einsicht zu gewinnen, machte sich Elisabeth die Idee zu eigen, mittels der Theorie die Probleme, vor denen sie noch stand, zu verstehen und zu lösen. Die beiden Jugendlichen begannen, sich über ihre Hintergründe, Gefühle und Wahrnehmungen auszutauschen.

Sie waren in ihrer Erfahrung so ähnlich wie eineiige Zwillinge, die im gleichen Haus aufgewachsen sind; sie steckten sich gegenseitig mit einer elektrisierenden Begeisterung an, indem sie sich gegenseitig klarmachten, was mit ihnen geschehen war. Und wir beobachteten sie, wir verglichen und lernten, um nach kurzer Zeit zu der Überzeugung zu gelangen, daß alle Schlüssel zur Schizophrenie in den Geheimnissen hinter dem hebephrenen Krankheitsbild lagen.

Das hebephrene Kind hat Angst vor dem Verhungern. Die Mütter von Elisabeth und Eric berichteten uns beide, daß sie vergeblich versucht hätten, ihre Kinder zu stillen. Der Drang zum Saugen ist eine der frühesten Überlebensverhaltensweisen, die wir bei einem Säugling beobachten können. Dieses Bedürfnis war bei beiden Kindern in der ersten Zeit, als sie zu uns kamen, noch vorhanden. Obwohl ihnen beiden das Bedürfnis bewußt war, waren sie jedoch unfähig, kraftvoll an den Flaschen, die wir ihnen reichten, zu saugen. Uns schien dies eine Folge des Verhaltens ihrer Mütter beim Stillen zu sein.

Als sie in eine Phase, die sich unmittelbar an ihre Geburt anschloß, regredierten, berichteten beide, sowohl Elisabeth als auch Eric, daß sie sich schrecklich hungrig fühlten, es aber nicht wagten, kräftig zu saugen – sie glaubten nämlich, die Milch würde dann aufhören zu fließen, oder ihre Mütter würden ihnen die Brust entziehen. Ihre einzige Hoffnung, überhaupt gefüttert zu werden, war, teilnahmslos an der Brustwarze zu lecken.

Wenn ich Eric die Flasche gab, legte er die Hände zwischen seine Beine und klemmte sie zwischen den Knien fest. Er glaubte nämlich, daß die Mutter seine Hände in diese Stellung brachte, damit er ihre Brust nicht berühren konnte. Beide Jugendliche sind überzeugt, daß ihre Mütter durch das Stillen sexuell erregt wurden, und daß ihre späteren Schwierigkeiten mit der Sexualität wie überhaupt ihr ganzes Krankheitsbild mit diesem Problem zusammenhängen.

Ihre Mütter berichteten, daß Elisabeth und Eric ungewöhnlich brave Kinder waren. Die Kinder dagegen sagen, daß sie lernten, nicht zu schreien, wenn sie Aufmerksamkeit brauchten – denn dann wurden sie so lange nicht beachtet, bis sie aufhörten, zu schreien. Es gab nur ein Verhalten, durch das sie hoffen konnten, umsorgt zu werden: teilnahmslos zu warten, bis ihre Mütter sich entschlossen, zu ihnen zu kommen und sich ihnen zuzuwenden.

Es tut weh, hungrig zu sein. Die meisten Säuglinge schreien, wenn sie hungrig sind. Diese dagegen machten die Erfahrung, daß ein weinendes, unruhiges Baby möglicherweise überhaupt nichts zu essen bekommt. Deshalb mußten sie so tun, als ob der Hunger nicht vorhanden wäre. Sie lernten, ihren Hunger und die Wut, die die Angst vor dem Verhungern begleitete, von dem lieben und netten, also wohlangepaßten Verhalten zu trennen, das ihnen den einzigen Schlüssel zur mütterlichen Fürsorge lieferte. Wenn sie brave Babys waren, konnte es geschehen, daß ihre

Mütter ihnen ihre Aufmerksamkeit zuwandten. Wenn sie schlecht waren, wütend oder weinend, ließ man sie allein.

Letzten Endes entwickelte sich daraus eine gespaltene Persönlichkeitsstruktur. Die Verhaltensweisen, die die Babys ihren Müttern zeigten, waren die einer glücklichen, mit ihnen kooperierenden Passivität. Daneben entwickelte sich auch noch eine zweite Persönlichkeit: wahnsinnig hungrig und voll mörderischer Wut.

Wenn ein Kind heranwächst und spielen, krabbeln und laufen lernt, dann entdeckt es auch neue Möglichkeiten, wie es Anforderungen an die Aufmerksamkeit der Mutter stellen kann. Elisabeth und Eric berichten uns, daß sie niemals diese Art von Erfahrung gemacht hätten. Als sie größere Aktivität entwickelten, wurde die Angst vor dem Verhungern in neuer Weise verstärkt. Elisabeth erinnert sich, daß sie in ihrem Bett angebunden wurde, »damit sie ihre Decke nicht abwirft«. Sie sagt, daß diese Einschränkung ihrer Bewegungsfreiheit durch einen Gurt, der an der Matratze ihres Bettes befestigt war, dazu benutzt wurde, um sie aus dem Wege zu schaffen, wenn sie lärmte oder sonstwie lästig war.

Eric wurde bis zu seinem dritten Lebensjahr in einem Laufstall gehalten, »da er kränklich war und eine Erkältung bekommen konnte«. Als er versuchte, aus dem Laufstall zu klettern, wurde dieser auf Stützen gestellt, so daß er nicht entkommen konnte. Eric erinnert sich, daß er die Welt nur durch Gitterstäbe sah. Ihm ist noch gegenwärtig, wie sehr er sich wünschte, hinauszukommen. Er wurde von einer älteren Schwester gehänselt und war unfähig, sich zur Wehr zu setzen. Er wagte nicht, die geringste Wut zu zeigen, da sonst die Mutter einfach aus dem Zimmer ging und ihn hilflos eingepfercht und einsam zurückließ.

Und immer der Hunger. Babys glauben, daß ihre Mütter wissen, wie ihnen zumute ist; es kam Elisabeth oder Eric nie in den Sinn, daß ihre Mütter nicht wußten, daß sie hungrig waren. Das Weinen, mit dem die meisten Kinder ihre Bedürfnisse signalisieren, war längst als Möglichkeit der Mitteilung ausgemerzt. Die einzige Möglichkeit, die die Babys kannten, ihr Bedürfnis nach Zuwendung zu signalisieren, war die Passivität, das ruhige Dasitzen und das liebe Lächeln.

Im Alter von etwa zwei Jahren durchlaufen die Kinder eine Phase des negativen Verhaltens, die für eine gesunde Entwicklung wichtig ist. In dieser Phase ist das Kind oft ohne eigentlichen Grund wütend. Es fängt an, sich schlecht zu benehmen – mit keiner anderen erkennbaren Absicht als der, seine Mutter zu ärgern und herauszufinden, wie weit es damit gehen kann. Mutter und Kind können sich diesem Konflikt nicht entziehen; das Ergebnis ist, daß das Kind erfährt, daß es von seiner Mutter getrennt ist. Als Folge dieser Erkenntnis entsteht der Erwachsenen-Ich-Anteil seiner Persönlichkeit: das Gedächtnis, die Fähigkeit zur Problemlösung und das reifere Denken. Das Erwachsenen-Ich ist das Mittel, mit dessen Hilfe das Kind lernt, das, was es wünscht und braucht, zu bekommen und gleichwohl den Erwartungen der Umwelt zu entsprechen.

Diese Entwicklung durchliefen Elisabeth und Eric nicht. Sie waren überzeugt, daß jede Äußerung von Wut schreckliche Folgen haben würde. Deshalb verinnerlichten sie die negativen Gefühle und fügten die Wut anderen Empfindungen hinzu, die bereits von dem lächelnden Gesicht und der verführerischen Art, die sie der Umwelt gegenüber an den Tag legten, abgespalten waren.

Ein zweites Problem war, daß keines der beiden Kinder ein Wertsystem entwickeln oder die Werte der Menschen um sie herum verstehen konnte. Moralische Vorschriften werden als ein Mittel zur Kontrolle unannehmbaren Verhaltens verinnerlicht. Ursprünglich hatten Elisabeth und Eric gelernt, sich an ihre Mütter anzupassen; als sie jedoch älter wurden, paßten sie sich an die unmittelbare Situation an, in der sie sich befanden. Das Mittel, mit dem sie eine derartig vollständige Übereinstimmung erreichten, war die Verleugnung aller Gefühle oder Vorstellungen, die mit der unmittelbaren Situation unvereinbar waren. Als Folge davon war es ihnen nicht möglich, Werte von einer Situation auf die andere zu übertragen und entsprechend zu handeln. Beide Jugendliche konnten sich deshalb naiv auf ein auffallendes, gefährliches oder unmoralisches Verhalten einlassen, ohne auch nur einen Gedanken darauf zu verwenden, wieweit sie dem Einfluß einer Gruppe, in der sie sich gerade befanden, unterlegen waren. Wenn sie später mit jemandem konfrontiert wurden, der der Meinung war, daß das, was sie getan hatten, falsch war, standen sie dem Konflikt der Werte verwirrt und passiv gegenüber. »Ich möchte ein Stein sein«, sagte Elisabeth dann, während Eric einfach jämmerlich um sich blickte, bis ihm jemand zu Hilfe kam.

Die Adoleszenz ist eine Zeit der Neuorientierung. Da das Kind älter ist und besser denken kann, auch mehr Rückhalt in seiner Umwelt hat, kommen Probleme, die in früheren Jahren nicht gelöst wurden, wieder hoch und werden oft bereinigt. Die Probleme, die nicht durchgearbeitet werden können, führen zu krankhaftem Verhalten. Beide, Elisabeth und Eric, versuchten verzweifelt, einen Weg durch den Aufruhr der Adolszenz zu finden. Die oralen Bedürfnisse bedrängten sie, und es gab für sie keine entsprechende mütterliche Zuwendung. Sie versuchten, in der Religion einen Ausgleich für den Mangel an einem Wertsystem zu finden und hatten damit keinen Erfolg. Als Elisabeth in das Kloster eintrat, war dies ihr Versuch, Sicherheit in einem geordneten religiösen Leben zu finden. Eric wurde im Alter von dreizehn Jahren auf eine Militärschule geschickt. Obwohl er dort äußerst unglücklich war, konnte er mit Hilfe der äußeren Ordnung zurecht kommen.

Bei beiden Jugendlichen kam es immer häufiger zu Ausbrüchen des »schlechten« Kindes; als ihre Verwirrung und ihr Unglücklichsein immer mehr zunahmen, konnten die eingeschlossenen Gefühle nicht länger verleugnet werden. Nach den wütenden Ausbrüchen hatten sie keine klare Erinnerung daran, was geschehen war, da der Verdrängungsmechanismus ihr Erwachsenen-Ich ohne Information ließ. Die Spaltung ihrer Persönlichkeit wurde immer deutlicher sichtbar.

Wir investierten viel Zeit, um herauszufinden, was die leiblichen Eltern der Kinder, die offensichtlich unschuldig und gut meinend waren, falsch gemacht hatten. Wir wollten auch herausfinden, warum ihre Kinder krank geworden waren, während andere Kinder, die handgreiflicher mißhandelt werden und weniger Vorteile haben, zu gesunder Reife heranwachsen können.

Wir begannen zu lernen, was es bedeutet, wenn die Gefühle eines Kindes oder seine Bedürfnisse durch die Eltern mißachtet werden.

In diesen beiden Familien oder auch in Familien anderer hebephrener Kinder, die wir bis heute kennengelernt haben, herrscht ein beachtliches Maß an Verleugnung. Wenn sie nicht wissen, wie ein Problem zu lösen ist, finden sie eine Möglichkeit, es herunterzuspielen. Sie tun dann so, als ob es nicht existiere. Obwohl Eric während seiner ganzen Kindheit ernstlich unterernährt war, wurde ihm nie gesagt, daß er essen müsse, und man hat ihm auch nie die Folgen seines Nicht-Essens erklärt. Als er in einem Wutanfall ein Loch in die Wand des Badezimmers trat, beschlossen seine Eltern, ohne ihn danach zu fragen, was geschehen war, es als einen Unfall anzusehen. Als Elisabeths Eltern herausfanden, daß sie Kleider im Kaufhaus stahl, haben sie nicht mit ihr darüber gesprochen: »Wir dachten, es wäre eine Phase, aus der sie schon herauswachsen würde.«

Es gibt viele Möglichkeiten zum Herunterspielen. Wenn ein Kind weint, kann die Mutter schlafen gehen oder das Radio andrehen oder sonstwie vermeiden, das Weinen zu hören; so nimmt sie das Problem nicht zur Kenntnis. Oder sie kann ihre Fähigkeit abstreiten, etwas an dem Problem zu ändern: »Ich weiß einfach nicht, was mit ihm los ist.« Oder sie kann bestreiten, daß es einen Grund zum Weinen gibt: »Manche Babys weinen eben viel.« Oder sie kann in Abrede stellen, daß es eine Lösung des Problems gibt: »Er ist einfach nicht zufriedenzustellen.«

Einer der Gründe, warum unsere Kinder gesund werden, und der wesentliche Grund, weshalb Elisabeth so gut mit uns zurecht kam, selbst als wir nicht verstanden, was passierte, war, daß wir uns bemühen, nicht herunterzuspielen. Wir betrachten jedes Verhalten als absichtsvoll und versuchen stets, ihm in irgendeiner Weise zu begegnen. Bevor wir jedoch wußten, was hebephrenen Kindern widerfahren war, und bevor wir erkannten, welche Rolle das Verleugnen stets in der Entwicklung der Schizophrenie spielt, war uns nicht klar, wie wichtig die Veränderung dieses Verhaltens für das Gesundwerden der Kinder ist.

Beiden, Elisabeth und Eric, hatte sich von ihren Eltern her eingeprägt, die Wirklichkeit nicht wahrzuhaben. Erics Eltern achteten nicht darauf, daß er genug zu essen bekam, und brachten ihm auch nichts über Ernährung bei; als später in der Schule über Ernährung gesprochen wurde, paßte Eric einfach nicht auf und las auch das entsprechende Kapitel nicht und bekam deshalb eine schlechte Zensur. Beide Kinder werteten Schmerz ab, da das Schmerzempfinden auch das Hungergefühl einschloß. Keines von ihnen konnte den Unterschied zwischen heiß und kalt benennen, da man nie Gefühlsäußerungen von ihnen erwartet hatte. Es war für diese Kinder eine wichtige Erfahrung, Hiebe für Fehlverhalten zu bekommen. Zum einen Teil war dies wichtig, weil es ihnen die Forderung einschärfte, daß sie für ihr Verhalten verantwortlich sind; zum anderen weil das Schlagen auf der Erwartung beruht, daß das Kind den Schmerz fühlen wird – und so war Schlagen ein wesentliches Mittel, das es den Kindern ermöglichte, Gefühle zu erfahren. (Keines von ihnen war jemals von seinen leiblichen Eltern geschlagen worden.)

Eine der dramatischsten Entdeckungen machten wir durch einen Zufall. Elisabeth besuchte uns, und wir waren dabei, einiges von dem Krankheitsbild, das den beiden Jugendlichen gemeinsam war, herauszuarbeiten, als Eric mit einer Gruppe von Kindern in Streit geriet. Die Kinder waren über sein ständiges Abwerten wütend. Als sie beschrieben, was geschehen war, erkannte ich es als ein Verhalten, das ich in dieser Form bereits bei anderen Gelegenheiten bei Eric beobachtet hatte: »Dann reden wir nicht mehr davon«, konnte er wütend sagen, oder »das kannst du ja gar nicht beweisen!« Für Eric war das ein unübliches Verhalten, und wenn es geschah, hatte es mich jedesmal empört.

Ich hatte früher gedacht, daß Erics Abwerten aus dem Kindheits-Ich käme und eine Anpassung an seine leiblichen Eltern sei; als ich jedoch zuhörte, wurde mir plötzlich klar, daß das nicht stimme. Er hatte doch anderen Leuten eben gesagt, was sie tun sollten. Dieses Verhalten kam aus dem Eltern-Ich-Zustand!

Im Moment war ich verwirrt. Eric hatte sich einige Wochen vorher von seinem alten Eltern-Ich-Zustand gelöst. Ich hatte auch keinen Fall erlebt, bei dem sich das entthronte Eltern-Ich wieder geltend machte. Darüber hinaus war das, was ich von Erics Eltern-Ich wahrgenommen hatte, gänzlich verschieden von diesem Verhalten.

Erregt griff ich nach einem Stück Papier und zeichnete das Bild mit den drei Kreisen, wie es TA-Therapeuten benutzen, um die Ich-Zustände zu beschreiben. Anstelle von *einem* Eltern-Ich zeichnete ich jedoch zwei: eines, das dem lieben und netten Teil des Kindheits-Ichs, und eines, das dem bösen und abgelehnten Teil entspricht. Mir wurde klar, was geschehen war: die Kinder hatten ihre natürlichen Eltern genau in der gleichen Weise geteilt wahrgenommen, wie sie es waren. Jeder Teil ihrer gespaltenen Persönlichkeit hatte jeweils für sich eine völlig unterschiedliche Art der elterlichen Beeinflussung erfahren. Das liebe und nette Kindheits-Ich hatte ein albernes, fades Eltern-Ich verinnerlicht, welches das Verhalten nicht steuerte bzw. nicht wirksam förderte. Das böse Kindheits-Ich hatte ein wütendes, böses Eltern-Ich verinnerlicht, das Mißachtung an den Tag legte und mörderisch war: »Wenn du böse bist, lasse ich dich verhungern.«

Ich sah Elisabeth und Eric bleich werden, als der ganze Verleugnungs-mechanismus abzubröckeln begann.

Und dann gerieten sie in den Schub. Wir schafften sie ins Wohnzimmer, telefonierten um Hilfe und bereiteten uns auf die psychotischen Episoden vor, von denen wir wußten, daß sie bevorstanden; indessen schaukelten sie sich höher und höher in dem rasenden Bemühen, nicht auseinanderzubrechen.

»Frosch!« sagte Eric.

»Blosch!« entgegnete Elisabeth.

Beide pendelten hin und her und kicherten; auf jeder Seite von ihnen standen Jungen im Bemühen, sie festzuhalten. Sie machten mit dem Mund seltsame Geräusche, die sie zu Salven hysterischen Gelächters veranlaßten. Offensichtlich verstanden sie einander völlig. »Gluck!«, sagte Elisabeth.

»Schluck!«, antwortete Eric.

»Wuck! Muck! Fuck!«, krähte Elisabeth triumphierend.

Beide Kinder waren davon überzeugt, sie wären am Sterben, aber mitten im tollen Wirbel gab es Momente von Vernünftigsein. »Oh, Mama«, schrie Elisabeth, »ich bin am Verbrennen! Gleich werde ich explodieren!«

»Ich bin gerade am Verbrennen und dabei, eine Kartoffel zu werden!«, prophezeite Eric mit sich überschlagender Stimme. »All die Energie wird mich verbrennen!«

»Das ist doch nicht möglich, oder doch, Mom?«, fragte eines der Kinder. »Sie werden doch wieder in Ordnung kommen?«

Ich schaute herum in dem Raum voller Kinder und erinnerte mich an mein Versprechen, sie niemals anzulügen. Mir war klar, daß sie alle auf meine Antwort warteten. Und ich dachte an die Hebephrenen, die ich in den Kliniken gesehen hatte. »Ausgebrannt« – so werden sie oft beschrieben. Die wahnsinnige Energie ist dann verbraucht, und sie kommen sich wie leere Hülsen vor und sehen auch so aus. Mich wunderte, woher Eric, der derartige Patienten nie gesehen hatte, das wußte. Es sei denn, er hatte es einfach aus dem, was in ihm geschah, geschlossen.

Ich versuchte, ruhig zu antworten. »Ich weiß nicht genau, was geschieht«, sagte ich. »Ich kann gar nichts versprechen. Aber ich bin überzeugt, daß Elisabeth und Eric wissen, was sie zu tun haben, und sie selbst müssen ihren Weg finden, es zu tun.«

Bevor die beiden voll loslegten, waren Moe und andere Helfer dazugekommen; glücklicherweise waren wir genügend Leute, denn wir brauchten zehn Männer, um Elisabeth und zwölf, um Eric festzuhalten.

Wir hatten schon früher elementare Wutanfälle erlebt, aber so etwas hätte ich mir nicht im Traum einfallen lassen. Sie krümmten sich und verfielen in Zuckungen, ihre Gesichter glichen verzerrten Masken, und sie waren offensichtlich ohne jeden Kontakt mit dem, was um sie herum vorging. Sie bissen diejenigen, die sie festhielten, und rangen mit ihnen; der Teppich unter ihnen war getränkt vom Schweiß. Elisabeth setzte sich eine halbe Stunde lang zur Wehr; Eric fast eine Stunde.

Und dann war alles vorbei. Beide Kinder waren schlapp, voller Prellungen und erschöpft – aber sie waren bei Sinnen.

An diesem Abend waren wir nicht mehr in der Lage, mit den Kindern zu reden; gespannt weckte ich deshalb Eric am nächsten Morgen. Zum erstenmal stellte ich fest, daß kein frisches Blut an seinem Mund auf dem Kopfkissen zu sehen war, obwohl er sich am Abend vorher die Lippen zerbissen hatte. »Wie fühlst du dich?«, fragte ich ihn besorgt.

Er sah mich an wie ein kleiner schläfriger Junge. »Ich habe ein neues Kindheits-Ich bekommen«, erklärte er mir. »Ich habe mich bisher noch nie so gefühlt wie jetzt.«

»Was ist so anders?«

Er stützte sich auf den Ellenbogen und schnitt eine Grimasse wegen der schmerzenden Muskeln. »Ich habe den Eindruck, daß ich nicht mehr verrückt bin«, sagte er. »Ich kann es nicht genau erklären. Aber mir ist so, als ob ich nie wieder eine Halluzination oder so etwas haben werde.«

Was wir gerade erlebt hatten, nannten wir bald darauf die »Auflösung der Hebephrenie«. Wir brauchten mehrere Tage, um die Veränderungen zu definieren und psychologische Tests vorzunehmen. Elisabeth war zu diesem Zeitpunkt nicht aktiv psychotisch gewesen; deshalb war es bei ihr schwieriger, die Veränderungen festzustellen. Sie behauptete ebenso wie Eric, daß sie ein »neues Kindheits-Ich« habe. Offensichtlich war die Spaltung gutes Kind/böses Kind verschwunden. Beide waren verwirrt und unglücklich, als sie entdeckten, daß sie gleichzeitig »gute« und »böse« Impulse hatten. »Wie finden denn die Leute heraus, was zu tun ist?«, jammerte Elisabeth bei einer Gelegenheit. »Wie kann ich das auseinanderhalten?« Bei Eric war die Besserung offensichtlich. Das wahnhafte Denken schien plötzlich verschwunden, die Psychose aufgelöst. Bei beiden Jugendlichen nahmen die Zerfahrenheit und Albernheit, die Naivität und Beeinflußbarkeit ab.

Die Spaltung war zusammengebrochen. Das verleugnende Eltern-Ich war gleichfalls verschwunden. »In mir gibt es nichts mehr, was mich töten will«, berichtete Eric. »Jetzt können wir wirklich gesund werden«. Aber die Dinge entwickelten sich nicht so reibungslos. Während der nächsten Monate suchten wir beiden Jugendlichen dabei zu helfen, sich daran zu gewöhnen, daß sie gleichzeitig »gute« und »böse« Gefühle hatten. Unsere Überzeugung wurde noch stärker, daß sich eine gesunde Reifung nicht auf einer anormalen Kindheit aufbauen läßt. Für Elisabeth und Norman wurde das Problem noch bedrängender, als sie feststellten, daß Elisabeth schwanger war.

Nach mehreren Monaten voller mühsamer Ansätze regredierte Eric erneut, und einige Wochen später kehrte auch Elisabeth heim und wurde wieder ein Baby. Zur gleichen Zeit entschloß sich Shirley, nach Hause zu kommen, um sich ein letztes Mal in die Regression zu begeben. Das in jedem von ihnen neu integrierte Kindheits-Ich konnte jetzt eine gesunde Kindheit erleben.

An den hebephrenen Kindern und an Shirley ging uns auf, wie real eine Regression sein muß; wir lernten, daß so ein Kind wirklich ein Baby sein muß, und daß es nicht genötigt werden sollte, sein Erwachsenen-Ich einzusetzen und zu denken wie ein Hochschüler.

Heute wickeln wir alle unsere Babys in Windeln, füttern sie mit der Flasche und lassen sie so viel schlafen, wie sie mögen. Wenn sie hungrig sind, weinen sie; Elisabeth und Eric hatten beide Schwierigkeiten, das zu lernen. Wenn sie älter werden, kauen sie auf Zahnringen und Brezeln und fangen an, die herkömmliche Säuglingsnahrung zu essen. Dann endlich lernen sie, zu krabbeln und zu reden, und beginnen selbständig zu essen. Die negative Phase der Zweijährigen ist immer ein Problem; für eine Weile glaubte ich z. B., daß wir Eric niemals zur Reinlichkeit erziehen könnten.

Wenn wir die Bedürfnisse der Kinder während der Regression erfüllen, entfällt die Notwendigkeit der Therapie meist völlig. In jeder Entwicklungsphase werden wir mit einem gestörten Kind konfrontiert. Diese Störung muß jeweils erfolgreich aufgelöst werden, damit das Kind erfahren kann, daß es wie ein normaler, gesunder kleiner Junge oder wie ein gesundes kleines Mädchen handlungsfähig ist. Es ist wirklich nicht so schwierig, diese Probleme zu lösen, da jedes Kind in sich einen ungeheuren Drang hat, gesund und glücklich aufzuwachsen; es braucht nur Eltern, die es lieben und auf seine Bedürfnisse eingehen.

Schon bevor wir die Hebephrenie verstanden, wurden unsere Kinder gesund, nicht weil wir wußten, was wir taten, sondern weil wir einfach ihren Bedürfnissen ganz natürlich entsprachen. Vielleicht war uns im Anfang noch nicht so klar, was wir für Elisabeth, für Dennis und die anderen Kinder hätten tun sollen, weil wir noch nicht bereit waren, uns so radikal von der herkömmlichen Behandlungsweise zu lösen.

In den drei Jahren jedoch, seit denen Dennis zu uns gekommen war, waren auch Moe und ich beachtlich weitergekommen.

XIII.

Dennis verbrachte ein erfolgreiches Jahr an der Universität. Seine Prüfungen bestand er durchweg mit den besten Noten; wir mochten den neuen Freundeskreis, den er in Charlottesville gewann. Beinahe jedes Wochenende kam er nach Hause und war auch weiterhin aktiv in der Familie tätig. Er zeigte zur Zeit kein krankhaftes Verhalten und Moe und ich waren überzeugt: ganz gleich welches Problem noch in der Beziehung zwischen uns beiden bestehen sollte, er war so völlig unser Sohn, wie es nur ein Kind sein konnte.

Wir machten ihn auch rechtlich zu unserem Sohn, bevor er sein Abschlußexamen am College machte; wir gaben ihm einen neuen Namen: Aaron Wolfe Schiff; Aaron war ein guter hebräischer Name, den wir alle mochten – Wolfe nannten wir ihn im Gedenken an einen meiner alten Freunde.

Aaron war ebenso wie wir jetzt mit allen Kräften dabei, die Probleme in seiner Beziehung zu mir aufzuarbeiten; wir durchliefen einen langen, langwierigen und manchmal entmutigenden Prozeß, in dem wir jeden einzelnen Schritt des Problems bestimmten und durcharbeiteten.

Die erste größere Hürde war seine Überzeugung, daß ich ihn kastrieren wollte. Aaron hatte keine Furcht vor Kastration. Es bereitete ihm die Idee scheinbar eine Art von morbidem Vergnügen.

»Es klingt für mich so, als ob du dir wünschst, kastriert zu werden«, rief ich voller Verzweiflung aus.

»Das kann sein«, antwortete er ernsthaft. »Zumindestens ist der Teil in mir, der davon überzeugt ist, daß du mich kastrieren willst, bereit, mitzumachen.«

»Ist dir eigentlich schon der Gedanke gekommen, daß das sehr schmerzhaft sein würde?«, fragte ich ihn.

»Das bezweifle ich«, zuckte er gleichgültig mit den Schultern. »Es wird schon nicht sehr weh tun.«

Wir verbrachten eine Menge Zeit mit diesen fruchtlosen und frustrierenden Gesprächen, weshalb er dachte, daß ich den Wunsch hatte, ihn zu kastrieren. Schließlich gab ich dies auf. Statt dessen begann ich mich darauf zu konzentrieren, daß ihm gar so wenig an seiner Männlichkeit lag.

Das Problem blieb weiterhin ungelöst. Aaron mußte für sich selbst die Entscheidung treffen, wie lange er noch seine Männlichkeit dem Bemuttertwerden zuliebe opfern wollte. Am Ende entschloß ich mich, es mit einer Konfrontation zu probieren, die ebenso bizarr wie extrem war.

Aaron wurde nackt auf einem Zwangsstuhl angeschnallt. Als ich mich ihm mit einem großen Jagdmesser näherte, war ich sicher, daß er die Überzeugung hatte, ich würde ihn tatsächlich kastrieren. Zu meiner Enttäuschung zeigte er nicht die geringste Angst.

Vielleicht wollte er tatsächlich kastriert werden? Ich dachte vorübergehend an die Männer, die sich Operationen unterziehen, um Frauen so ähnlich wie möglich zu werden. Ich erinnerte mich daran, wie verzweifelt sich Aaron die Liebe seiner Mutter gewünscht hatte, die diese über ihre Töchter verströmte. Vielleicht war es in seinem Denken die Verstümmelung wert, um solch eine Liebe zu gewinnen.

Dann jedoch, als ich mit der Schneide des Messers sein nacktes Glied berührte, verlor sein Gesicht jede Farbe.

»Was soll ich jetzt tun?«, fragte ich ihn. »Soll ich drauflos schneiden, so daß du nie wieder ein Mann sein kannst?«

»Nein, bitte nein!«, flüsterte er. »Ich will ein Mann sein. Mom, ich will wirklich ein Mann sein!«

»Ich glaube dir nicht«, sagte ich. Ich drückte leicht mit dem Messer, und schon brach all sein Widerstand zusammen. Er fing an zu kämpfen und zu schreien.

Losgebunden und sicher, da das Messer weggelegt war, lag Aaron zitternd in meinen Armen, um sich von mir streicheln und besänftigen zu lassen. »Ich wünsche, daß du ein Mann bist«, sagte ich zu ihm. »Ich liebe dich ebenso sehr, wie ich meine Tochter lieben würde.«

Wiederum hatten wir durch Aaron etwas Neues gelernt: das Risiko, das ich eingegangen war, hatte sich ausgezahlt. Das Kastrationsproblem in der Paranoia läßt sich nicht dadurch lösen, daß man dem Kind versichert, es werde nicht kastriert; es kann nur überwunden werden durch die Auflösung der Impulse im Kind, die wünschen, daß so etwas geschieht. Wenn man den Paranoiden zwingt, sich mit seinem eigenen Wunsch nach Selbstverstümmelung zu konfrontieren und dafür die Verantwortung zu übernehmen, dann kann man mit Erfolg erreichen, daß er sein Recht auf seine eigene Sexualität bejaht. Das kann jedoch nur geschehen, wenn die Behandlung weit genug fortgeschritten ist, so wie bei Aaron; das Kind muß wirklich von seinem eigenen Wert überzeugt sein und diesen seinen eigenen Wert mit Energie besetzen.

Später, als Mark in pathologische Anfälle von Kastrationsängsten verfiel, ging Aaron das Problem mit seinem Bruder an. »Paß auf«, forderte er ihn heraus, »wenn du dich das nächste Mal kastriert fühlst, laß es mich wissen. Was ich dann tun werde? Ich werde dir einfach in die Eier treten, dann weißt du genau, daß du sie noch hast.« Mark starrte Aaron mit einem entsetzten Gesichtsausdruck an. Das genügte, um seine paranoiden Episoden ein für allemal zu beenden.

Nach der Lösung des Kastrationsproblems blieben wir jedoch wieder stecken. An der Oberfläche war Aaron liebevoll und höflich. In der Beziehung zu mir verblieb jedoch ein verdecktes passiv-aggressives Spiel, das unlösbar schien.

Das Muster war immer das gleiche. Die Dinge liefen glatt zwischen uns. Doch dann pflegte Aaron irgend etwas, was vorfiel, nicht zutreffend wahrzunehmen. Wütend beschuldigte er mich wegen einer Sache, die ich nicht getan hatte. Wenn wir ihn daraufhin mit der Realität konfrontierten, wurde er entweder rührend zerknirscht oder, wenn die Zeit verging und er begriff, daß das nicht zog, pflegte er auf meine Gefühle kaum einzugehen.

Ein Beispiel hierfür war die Geschichte mit dem Auto. Ich hatte Aaron gebeten, sich darum zu kümmern, daß das Auto bei Bekannten abgeliefert wurde. Er hatte versprochen, es zu tun. Als die Leute anriefen, um zu hören, was los war, stritt Aaron jede Erinnerung daran ab. »Das machst du doch immer so!«, schrie er. »Du denkst, du hast mir etwas aufgetragen, auch wenn du es gar nicht getan hast, und dann versuchst du mir die Schuld zuzuschieben!« Als ihn einige, die mit dabei gewesen waren und sich an den Vorfall erinnerten, damit konfrontierten, gab Aaron zu, daß er im Unrecht war; aber er blieb weiterhin wütend. »Aber genau das würdest du tun«, beharrte er.

Manchmal forderte ich seine Ausbrüche irrationaler Wut heraus. Bei anderen Gelegenheiten schien es mir sinnlos, mich mit ihm in einen Streit einzulassen, von dem ich doch wußte, daß er in Frustration endete; dann machte ich mir nicht die Mühe, ihn zu konfrontieren, sondern ließ ihn laufen oder ich verließ das Zimmer.

Wenn wir das Spiel erörterten, bestand Aaron darauf, daß ich dessen Ursache war. »Es gibt da etwas, das du tun solltest, aber nicht tust«, sagte er uns immer wieder. »Ich könnte es schon beenden, wenn du nur das tätest, was du solltest.«

Manchmal wandte er sich wütend an Moe. »Egal was sie auch sagt oder tut, du stellst dich auf ihre Seite«, beschuldigte er ihn. »Du denkst auch nicht einen Augenblick darüber nach, ob es richtig ist!«

»Aaron, du kannst doch nicht recht haben, wenn du Dinge dafür erfindest, um dich darüber zu ärgern«, entgegnete Moe erbittert. »Ich ergreife ihre Partei, weil ich davon überzeugt bin, daß sie recht hat.«

Wir hatten eine Menge von den hebephrenen Kindern gelernt, und am Ende fanden wir auch durch unsere Erfahrung mit ihnen den Schlüssel zu dem Spiel mit Aaron.

Elisabeth und Eric hatten nie gelernt, diejenigen Gefühle zu identifizieren und über sie nachzudenken, die ihre Mütter nicht beachtet hatten. Sie waren beide Meister in der Pasivität. Durch sie begann ich zu verstehen, daß das passiv-aggressive Verhalten aus der oralen Entwicklungsphase stammen muß: denn wenn ein Kind Schwierigkeiten hat, sein Tun vom Tun eines anderen zu unterscheiden, dann liegen ihnen wahrscheinlich ernsthafte Störungen beim Herauswachsen aus der symbiotischen Beziehung zur Mutter, die für ein Baby natürlich ist, zugrunde.

Mir wurde klar, daß Aaron etwas empfand, daß er nicht benennen konnte, so klug und wach er auch war, da es ihm nicht beigebracht worden war, es zu definieren.

Schließlich fand ich zufällig den Schlüssel, der Aarons Vorwürfe verständlich machte. Wir waren dabei, einen Streit, der einige Monate zurücklag, noch einmal in allen Einzelheiten durchzuarbeiten, als Aaron sagte: »Ich wünschte, du wärst nicht einfach weggegangen! Warum gehst du in solchen Situationen einfach immer weg?«

Ich dachte über den Vorfall nach. Aaron hatte sich in unvernünftiger Weise feindselig und grob benommen, und ich hatte einfach das Zimmer verlassen. »Was kann ich sonst tun?«, fragte ich ihn. »Wenn du dich derartig benimmst, dann gibt es anscheinend keine Möglichkeit mehr, dich zu bremsen.«

»Warum hast du mich nicht geschlagen?«, fragte er mich ernsthaft. »Warum hast du nicht *irgend etwas* getan?« Mit Erstaunen sah ich Tränen in seinen Augen.

Ich grübelte eine Weile darüber nach und sprach darüber auch mit Moe. Danach fühlte ich mich jedoch immer noch unbefriedigt. So besprach ich es am Ende mit Rich Epstein, einem jungen Psychiater, der uns berät.

179

Rich überlegte: »Weißt du, da mag wirklich etwas dran sein. Bist du schon einmal auf den Gedanken gekommen, daß du auf passiv-aggressives Verhalten übertrieben reagierst?«

Ich starrte ihn verdutzt an. Hatte ich tatsächlich zu dem passiv-aggressiven Wechselspiel beigetragen, weil ich meinen eigenen Ärger nicht direkt zum Ausdruck brachte – indem ich nichts tat? Wenn jemand das, was andere von ihm erwarten, vergißt oder mißachtet, handelt es sich oft um ein von Ärger bestimmtes Verhalten.

Meine typische Reaktion auf passiv-aggressives Verhalten bestand darin, vor ihm davonzulaufen. Anstatt über etwas wütend zu werden, tat ich es mit einem Achselzucken ab. »Das ist dein Problem«, pflegte ich zu sagen, wenn Aaron meine Gefühle abwertete. »Erwarte nicht von mir, daß ich mich darüber aufrege.«

Rich half mir, daß ich mir langsam klar machte, daß meine Reaktion gegenüber passiv-aggressivem Verhalten passiv-aggressiv war! Indem ich mich weigerte, auf Aarons Verhalten einzugehen, wiederholte ich dieses Verhalten und verstärkte es.

Als ich davon überzeugt war, daß ich das, was ablief, auch wirklich verstand, besprach ich mit Aaron, was mir gerade über mich selbst klar wurde.

Als er antwortete, war seine Stimme belegt. »Jetzt sehe ich allmählich ein, wieviel dir an mir liegt«, sagte er.

Eine Möglichkeit, ein Spiel zu beenden, besteht darin, mit Hilfe des Erwachsenen-Ichs das abwertende Verhalten zu konfrontieren. Statt dessen stahl sich mein eingeschüchtertes Kindheits-Ich einfach weg und zog sich aus der Situation zurück. Sobald ich dies sein ließ, verbesserte sich meine Beziehung zu Aaron; und in gleicher Weise verbesserten sich meine Beziehungen zu Rickey und den anderen Jungen im Latenzalter (zwischen acht und zwölf Jahren) in der Familie.

Von jetzt an konfrontierte ich Aaron ständig, wenn er passiv-aggressiv war; wir begannen jetzt herauszufinden, was wirklich hinter seiner Wut steckte. Anfangs reagierte er überrascht, oft mit Wut. Als er jedoch entdeckte, daß seine Wut mich nicht länger in Angst versetzte, schien er erleichtert zu sein und arbeitete in stärkerem Maße mit.

Schon nach kurzer Zeit waren wir in der Lage, das Skript von Aarons leiblicher Familie deutlicher zu sehen, das sein Krank- und Verrücktwerden programmiert hatte. Ich war nicht überrascht, daß es mehr von seiner Mutter als von seinem paranoiden Vater her bestimmt war. Auch kam es für mich nicht unerwartet, daß es durch ihr passiv-aggressives Verhalten ausgelöst wurde.

Der Schlüssel zu dem Skript war bereits in der Phantasie aufgetaucht, die das erste Mal Aarons Regression ausgelöst hatte – in der er seinen Vater schlug, während seine Mutter teilnahmlos danebenstand. Wir begriffen langsam, daß ihre Teilnahmslosigkeit von Aaron so verstanden worden war, als wünschte sie, er solle verrückte und gewalttätige Dinge tun.

Aaron konnte sich in Erinnerung rufen, wie seine Mutter teilnahmslos dabeistand und zuließ, daß sein Vater verrückte Dinge tat. Allem Anschein nach regte sie sich nie darüber auf und machte auch gar keinen Versuch, einzugreifen. Er war überzeugt, daß sie an den Verrücktheiten ihr heimliches Vergnügen hatte. Und daß sie Befriedigung gewann aus diesem Beweis, daß Männer »nicht in Ordnung« sind.

Als Aaron älter wurde, kam ihm zum Bewußtsein, daß seine Mutter ihn niemals dazu angehalten hatte, sich angemessen zu benehmen, so wie die Mütter von anderen Kindern dies taten. Sie bestrafte ihn nie; sie ließ ihn in die Schule gehen, in einem Aufzug, mit dem er von den anderen Kindern abstach; sie war uninteressiert an jedem konstruktiven Interesse, das er entwickelte. So verstärkte sich bei ihm nur die Meinung, sie wünsche, daß er anders als die anderen sei.

Wenn Aaron mit seiner Mutter über den Impuls, seinen Vater zu töten, sprach – er war überzeugt, daß sie ihn haßte, so wie er glaubte, daß sie alle Männer haßte –, sagte sie nicht: »Es ist schlecht, wen umzubringen« oder zumindest: »Tu das nicht!« Was sie ihm erklärte, war: »Wenn du es so lange aushältst, bis du aufs College kommst, dann schaffst du es, aus allem herauszukommen.«

Aaron war überzeugt, daß seine Mutter wünschte, daß er seinen Vater tötete, und daß dies die einzige Möglichkeit wäre, ihre Liebe zu gewinnen. Sie bot ihm jedoch eine Alternative an: das Haus zu verlassen und niemals zurückzukehren. Das Problem schien unlösbar: er blieb hin- und hergerissen zwischen dem Vater, der ihn geliebt, und der für ihn gesorgt hatte, und dem verzweifelten Wunsch nach mütterlicher Zuwendung, die ihm versagt blieb. Mit siebzehn ging er von zu Hause weg und wußte, daß er niemals zurückkehren würde. Sein Skript war, verrückt zu werden und keinen anderen Ausweg zu haben. Wenn er versuchte, nach Hause zurückzugehen, mußte er seinen Vater töten. Er besaß nichts, wo er hingehen und niemanden, dem er trauen konnte.

Als mein »Weggehen« ihm als Wiederholung dessen erschien, was seine leibliche Mutter getan hatte, nahm Aaron die gleichen krankhaften Botschaften wahr und empfand sich dem gleichen unlösbaren Konflikt ausgesetzt: »Handle verrückt.« »Töte deinen Vater.« »Männer sind nicht in Ordnung.« »Du kannst niemals meine Liebe erringen.« Erst als ich damit anfing, das Spiel zu durchkreuzen, begann Aaron zu glauben, daß ich ihn nicht wütend oder verrückt haben wollte. Die Wurzel all unserer Streitigkeiten war diese seine Vorstellung, ich wünschte, daß er bis zur Verrücktheit wütend sei.

Ein zweiter Punkt wurde deutlich: es stellte sich heraus, daß Aaron auf meine Beziehung zu einigen anderen Kindern, besonders aber zu Chucky, eifersüchtig war; er hatte den Eindruck, daß ich vor allem mit ihm eine freiere, spontanere Kind zu Kind-Beziehung unterhielt.

»Du hast nie das Kind in mir gemocht«, beschuldigte mich Aaron. »Du hast nur eine Beziehung zu meinem Erwachsenen-Ich.«

Von Aarons Standpunkt aus schien dies ein zutreffender Vorwurf. Ich habe meine Freude an Kindern, die spontan und ausdrucksvoll sind. Als Aaron das erste Mal regredierte, waren Moe und ich uns unsicher darüber, in welchem Maße wir seine Regression unterstützen dürften, und hatten ständig den Einsatz seines Erwachsenen-Ichs verstärkt. Er war oft schwierig und herausfordernd gewesen; mir wurde klar, daß ich vor allem zu den Zeiten zärtlich zu ihm gewesen war, in denen er sich passiv verhielt. Sein Wimmern, sein manipulatives Verhalten und seine Wutanfälle waren niemals aufgelöst worden, da wir vermieden hatten, ihnen entgegenzutreten; die natürliche Spontaneität seines Kindheits-Ichs lag noch blockiert hinter seinem angepaßten Verhalten.

Nun aber – und wiederum dank unserer hebephrenen Kinder – wußten wir, was geschehen mußte. Aarons Kindheits-Ich brauchte immer noch die Erfahrung der bedingungslosen Liebe, die weder seine leibliche Mutter noch ich ihm jemals gegeben hatten.

Wir nähten Babykleider für Aaron aus alten Mönchskutten, die uns unsere Trappistenfreunde vom Heilig Kreuz-Kloster in Berryville geschenkt hatten; wir fabrizierten riesige Windeln, indem wir sechs Windeln zusammennähten.

Aaron kam nach Hause und begab sich in seine dritte und endgültige Kindheit. Dieses Mal gab es keine Spiele zwischen uns, und die Wut löste sich auf. Ich war seine Mutter, und er ließ mich für sich sorgen, wenn er hungrig oder naß oder aufgeregt war. Er lernte und erfuhr, daß ich mich um ihn kümmern wollte und konnte, daß er nicht erst seine

Intelligenz einsetzen mußte, um geliebt zu werden, daß es in Ordnung war, ein kleiner Junge zu sein. Es brauchte nur ein paar Wochen, und er war in der Lage, sein manipulatives Verhalten und die Wutanfälle aufzugeben und ein spontaner, verständiger Junge zu werden und dann ein glücklicher schöpferischer Mann.

Das Wichtigste, was Aaron lernte, war, daß er in Ordnung war, und daß ich in Ordnung war.

XIV.

Als Bunny gesund wurde und körperlich gekräftigt wie auch emotional stabil geworden war, sagten sie und John, daß sie Therapeuten werden wollten. Bunnys Interesse an der Arbeit mit Kindern war zum Teil eine Folge ihrer Identifikation mit mir. Ein zweiter motivierender Faktor war, daß sie keine eigenen Kinder haben konnte. Schizophrene haben oft Schwierigkeiten, schwanger zu werden. Wir hatten jedoch für eine Weile alle gehofft, daß ihre Schwierigkeit eher in den emotionalen als in den physischen Problemen begründet war. Als sich dies als nicht zutreffend herausstellte, war Bunny bitter enttäuscht.

»Aber dein Zeichnen scheint mir wirklich wichtig zu sein«, erklärte ich ihr. »Mir ist nicht wohl bei dem Gedanken, daß du beruflich in eine völlig andere Richtung gehst.«

»Ich möchte aber mit Kindern arbeiten«, beharrte Bunny. »Und John will es auch. Wenn wir zusammenarbeiten, könnte ich ja immer noch zeichnen.«

Während der zwei Jahre, in denen Bunny bei uns lebte, war John ein aktives und engagiertes Mitglied unserer Familie geworden. Er war nunmehr mit allen Problemen im Hause vertraut und nahm regelmäßig und kundig an den Zusammenkünften der Familiengruppe teil. Moe und ich waren überzeugt, daß auch andere Paare, die sich in gleicher Weise einsetzten, die von uns durchgeführte Art des Neu-Beelterns wahrnehmen konnten. So war es bereits unseren Freunden, den Faulkers, von uns bestärkt gelungen, ein schizophrenes Kind in ihrem Hause neu zu beeltern; inzwischen hatten sie ein zweites aufgenommen.

Schritt für Schritt nahm die Idee Gestalt an, ein zweites Haus in Fredericksburg zu eröffnen, in dem Bunny und John die Eltern sein sollten.

Das Christy-Haus wurde im Mai 1969 mit fünf Kindern eröffnet. Diese Kinder sind alle Mündel des »Schiff-Rehabilitations-Projekts«. Zur Zeit besteht unsere eigene Hausgemeinschaft aus Moe und mir, unseren leiblichen Kindern und 20 Kindern, die entweder in unserer persönlichen Obhut oder aber Mündel des Projekts sind. Seit kurzem bieten wir auch ein Trainingsprogramm an, das jedes Jahr aufgeschlossene junge Therapeuten unserer Gemeinschaft zuführt, um hier mitzuarbeiten und sich fortzubilden. Ihre Teilnahme hilft uns in beträchtlichem Maße, das Gelernte zu festigen und so zu dem gemeinsamen Fundus von Wissen und Techniken beizutragen, die in der Pflege und Behandlung von vielen Kindern im ganzen Land, die wir nicht persönlich erreichen können, angewendet werden.

Da unser vergrößertes Projekt zusätzlichen Raum für Büro und Mitarbeiter-Unterkünfte benötigte, haben wir vor kurzem ein Gebäude am Rande der Stadt erworben. In ihm befinden sich die Arbeitsräume für Moe und mich, die Wohnräume für die Mitarbeiter und ein separates Erdgeschoß, das auf einen großen Parkplatz hinausgeht: es ist Erics Kaffeehaus »Das Natürliche Kind«.

Hier spielen dreimal in der Woche Eric und einige andere Musiker unserer Familie, zu denen auch Mark und Bob gehören, sowie als Gäste eingeladene Unterhaltungskünstler aus der Umgebung. »Das Natürliche Kind« bietet Platz für fünfzig Personen und ist meist bis zum letzten Platz gefüllt. Als das Kaffeehaus eröffnet wurde, waren Moe und ich besorgt, wie sich das auf unser Verhältnis zur Öffentlichkeit auswirken würde; das Zusammensein unserer Kinder samt ihrer Musik mit den anderen Ortsbewohnern hat sich jedoch für alle als lohnend erwiesen.

Mehr und mehr sehen Moe und ich in dem, was wir tun, eher einen Lebensstil als eine Behandlungsmethode. Anfangs haben wir Transaktionsanalyse als Behandlungstechnik benutzt; später war sie Ansatzpunkt für unsere eigenen Forschungen; jetzt sieht es so aus, als hätten wir einen Stil des Miteinander-Umgehens entwickelt, der ansteckend wirkt. »Es ist eine großartige Sache«, sagen uns unsere Freunde. »Man kommt durch die Tür – durch jede beliebige Tür eures Hauses, des Christy-Hauses oder des Kaffeehauses – und es nimmt einen gefangen. Es ist nicht bloß einfach das, daß Leute hier gesund werden. Es bedeutet mehr als das.«

Ich wünsche mir für alle meine Kinder viel mehr als psychische Gesundheit. Ich wünsche, daß sie die Gelegenheit haben, das Leben in seiner ganzen Fülle zu erfahren. Ich wünsche, daß sie die Stabilität und Sicherheit haben, die sie befähigt, spontan und kreativ zu sein. Ich wünsche, daß sie einander mitteilen können und sich auf die Welt um sie herum einlassen. Vielleicht mehr als alles andere wünsche ich, daß sie hinaus in die Welt gehen und wissen, wie man liebt und geliebt wird.

Beinahe fünfzig von uns waren am Passah-Fest zum Seder zusammen (der Feier in einem jüdischen Haus mit dem zeremoniellen Abendessen am ersten Abend des Passah-Festes). Es waren weniger als die hundert im letzten Jahr; wir hatten uns nämlich entschlossen, nur Familienangehörige und ein paar besondere Gäste einzuladen. Familien entwickeln Traditionen, und der Seder ist eine, die für uns besonders große Bedeutung hat.

Die meisten der siebzehn Kinder, die wir bisher mit Erfolg neu beeltert hatten, waren zu Hause. Ich vermißte die, die nicht da waren. John B. war krank. Eines der Zwillinge von Trues hatte Ziegenpeter, so daß niemand von ihrer Familie kommen konnte. Gracie ist gegen Traditionen eingestellt. Kinder wachsen heran, und es ist natürlich, daß sie nicht immer nach Hause kommen, nicht einmal bei besonderen Gelegenheiten.

Wir mußten ein kaltes Abendessen vorbereiten, da das Ritual viel Zeit in Anspruch nimmt und unser Herd in Erwartung des Feiertages nicht in Betrieb war. Es gab Lamm und Hühnchen und Ingwer-Fleischbällchen und all die anderen Dinge, auf die sich die Kinder an einem Seder freuen. Es macht mir nicht allzu große Schwierigkeiten, alles fertig zu bekommen, da ich allmählich lerne, wie man sich auf Feiertage einstellt, und wie ich mich des unausweichlichen Tumults und der endlosen Forderungen aufgeregter Kinder erwehre. Ich habe gelernt zu delegieren, statt mich für jedes saubere Hemd und jedes geputzte Paar Schuhe persönlich verantwortlich zu fühlen.

Offenbar ist der Seder außerordentlich wichtig für Moe. Er genießt die Rolle des jüdischen Patriarchen und liebt es, voller Stolz den Blick über die um ihn versammelten Söhne und Töchter schweifen zu lassen: »Seid fruchtbar und mehret euch . . .«

Es gibt auch Enkelkinder. Jan, der kleine Junge von Eric, hält sich seit mehreren Monaten bei uns auf. Er ist ein lebhaftes zweijähriges Kind und dann, wenn er Hunger hat, ungeduldig wegen des sich hinziehenden Rituals. Elisabeth und Norman kamen mit ihren erst einige Wochen alten Zwillingen, die während der Feier des Seders weinten, aber dann im Verlauf des Abendessens ruhig durchschliefen. Chucky ist verliebt, ich vermute, das erste Mal, und sein Mädchen war mit dabei. Er blieb stets in ihrer Nähe, berührte sie, beschützte sie, stolz und irgendwie sehr verwundbar. Frank Andruzzi, der bei uns mitarbeitet, und seine Frau Janet, die beide schon fast ganz zur Familie gehören, haben ihr kleines

Mädchen dabei, das jetzt zwei Monate alt ist und sich riesig ausnimmt neben Elisabeths sechs Pfund schweren Zwillingen.

Die Christys brachten aus Ihrem Hause das neueste regredierte Kind mit. Und unsere zwei jüngsten Kinder, Johnny und Eddy, sitzen auf dem Boden, möglichst vorne. Beide verhalten sich bemerkenswert gut während der Feier, sind aber begierig auf das anschließende Essen.

Moe bittet verschiedene Jungen, Lesungen während der Feier zu übernehmen. Rickey beginnt; er steht sehr gerade, ist aber offensichtlich froh, wie es vorüber ist. Aaron schafft seinen Teil, ohne zu lispeln. Mir war vorher nicht klar, welch eine kraftvolle Stimme Bob beim Vorlesen hat, während ich wußte, wie laut und klar sie ist, wenn er jüngere Kinder betreut. John S. schien nicht so viel Angst zu haben wie sonst, wenn er laut vorliest.

Ich denke einen Moment an Rosita und an die anderen Kinder, die nicht gesund wurden; ich wünschte, sie wären hier, und daß die Dinge anders gelaufen wären. Dann gebe ich mir einen Ruck: Hör auf, darüber nachzudenken!

Ich sehe mir die Kinder der Reihe nach an, und ich bin so stolz auf sie. Ich weiß, daß sie schön sind, und daß wir dazu beigetragen haben, die Schönheit zum Vorschein kommen zu lassen. Ich weiß auch, daß sie uns ebenso viel zurückgeben, wie wir ihnen jemals geben können. Kinder aufzuziehen, sie heranwachsen zu sehen und ihnen dabei zu helfen, gesund zu werden, macht uns glücklich. Ich kann die Wärme und die Intimität im Zimmer und überall im Haus spüren: dieses »besondere Gefühl«, von dem uns Besucher berichten.

Moe bittet Eric, »Herbstregen« zu spielen, das Lied, das er für die Familie schrieb und uns widmete:

> Der Herbst mag den Regen bringen, meine Liebe,
> Der Herbst mag den Regen bringen.
> Wären wir beide wieder Kinder,
> Könnten die Träume dieselben sein,
> Sie würden dieselben sein,
> Würden vielleicht dieselben sein . . .
>
> Ich konnte dir kein Glück kaufen,
> Ich kann dir nicht Frieden schaffen,
> Aber ich kann dich sanft halten, Liebe,

Und deinen Kummer wegstreicheln,
Deinen Kummer wegstreicheln . . .

Die Stimmen der Kinder nehmen den Refrain auf, sie klingen sanft, erfüllt von der Bedeutung der Worte.

Ich spüre Moe's Hand, die meine Schulter fester umfaßt, ich schaue ihn an und sehe Tränen in seinen Augen.

»Wenn ich das höre«, sagt er leise, »dann weiß ich, es hat sich alles gelohnt.«

Ich nicke und drücke zustimmend seine Hand.

Es gibt immer noch so viel zu lernen, so viele unbeantwortete Fragen.

Aber wir wissen jetzt, daß die Antworten zu finden sind.

Unsere Kinder sind dabei, gesund zu werden.

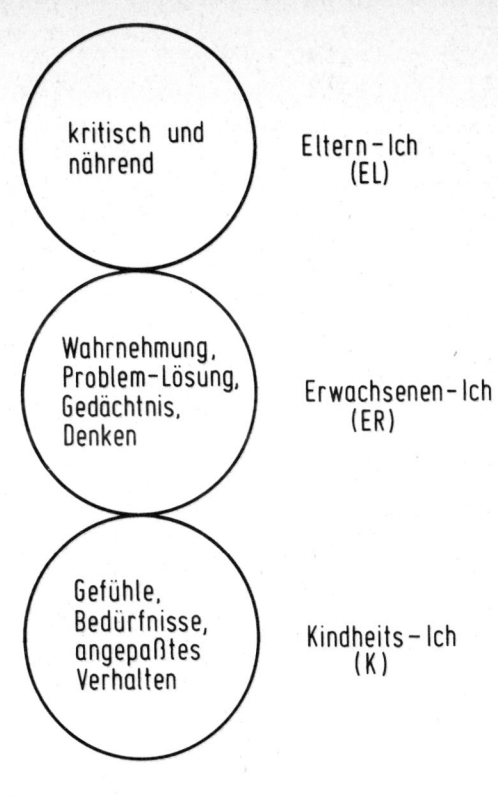

kritisch und
nährend

Eltern-Ich
(EL)

Wahrnehmung,
Problem-Lösung,
Gedächtnis,
Denken

Erwachsenen-Ich
(ER)

Gefühle,
Bedürfnisse,
angepaßtes
Verhalten

Kindheits-Ich
(K)

ICH-ZUSTÄNDE

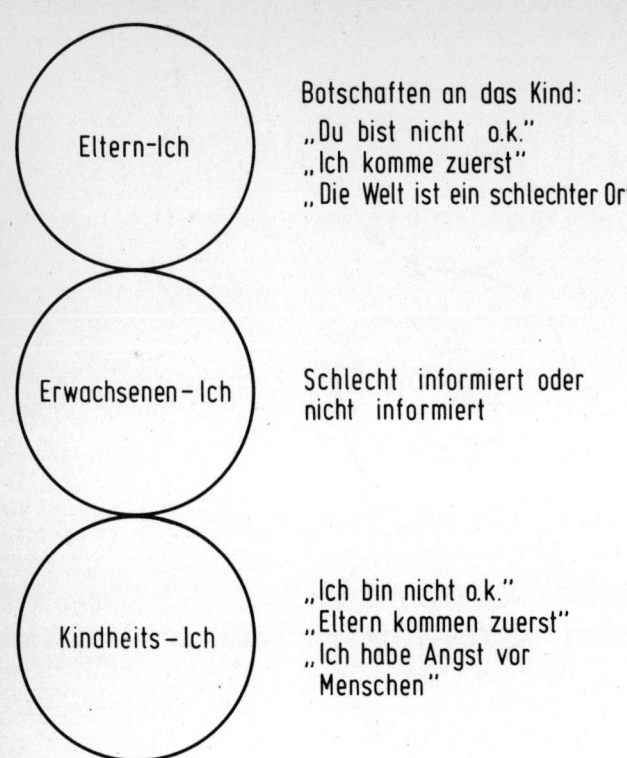

Botschaften an das Kind:

„Du bist nicht o.k."
„Ich komme zuerst"
„Die Welt ist ein schlechter Ort"

Schlecht informiert oder
nicht informiert

„Ich bin nicht o.k."
„Eltern kommen zuerst"
„Ich habe Angst vor
  Menschen"

ICH-ZUSTÄNDE IN DER SCHIZOPHRENIE

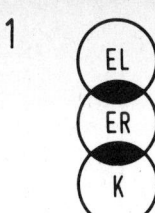

1

Gerade wenn es zu einer Regression kommt liegen Eltern-Ich und Kindheits-Ich miteinander im Konflikt und ziehen Energie vom Erwachsenen-Ich ab.

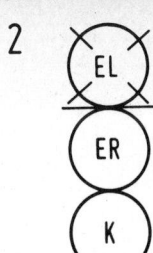

2

Der Konflikt ist durch Ausschluß des verrückten Eltern-Ichs und Abzug der Energie daraus gelöst.

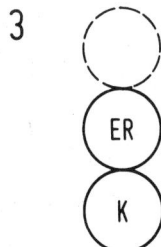

3

Das neue Eltern-Ich ist verinnerlicht.

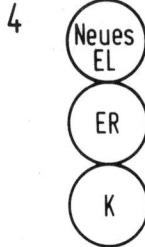

4

Das neue Eltern-Ich ist mit Energie besetzt.

NEU-BEELTERN

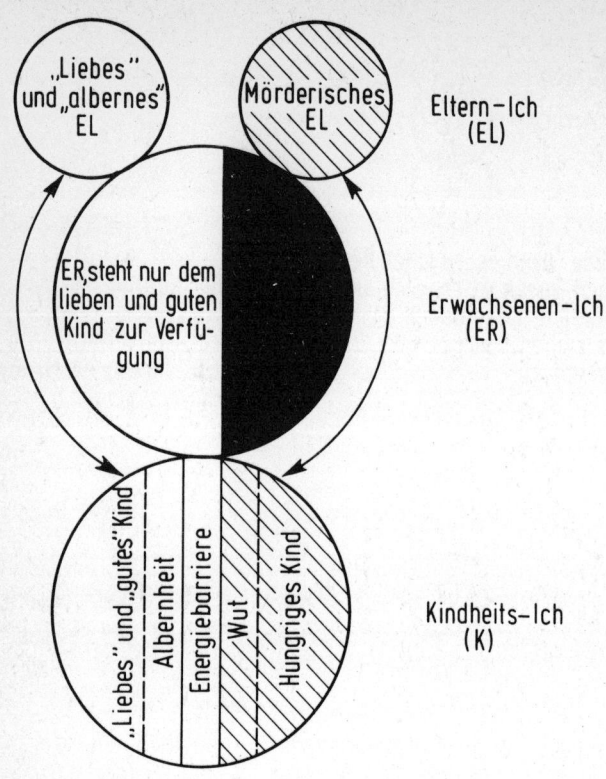

"Liebes" und "albernes" EL

Mörderisches EL

Eltern-Ich (EL)

ER steht nur dem lieben und guten Kind zur Verfügung

Erwachsenen-Ich (ER)

"Liebes" und "gutes" Kind

Albernheit

Energiebarriere

Wut

Hungriges Kind

Kindheits-Ich (K)

ICH-ZUSTÄNDE IN DER HEBEPHRENIE

Literaturverzeichnis

Babcock, Dorothy E. / Keepers, Terry D., Miteinander wachsen. Transaktionsanalyse für Eltern und Erzieher, München 1980

Barnes, Graham (Hg.), Transaktionsanalyse seit Eric Berne, Bd. 1: Schulen der Transaktionsanalyse, Theorie und Praxis, Berlin 1979 (Institut für Kommunikationstherapie, Kundrystr. 1, 1000 Berlin 41)

Berne, Eric, Spiele der Erwachsenen. Psychologie der menschlichen Beziehungen, Hamburg 1967, rororo TB 6735

Berne Eric, Was sagen Sie, nachdem Sie guten Tag gesagt haben? Psychologie des menschlichen Verhaltens, München 1975, Geist und Psyche TB 2192

Childs-Gowell, Elaine, The Cathexis Primer. Questions and answers about Cathexis Institute, Oakland 1979

Green, Hannah, Ich hab dir nie einen Rosengarten versprochen. Bericht einer Heilung, Stuttgart 1977[4]

Harris, Thomas A., Ich bin o.k., Du bist o.k., Hamburg 1973, rororo TB 6916

Rogoll, Rüdiger, Nimm dich, wie du bist. Eine Einführung in die Transaktionsanalyse, Freiburg/Basel/Wien 1976, Herder TB 593

Schiff, Aaron Wolfe / Schiff, Jacqui L., Passivity, in: TA Journal 1, 1971, 71–78

Schiff, Jacqui L., Reparenting Schizophrenics, in: TA Bulletin 8, 1969, Nr. 31, 47–63

Schiff, Jacqui L. / Schiff, Aaron W. / Schiff, Eric, Frames of Reference, in: TA Journal 5, 1975, 290–311

Schiff, Jacqui L., et al., Cathexis Reader, New York/Evanston/San Francisco/London 1975

Schiff Jacqui L., et al., Biochemical evidence of cure in Schizophrenics, in: TA Journal 7, 1977, 179–182

Schiff, Jacqui L., Ego States and Ego State Networks, Oakland 1978

Sèchehaye, Marguerite, Tagebuch einer Schizophrenen, Frankfurt a. M. 1974

KAISER TASCHENBÜCHER

KAISER TASCHENBÜCHER

KAISER TASCHENBÜCHER

KAISER TASCHENBÜCHER

KAISER TASCHENBÜCHER

KAISER TASCHENBÜCHER